Lu

Michelle Clément-Mainard

La fourche à loup de Marie Therville

Roman

Cette édition de *La fourche à loup de Marie Therville*
est publiée par les Éditions de la Seine
avec l'aimable autorisation des Éditions Fayard

A ma sœur, Jacqueline Gay,
qui a gardé la fourche à loup.
A mon mari, Michel Clément,
sans lequel je n'aurais jamais décroché
la fourche pour en raconter l'histoire.
A tous les descendants de Marie Therville,
en particulier à ma petite-fille,
Dominique Agostini, aînée de la sixième génération.

Le matin où l'hiver céda enfin

22 mars 1845

Marie Therville s'éveilla d'un seul coup, comme à son habitude : tout de suite les idées claires et la conscience que la journée allait commencer. Elle aimait ces instants d'avant le jour, la chaleur de sa paillasse et de sa couverture, la sécurité des murs de pierre, de la porte en chêne, et du toit au travers duquel ne passaient ni pluie ni vent : à la métairie de la Colombière où elle était bergère depuis six mois, les bêtes étaient mieux gardées au sec et au chaud que ne l'étaient les gens chez elle, à Chaussauvent.

Quand il arrivait à Marie de s'éveiller au cours des nuits, elle entendait toujours des bruits. Le plus souvent ils étaient rassurants et tranquilles : les moutons remuaient sur la paille tout près d'elle ; de l'autre côté du mur, dans la grande étable, les vaches se cognaient aux bat-flanc de leurs stalles ; les valets se retournaient en faisant craquer leurs châlits. Les bruits s'arrêtaient, juste avant l'aube. Bêtes et gens restaient dans l'immobilité et le silence, le vent même cédait en ces moments. Rien ne venait non plus du côté de la forêt : les loups de la Saisine qui s'appelaient aux temps de gel et de lune devaient eux aussi sentir l'approche du jour et se taisaient. Marie était plus longue à se rendormir quand elle les entendait. Ce n'était pas vraiment de la peur, que pouvait-il lui arriver dans cette grande bâtisse refermée comme une forteresse ? Une angoisse plutôt, une oppression que l'agitation des moutons amplifiait jusqu'au malaise. Elle se fourrait profond sous sa couverture, se bouchait les oreilles, et prétendait avoir dormi d'un seul trait si quelqu'un le lendemain parlait des bêtes grises et des hurlements qui s'étaient croisés des heures durant de la Saisine à la Coudre. Elle n'y voulait pas penser. Surtout pas ce matin ! Le vieil Aimé Lhoumeau, le patron de la métairie, lui avait annoncé la veille que le troupeau allait retourner en pâture. On arrivait fin mars, il était temps !

Marie s'inquiétait de voir dépérir un des agneaux nés l'an passé, deux mois avant son arrivée à la Colombière, où son père l'avait gagée bergère pour la Saint-Michel 1844. Elle venait juste d'avoir huit ans, et dans le chagrin et le déchirement de ces débuts elle s'était prise de grande affection pour l'agneau que la brebis-mère délaissait. Il avait poussé en taille cependant durant l'hivernage, il était haut et membré presque autant qu'un mouton d'âge, mais il n'avait guère engraissé et Marie s'étonnait de le trouver si lourd malgré sa maigreur lorsqu'elle le prenait dans ses bras. Le patron tenait l'œil à tout, il avait déclaré en inspectant la bergerie :

— Si cette saloperie de bête ne profite pas durant le premier mois de pâture, je le vendrai à Moulineau plutôt que de le voir crever ! Je crois pourtant que s'il réchappe, vu sa taille, il fera le plus fort bélier qu'on n'ait jamais eu. Surveille que les autres le laissent en paix à Champ-Cornu !

Il fallait à la Colombière que rien n'aille à perte. La mue * du vieux Moulineau, le boucher de Menigoute, était venue deux fois cet hiver et Marie se désolait à l'idée de voir partir son agneau : c'était une bête amicale et joueuse comme un petit chien. A la pensée de son mouton tué et dépecé, elle se promit de veiller sur lui davantage que sur tout autre et de le rendre en un mois de si belle force qu'il

---

* Les mots et expressions signalés par un astérisque figurent dans le glossaire en fin d'ouvrage.

prendrait vite la place du vieux bélier ; elle avait entendu le Grand Mousin dire au patron que la pauvre bête n'arrivait plus à grand-chose et que c'était misère de voir des femelles en chaleur pour rien du tout. Marie était certaine que son mouton « y arriverait », une bergère savait ces choses, même à huit ans...

Voilà que les vaches commençaient à remuer. Bientôt elle allait entendre les appels du Grand Mousin qui couchait seul là-haut, dans le grenier — presque dans une chambre. Il était le va-devant *, un personnage d'importance, et Marie lui portait beaucoup d'affection. Au début, elle en avait eu crainte : il était grand, maigre, noir de peau et de cheveux, il criait fort et souvent. Elle avait entendu tant de cris chez elle, à Chaussauvent : sa mère, et sa grand-mère surtout, mémé Gâtard... Il avait fallu un mois avant qu'elle ne s'habitue et fasse la différence, elle n'était plus effrayée quand Mousin levait la voix.

La chaleur du lit avait réveillé ses engelures, et la démangeaison lui faisait frotter ses pieds l'un contre l'autre, jusqu'à les écorcher. Madeleine Chapeleau, la servante, gronderait comme à l'accoutumée :

— C'est ta faute, ma pauvre fille, tu n'as pas plus de patience qu'une bête !

Elle lui mettrait quand même de l'onguent ou de la poix chauffée. Madeleine savait tout soigner, elle avait le don, elle tenait cela de sa jeunesse. Mousin lui disait souvent :

— Grand dommage la Chapeleau que tu ne te guérisses pas le caractère ! Tu devrais essayer, des fois...

Le Grand Mousin avait eu trop chaud cette nuit. C'était bon signe, l'hiver cédait enfin. Il repoussa la couverture de droguet faite en morceaux de jupons hors d'usage : tout devait resservir, allez donc, il dormait sous des jupons de femme ! L'idée lui en plaisait, il espérait au moins qu'elles avaient été belles en leur jeunesse... Assis sur son lit, il chercha à tâtons les allumettes et la lampe posées sur une planche au-dessus de sa tête. Le patron lui mettait là une belle preuve de confiance : dans les fermes que Mousin connaissait, il fallait éclairer la lanterne aux tisons de la cheminée. Il frotta l'allumette sur une pierre, toujours la même. L'odeur du soufre le fit tousser. Il alluma la mèche et accrocha la lampe près de l'échelle pour qu'un peu de clarté tombe en bas sur les quatre valets.

Il ouvrit sa montre juste pour le plaisir, il n'en avait nul besoin pour savoir qu'il était presque cinq heures. Une belle montre d'argent qu'il avait achetée l'an passé à Saint-Maixent chez Leroy, pour la foire de mai. Sans demander plus cher, l'horloger avait proposé d'y graver : « Rebeyrolles Landry, 20 juin 1807, Saint-Léger-la-Montagne. » Mousin ne savait pas lire, tout de même chaque matin il regardait les lettres minuscules qui portaient encore trace de son vrai nom, nom perdu, oublié de tous : il n'était plus que le Grand Mousin, le Limousin. Sa montre seule conservait son identité, son enfance, et la voix maternelle : « Landry, mon beau garçon... » Vingt ans bientôt que Lhoumeau avait gagé ce jeune homme chassé du Limousin par la misère, et que plus rien ne retenait à Saint-Léger après la mort de sa mère. Vingt ans qu'il n'était plus Landry, pour personne. Il saisit son bâton et frappa le plancher.

— Levez-vous les bons à rien ! Et vite, grands feignants ! Dégrouillez-vous mes valets, ça va mieux de se caler dans les sabarons * avant que les pieds refroidissent !

Il parlait le patois de Gâtine avec l'accent de la langue d'oc qui avait été la sienne. Depuis longtemps plus personne n'en riait, sinon Adélaïde, la petite-fille du vieux Lhoumeau : Mousin, comme les autres dans la maison, acceptait tout d'Adélaïde. Les valets et les journaliers nouvellement gagés, eux, cessaient vite leurs moqueries, car elles leur valaient des coups de pied au cul dont ils avaient peine à s'asseoir encore deux jours après. Il pouvait arriver que Mousin, trop occupé à l'ouvrage, ne les chope pas tout de suite et laisse dire un moment. Ils ne perdaient rien pour attendre !

— Auro que te tiene...[1] Écoute donc si mon sabot te cause avec l'accent...

Puis il se détournait en continuant dans son patois pour mieux narguer :

— Auro que te tiene, t'auras do batou mo Lisette [1]...

1. A présent que je te tiens, tu auras du bâton ma Lisette...

Dans son pays, c'était la chanson que le marié chantait à la jeune épouse au lendemain des noces. Il était rare que Mousin ait à faire la « Promesse à la mariée » deux fois pour le même ! Il était persuadé qu'un coup de pied au cul était la meilleure manière de faire entrer les affaires dans la cervelle et il en ajustait la force en conséquence.

A présent, dans l'enfilade des écuries, le va-devant entendait les grognements des valets, on ne se levait pas de bon cœur là-dessous ! Les lamentations du père Jacquet que ses rhumatismes faisaient souffrir martyre, surtout le matin, apitoyèrent Mousin un instant. Pauvre vieux, il n'en avait plus pour longtemps à rester valet, ses mains devenaient croches et son échine bossue malgré les remèdes de Madeleine Chapeleau. Par deux fois maître Guérinière, le propriétaire de la métairie, avait fait remarquer à Lhoumeau que Jacquet Rossard ne gagnait plus ses gages. « Les bonnes sœurs de l'hospice de Gâtebourse, à Vasles, doivent au moins servir à nourrir les bouches inutiles... » Mousin soupira, un jour peut-être lui aussi irait à Gâtebourse... Il avait trente-huit ans déjà, et s'il était toujours de bonne main pour le travail, de bonne voix pour le commandement, il sautait moins haut en dansant les jours de fête, la pelle et les pincettes * allaient finir par le moucher... Il pensait rarement à l'avenir, une journée poussait l'autre, il se disait que dans la mort le Bon Dieu ne faisait pas de différence entre ses créatures : le cimetière à la fin ! En attendant il aimait tout ce que portait la vie : le manger, le boire et les femmes, le travail même lui donnait de bons moments. Et Céline à présent. Il était beau parleur et fameux coq, à ce qu'il pensait. Il aurait pu se marier dix fois avant de fréquenter Céline. Il ne s'était pas décidé, la vie d'un domestique en état de mariage n'était guère qu'un chemin de malheur et de peine : ainsi Jean Garandeau qui avait femme et enfants en Vendée, à la Daunière. Il y allait deux mois l'an, le temps d'agrandir la famille, et tout ça mal logé, mal nourri ! La misère.

Mousin regrettait quand même d'être tout seul dans son lit. Une femme à côté de lui et l'odeur de sa peau tendre : Céline sentait bon quand elle avait trop chaud. Elle le tenait fort depuis deux ans ; elle avait de grosses cuisses très blanches et très douces... Il s'efforça de penser à autre chose, il était temps qu'il aille pisser. Il commença de descendre l'échelle en sifflant. Il ne se pressait pas : plus personne ne devait être couché quand le va-devant arrivait en bas. Il voulait leur laisser le temps, surtout à Charles Roullet. Il fallait souvent que Mousin le tire du lit à coups de poing. Charles avait vingt ans et la force d'un bœuf, pourtant il ne se rebiffait pas. C'était mal commencer la journée, Mousin préférait que tout se passe bien.

Marie avait sauté à bas de son lit dès qu'elle avait entendu tousser le Grand Mousin, dans l'impatience où elle était de se lever. Elle s'habilla rapidement, ce qui lui avait été difficile dans les débuts : il fallait poser ses affaires toujours dans le même ordre au pied de la paillasse. Elle tâtonna quand même un moment pour trouver ses sabots. Les moutons se pressaient déjà autour d'elle, elle les repoussa avec difficulté ; ils avaient faim, elle l'entendait à leurs bêlements. Elle se fraya un passage vers le coin à l'opposé de son lit et fit ses besoins, une main troussant ses jupons, l'autre accotée au mur. Plusieurs fois les moutons l'avaient fait tomber, elle se méfiait. Quand elle eut fini, elle recouvrit d'un bouchon de paille afin de porter au fumier dès le jour levé : Mousin répétait toujours qu'on ne devait rien en perdre, qu'elle vienne des bêtes ou des chrétiens la crotte valait de l'or. Naturellement le grand valet ne disait pas « la crotte », c'était un homme. Marie, d'avoir un jour répété ses propres paroles, en avait reçu remontrance :

— Une drôlesse * ne cause pas de même !

Julien Bénéteau ne s'en privait pas bien qu'il n'eût que douze ans, et personne ne trouvait à redire sur les façons de parler du berger.

La nuit était encore très sombre lorsqu'elle sortit. La porte de la bergerie se trouvait en bout des bâtiments, du côté de la mare. Dès qu'elle arriva au coin du mur, elle aperçut les lueurs venant de la grande écurie, et put voir où elle mettait les pieds. Entre la mare et la bergerie, le piétinement des bêtes rendait la boue plus profonde et l'on risquait d'y perdre un sabot, ou les deux, ce qui lui était déjà arrivé. Elle s'arrêta un instant, écouta les bruits qui venaient de l'étable, du « bâtiment neuf » comme ils disaient ici, énorme construction qui bordait avec la maison tout le haut de la cour de la Colombière. En bas sur la droite, c'étaient les « vieilles écuries ». Aucun bruit n'en venait, les portes auraient dû être ouvertes... Julien couchait là-bas, avec les bœufs. Il lui fallait se réveiller tout seul ; il dormait sûrement, et Marie se dit qu'il allait recevoir du va-devant une sacrée rabâtée ! La dernière fois que cela lui était arrivé, il avait houspillé la bergère toute la journée, comme s'il l'en tenait pour responsable ! Quand même elle plaignait Julien, Mousin frappait dur. Elle se rappelait trop les gifles de sa mère et les coups de bâton de la mémé Gâtard, les bleus qu'elle en gardait. Ici personne ne la battait, c'était sans doute ce qui enrageait Julien. Elle avait juste reçu une tape de Madeleine, une seule et pas trop forte. Adélaïde s'était fâchée contre la servante.

— Ne crois-tu pas, mauvaise, qu'elle en a eu assez pour toute sa vie ?

Elle s'apprêtait à descendre la cour pour réveiller Julien quand elle entendit courir derrière elle : le Grand Mousin se dirigeait vers les vieilles écuries. Il faisait méchante figure et elle n'osa pas lui parler. Elle entendit Julien crier et se sentit le cœur gros. « Va, la vie est bien triste, ma pauvre enfant ! » lui aurait dit son père. Elle ne voulait pas penser à lui, elle en était trop malheureuse. Elle entra à la maison.

Quel froid dans le courant d'air qui balayait le corridor ! Elle était bien plus au chaud avec ses moutons. Madeleine, si fière de coucher là-haut dans le grenier et non pas dans une écurie, n'était sûrement pas aussi bien que la bergère ! Marie s'avança dans la pièce commune où le patron et sa femme avaient leur lit. On y faisait la cuisine, on y mangeait et on disait simplement « la maison » sans jamais confondre la pièce et le bâtiment. « A la maison », c'était la Colombière, son grand corridor, ses chambres, ses caves et ses greniers. « Dans la maison », c'était ici, avec le feu, l'horloge, le buffet et le vaisselier, la table et les bancs, les odeurs de cuisine, les repas, la veillée et tout le monde à se retrouver.

— Te voilà enfin, pas trop tôt, ma pauvre fille !

La vieille Aline Lhoumeau — que tous appelaient la Néné — gourmandait toujours d'un ton plaintif quand elle s'adressait à Marie. « Laisse-la petouner, disait Mousin. Elle n'est pas méchante... Son homme l'a toujours menée si durement ! Et son gars tué à la guerre, si loin, pas même une tombe ! Comment veux-tu qu'elle soit riante ? »

La vieille femme continua de la même voix :

— Buffe * donc le feu avant d'aller chercher ton bois ! Ne vois-tu pas qu'il éprend mal ?

Marie prit le grand soufflet. Doucement, d'abord avec précaution. Quel plaisir de voir monter le feu ! Les étincelles s'envolaient sur le noir de la suie et se perdaient haut dans la cheminée. Elle ne se lassait pas de les regarder.

— Veux-tu finir par mettre le feu à la cheminée ? Pousse-toi de là et va vite chercher le bois. Il n'y aura pas assez de braises quand les hommes viendront.

Aline Lhoumeau se lamentait toujours ainsi : « Les hommes... Les hommes vont arriver. Les hommes auront faim. Les hommes n'auront pas assez de lard. Les hommes... » Comme un poids, une menace. Marie n'avait pas été habituée à cela ; chez elle, à Chaussauvent, c'était le contraire : mémé Gâtard menait tout et son père se taisait.

Le bûcher était loin de la maison, vers le fournil. La nuit commençait à blanchir et les lampes de l'écurie éclairaient un peu jusque-là. Marie put trier son bois et en prendre une pleine brassée. Elle était grande et vigoureuse pour son âge — quoique maigriotte encore, comme son agneau.

— On te donnerait douze ans, disait Adélaïde. Regarde où t'arrive ce jupon, comme tu as encore grandi !

Lorsque Marie rentra dans la maison, le visage presque caché par sa charge de bois, elle ne vit pas tout de suite la grande femme qui se tenait debout devant le potager *.

— Tu ne peux pas dire bonjour, peut-être ?

La voix était haute de ton, dure à l'oreille. Zélia Rougier était la fille des Lhoumeau, la vraie patronne, sèche et vieille déjà, et pas belle ; jamais on n'aurait pu croire qu'elle fût la mère d'Adélaïde, une si jolie fille ! Mousin disait parfois « le grand cheval » en parlant de Zélia : de fait, elle ressemblait à la jument Pomponne... La fillette posa son bois et dit bonjour, puis alla prendre ses deux seaux dans le corridor, pour traire les chèvres. Aimé Lhoumeau passa devant elle sans même la regarder, il avait l'air pressé.

— C'est quelqu'un le vieux, sa tête travaille tout le temps !

Le Grand Mousin jugeait ainsi le patron, avec une fierté dans la voix.

Aimé Lhoumeau traînait la jambe en se dirigeant vers la vieille maison qui bordait la cour sur la gauche. L'âge n'apportait que du mauvais. Il entra dans la laiterie déserte à cette heure et s'assit pour se reposer le jarret. Il n'aimait pas qu'on le voie en faiblesse. Lui, Aimé Lhoumeau, sur une selle à traire ! Le jour commençait à venir : encore du froid mais le gel n'était plus à craindre, non plus que l'eau. Le ciel était clair à l'est. Quelle catastrophe si la pluie avait suivi la glace ! Aujourd'hui le vent allait se lever et sécher les terres, c'était une chance pour le travail. Les céréales étaient semées depuis l'automne, quant au reste on avait pris beaucoup de retard. Ce n'était pas une petite métairie que la Colombière, plus de six cents boisselées * tout en prés et cultures, rien en landes... Les mois à venir allaient être chargés. Le Grand Mousin menait fort les quatre valets, quand même, il y avait trop à faire. Lhoumeau avait déjà parlé à maître Guérinière de prendre deux journaliers, trois peut-être. Il fallait si peu compter sur Simon Rougier, le mari de Zélia, un feignant, un incapable !

— Tu t'es pourtant marié rien qu'en apportant ton couteau * ! lui rappelait souvent sa femme...

Guérinière jusqu'ici avait refusé pour les journaliers. Tout avait bien changé depuis sept ans que Joseph Guérineau [1], l'ancien maître, était mort en laissant fortune et métairies à son fils adoptif.

« Arrête donc de penser, vieille bête ! A soixante-douze ans tu n'en as plus pour longtemps. Simon Rougier, ton

1. Joseph Guérineau et son fils adoptif Joseph Guérinière sont des personnages historiques. Cf. *Histoire des communes des Deux-Sèvres*, de Maurice POIGNAT, Ed. du Terroir, Niort.

pauvre couillon de gendre, prendra la suite. C'est ce qui enrage le plus Guérinière, je le comprends pour une fois ! Il ne peut quand même pas aller contre le testament de son père qui l'a expressément mentionné au milieu d'autres balivernes ! Vieux Joseph, sacré filou, même mort il faut encore qu'il joue des tours... Après, eh bien la Colombière passera à d'autres. Heureusement, Adélaïde sera mariée, la chère mignonne, et quel mariage ! Même si les parents de François sont toujours en vie, elle sera à l'abri du besoin. C'est égal, il vaudrait mieux qu'ils crèvent avant et qu'Adélaïde soit maîtresse chez elle. Ils sont riches les Rousseau, et François est leur fils unique... »

Lhoumeau sortit de la laiterie, il ne savait plus pourquoi il était venu à la vieille maison. Il se souvint qu'il voulait parler à Mousin, et entra dans la remise aux outils, mais le grand valet ne s'y trouvait pas. D'habitude il coupait lui-même les betteraves : aujourd'hui, c'était Louis Chantecaille. Il lui fallait d'abord trier celles qui avaient gelé et empuantissaient de pourriture. Le va-devant avait sûrement mis Louis tout exprès à cette ouvrage, les deux gars ne pouvaient se supporter. Leur rivalité profitait à Lhoumeau qui se gardait d'intervenir. Si le Grand Mousin s'en allait un jour, la Colombière en ressentirait la perte mais Louis Chantecaille ferait un va-devant capable, à moins que ce soit lui qui parte le premier. Il avait vingt-cinq ans déjà et Lhoumeau savait qu'on lui avait fait par en dessous des offres pour être grand valet dans une ferme de la région. Il faudrait voir d'augmenter ses gages à la Saint-Michel, sans que Mousin l'apprenne, bien entendu. Ce n'était pas une affaire simple de gouverner tout ce monde ! Lhoumeau changea d'avis en traversant la cour et n'entra pas aux écuries pour parler au Grand Mousin, il voulait s'asseoir encore un peu en attendant de manger, il sentait qu'il allait souffrir de sa jambe le jour durant. « Ce sera tout suffisant de le voir à la table. En peu de paroles je tracerai la journée. L'emmerdant de l'affaire, c'est que le gars me tient tête à des fois et devant toute la coterie ça n'est pas d'un bel effet ! » Lhoumeau hésita encore un instant et finit tout de même par se diriger vers la maison. Il poussa la porte en grommelant pour justifier sa venue :

— La soupe n'est pas prête encore ? Vous n'en finissez à rien, les femmes...

Le jour était franc levé à présent. Comme chaque matin Mousin fut le dernier à gratter ses sabots au cure-pieds de fer fixé dans le mur près du seuil. Zélia Rougier était fière de son parterre, de grandes dalles de pierre difficiles à garder propres, et elle avait dressé la maisonnée. « As-tu curé tes bots ? » Son père lui-même n'échappait pas à la question. Mousin jeta un coup d'œil derrière lui pour s'assurer que personne ne traînait, c'était son rôle de va-devant. Lorsqu'il entra dans la maison, il salua d'abord le patron déjà installé à son bout de table, et, comme il était malpoli de dire seulement « bonjour », il ajouta :

— On ne s'est pas vus à matin, c'est rare !

Il s'aperçut à la tête du vieux qu'il aurait mieux fait de dire autre chose : « Beau temps aujourd'hui ! » ou encore : « Il va faire bon sur les onze heures ! » Le temps fournissait une suite inépuisable aux saluts, pour une fois que Mousin changeait il était mal tombé. Le vieux avait sûrement ses douleurs à la jambe et tout ce qui lui rappelait sa blessure et son âge le renfrognait.

Du coup, et au risque de paraître malhonnête — quoique avec les femmes on puisse faire moins de façons — il dit seulement à la vieille Aline qui fourgonnait dans la cheminée :

— Salut, Néné !

Il ajouta à l'adresse de Zélia qui trempait la soupe :

— Bonjour, la patronne.

Tous les autres, il les avait vus depuis deux bonnes heures que le travail était commencé, sauf Marie la bergère qui lui souriait et s'était déjà glissée auprès de lui. Qu'elle était mignonne et belle et vivounette, cette petite Marie Therville ! C'était la première fois que Mousin s'intéressait ainsi à un enfant, une fille surtout, avait-on idée ? Il tira une mèche de cheveux qui commençait à s'échapper du bonnet de la fillette.

— Marie Therville ! Coiffée comme une galopine * !

D'habitude c'était Julien qui lui chantait cela à la

manière d'une comptine ; Marie se mettait alors en colère et répondait du même ton : « Bénéteau les œils de veau ! » ou encore : « Le Julien qui fait rien de bien ! » Ils étaient toujours comme chien et chat tous les deux, quelquefois Mousin devait y mettre bon ordre. « Arrêterez-vous de vous gringuenacer, les drôles ? » Heureusement Marie était cent fois plus fine que le berger et avait souvent le dessus. Elle répondit d'un sourire à la moquerie de Mousin et posa sa main sur celle du grand valet.

— Va maintenant, Marie !

Il n'allait quand même pas devant tout le monde éterniser la conversation avec cette gamine, il en sentait comme une honte et se disait que Pierre Therville, le père de Marie, était grandement coupable. Il n'avait donc rien dans la culotte à se laisser mener par des femmes ? C'était égal, le malheureux, une si bonne fille devait lui manquer... Mousin tira son banc et s'assit face au vieux qui se tenait à l'autre bout de table. Tous les autres prirent place dès qu'il fut installé, seuls le patron et son gendre pouvaient s'asseoir avant lui. Aux autres repas, Zélia, Adélaïde — pas encore levée, Mademoiselle ! — et même Marie mangeaient à la table avec les hommes. C'était Adélaïde qui en avait décidé, on lui passait tout ! La Néné et Madeleine Chapeleau restaient toujours debout, servaient les hommes et mangeaient tout en s'activant.

Chez lui, à Saint-Léger, on pratiquait de même. Malheur, était-il possible qu'il pense encore « chez lui » après vingt ans ? A Saint-Léger donc, on faisait pareil, il était seul à table et sa mère le servait. La malheureuse ne mangeait guère ! Ici la Néné et la servante se soignaient largement le ventre malgré leurs allées-venues. La vieille surtout avait une façon de picorer le fricot posé sur son pain, le couteau allait et venait comme à tic-tac d'horloge. Mousin aimait chercher la ressemblance des humains avec les bêtes, le Bon Dieu devait s'amuser parfois à mélanger ses créatures. Il s'en gardait les réflexions pour lui et appelait cela rire par le dedans. Tout de même, un jour il dirait à Marie Therville que la Néné mangeait comme une vieille volaille, comme les poulets à cou pelé — les plus voraces ! Malgré tout ce que la petite avait enduré, il voyait à ses yeux qu'elle aussi aimait à rire dans sa tête.

Zélia Rougier avait servi son père en premier, ensuite son mari puis le va-devant. Il souffla d'aise car il avait grand-faim et baissa le nez dans son assiette, en pensant une fois de plus que la Colombière était une maison où l'on était bien affené *. Ce matin, on mangeait la soupe de Zélia. La soupe était toujours sujet de querelle entre la mère et la fille. La vieille était native d'Azay-le-Brûlé, un village proche de Saint-Maixent. L'habitude était là-bas que le pain doive bouillir longtemps jusqu'à se délayer en pâte et qu'on ajoute encore, si on avait les moyens, du lait et du beurre dans le pot. Zélia tenait pour la soupe de Gâtine : le pain taillé tout mince devait juste être trempé dans la soupière au dernier moment, en versant le bouillon dessus.

Mousin convenait que la soupe de Zélia était bonne mais il préférait celle de la Néné, avec beaucoup de lait surtout ! Il n'avait jamais bu de lait à Saint-Léger, sinon celui de sa mère, pauvre femme... C'était bizarre ce goût qui lui en était venu à dix-huit ans. Il lui arrivait souvent, quand il passait dans les écuries au moment de la traite, d'en boire tout chaud à même le seau. « Comme un veau, n'as-tu pas honte ? lui disait Madeleine Chapeleau. Tète donc à même pendant que tu y es ! A-t-on jamais vu un homme boire du lait ? » Mousin haussait les épaules ou, s'il était de la bonne affaire, répondait en gaudriole. « Si tu n'étais pas si vilainc, ma pauvre, tu le verrais tout de suite si je suis un homme ! »

Il finit sa soupe en buvant le reste de bouillon à même l'assiette. La Néné et la servante posèrent sur la table deux plats en terre, un devant le patron, l'autre devant Mousin. Chacun se servait, toujours dans le même ordre : le vieux Lhoumeau, puis son gendre, le va-devant et Chantecaille. Ainsi le Grand Mousin remplissait son assiette avant Simon Rougier, il en éprouvait du contentement.

Le matin, on mangeait les restes du souper de la veille prévu pour suffire à deux repas : du lard salé avec les légumes de la saison, en cette fin d'hiver du chou, des raves et surtout des pommes de terre. Réchauffées, elles étaient de moindre agrément. Charles Roullet et Julien Bénéteau se servaient les derniers et n'avaient guère que des patates avec leur salé. Mousin avait connu le même traitement au début de ses gages et choisissait sans remords les raves et les choux qui supportaient bien de cuire et de recuire. Le soir il faisait le contraire. Il ne se lassait pas des pommes de terre, quoiqu'en Limousin il n'en ait jamais mangé : là-bas on prétendait que c'étaient des racines du diable, que des maladies terribles en venaient, faisant tomber les doigts et dévorant la face des gens. Quand il était arrivé dans les Deux-Sèvres, la bataille de la pomme de terre était presque gagnée. Un homme y avait consacré sa vie : Jacques Bujault, l'avocat-laboureur, le maître Jacques des almanachs dont Lhoumeau faisait si grand cas ! La pomme de terre, la patate, la trouffe, la providence des bêtes et des gens ! Tout de même, vingt ans après, nombreuses étaient les fermes où « on ne voulait pas de ça ! »

Mousin avait mangé vite comme à son habitude, et sans lever le nez. Il pouvait engloutir en un rien de temps d'énormes quantités de nourriture, c'était de cette façon que manger lui faisait du bien. Il restait maigre comme le sel malgré ce qu'il se calait au ventre : les bons coqs n'étaient jamais gras à ce qu'on disait. Enfin rassasié il se redressa et se versa une mogue * de cidre. Le fond des barriques arrivait, le cidre était dur et dégraissait bien les dents ! Les femmes n'en buvaient plus depuis longtemps. « Il faut être un homme pour s'entonner pareil lessif ! », disait Zélia. A l'autre bout de la table le vieux ne mangeait plus depuis un moment. Mousin croisa son regard.

— Mon valet, aujourd'hui tu mets les gars au vrai travail, dès que tu auras tapé * ton couteau. Bûcher et fagoter c'est fini pour cette année, heureusement ! Ceux de la Rinchardière ont commencé à retourner hier aux Pièces Franches.

— C'est bien beau tout ça, patron, ceux de la Rinchardière ! Pour nous autres d'ici...

Mousin s'interrompit, tous les valets avaient levé le nez et attendaient la suite. Ils aimaient par-dessus tout — Mousin ne l'ignorait pas — voir s'affronter le va-devant et le patron. A la suite de quoi, si un ordre du grand valet ne leur convenait pas, ils avaient beau jeu de prétendre que le vieux était d'un autre avis. Aimé Lhoumeau ne disait rien et le silence durait.

— Pour nous autres... La terre est plus... C'est égal, on est mieux équipés et on va leur montrer ! Vous avez raison, c'est juste le moment. Pourtant il me semble avis que je dois mettre Jean et Jacquet à Garlet pour finir de tailler les palisses *. L'an dernier, rappelez-vous que les vaches ont mussé * deux fois et n'ont pas fait du beau travail de l'autre côté. Ce n'est pas le genre de la Colombière de faire pâturer sur ça du voisin.

Le vieux hocha la tête et Mousin fut soulagé. Personne n'avait perdu face, sauf Julien qui baissait le nez, foutu berger ! Les valets se remirent à manger, il ne leur restait pas grand temps. Mousin se servit du fromage très sec, comme il le préférait. Personne ne faisait les fromages comme la Néné. Quel que soit le temps, les fromages de la Colombière étaient toujours sans reproches, personne d'autre que la vieille n'avait le droit de s'en occuper, et Mousin pensait que c'était sans doute la raison de leur qualité. « On dit que les femmes plus jeunes, au moment de leur lune, gâtent tout ce qu'elles touchent, le fromage, la viande du cochon, le beurre... Pour le beurre je n'y crois pas trop. Madeleine Chapeleau n'est plus de prime jeunesse, s'en manque, on la suit quand même à la trace à de certains jours et son beurre reste toujours fameux... » Il se coupa encore un peu de fromage pour finir son pain, pas trop, car les chèvres ne donnaient guère à fin mars et la vieille Aline était restée près de la table pour surveiller son fromage. Elle ne lui aurait pas fait remarque, naturellement, mais il aimait bien la Néné, il ne voulait pas la contrarier. Marie avait posé sur la table une grenotte * pleine de pommes clochards un peu ratatinées, c'étaient les dernières. Ici, ils aimaient tous le fruitage. Mousin quant à lui n'en faisait pas trop cas. Il essuya son couteau de Nontron sur sa culotte et le referma d'un coup sec. C'était le signal, le repas était terminé. Tous les valets s'arrêtèrent de manger et le père Jacquet manqua de s'étrangler avec un bout de pomme. Simon Rougier prit le temps de finir, il lui fallait montrer qu'il n'était pas au rang des autres. Mousin se demandait souvent quel patron il ferait quand le vieux ne serait plus de ce monde, et ce qu'il adviendrait de la Colombière.

La Colombière

La Colombière se voyait de loin dans le pays. C'était la plus belle ferme de la commune de Vautebis, la première construction de Joseph Guérineau. Avant la grande Révolution Guérineau était fermier à la Rinchardière, plus occupé à la politique qu'à l'exploitation du domaine pour lequel il versait un fermage de neuf cents livres en argent, quarante livres de sucre fin et vingt boisseaux de seigle au curé de la paroisse qui en était propriétaire. Aimé Lhoumeau était va-devant à la Rinchardière : un jeune homme de capacité et de décision qui laissait au patron toute tranquillité pour satisfaire à d'autres ambitions que le travail de la terre.

Au moment de la vente des biens nationaux, Aimé Lhoumeau vit la fièvre de posséder s'emparer de Joseph Guérineau, une fièvre amplifiée par la soif de revanche présente depuis longtemps chez ce républicain anticlérical et qui l'amena au fil des années à une richesse extrême, son âpreté au gain égalant voire dépassant celle de la noblesse et du clergé qu'il avait combattus. Il avait d'abord acheté la Rinchardière et, l'argent amenant l'argent, d'autres fermes avaient agrandi sa fortune : Montchevrier, Malépine, la Pourgère, la Vignauderie... Tout ce qui se présentait acheté, englouti, absorbé par Joseph Guérineau, jusqu'à des églises, des presbytères, des cimetières ! Il avait enfin mis la main sur la Colombière, confisquée par la nation à la comtesse de Rougemont, la « vieille maison » de la Colombière qui battait misère, mais toutes les terres y étaient d'un seul tenant ou presque, et Guérineau connaissait l'importance de cette enclave dans le morcellement infini de la Gâtine.

Il avait fait construire pour y habiter le grand corps de logis à deux étages et tout ce qu'on appelait « les bâtiments neufs » encore cinquante ans après. La vieille ferme gâtinaise où la comtesse de Rougemont logeait ses tenanciers était devenue une dépendance qui semblait minuscule, perdue dans une complexité de bâtisses : écuries, granges, hangars et remises, tous couverts des plus belles tuiles et maçonnés pour durer des siècles, en schiste et en granit appareillés au plus grand soin. Dans cette terre de pauvreté où les toits cent fois écroulés et cent fois relevés donnaient un air de misère aux fermes les plus prospères, on disait que les bêtes à la Colombière étaient mieux logées que des chrétiens et que Guérineau, républicain et mécréant, vivait dans un logis plus vaste et plus beau qu'autrefois la vieille comtesse dans sa ruine de Rougemont.

La maison était belle en effet ; construite sur des caves profondes — grande bizarrerie dans ces régions où la vigne ne poussait pas — elle offrait d'où qu'on la regardât la régularité de ses deux façades identiques. Cela n'avait pas été le moindre étonnement des habitants du canton, eux dont les maisons basses semblaient toujours se tourner le dos. Si par nécessité une ouverture était pratiquée à l'opposé de la façade, c'était une pauvre lucarne ou une porte étroite que la végétation masquait vite et qu'il fallait dégager des ronces lorsque d'aventure on voulait les utiliser. Une maison devait avoir comme les gens un devant et un derrière : la maison de Guérineau n'avait pas de derrière, elle montrait ses deux visages semblables avec la même impudence que mettait son propriétaire à étaler sa fortune.

La conception en était simple au demeurant et même austère. Aux trois ouvertures du rez-de-chaussée, une très haute porte encadrée de deux fenêtres, répondaient au premier étage les trois croisées de même taille. Rompant toute cette rigueur de lignes droites, trois lucarnes ovales surmontaient les fenêtres : la fantaisie de Guérineau avait été de mettre celle du milieu en hauteur. Cela n'avait l'air de rien mais donnait une douceur à la maison, comme une faiblesse enfin dévoilée de son maître. Chaque œil-de-bœuf s'encadrait de deux boulins pour les pigeons, justifiant à nouveau le nom du domaine qui avait possédé autrefois la plus belle fuie * de la région, écroulée bien avant la Révolution et symbole de l'Ancien Régime que Guérineau n'avait pas osé faire reconstruire. L'intérieur montrait le même souci de rectitude et de clarté. Un grand corridor partageait la maison avec une exacte symétrie, il s'éclairait des impostes vitrées qui surmontaient les deux portes en vis-à-vis. L'orgueil de Joseph Guérineau éclatait dès l'entrée : à gauche de la porte donnant sur la cour, il avait fait installer à grands frais une pompe qui dispensait de sortir lorsqu'on voulait de l'eau. Cette mécanique avait d'abord fait rire, on avait prédit qu'elle se détraquerait aux premiers jours ou viderait le puits en moins de rien. Le temps avait passé, l'eau coulait toujours dès qu'on actionnait le levier, et bien des femmes, les épaules meurtries sous la courge * au retour du puits, souvent très éloigné de la maison, rêvaient à la « mécanique » de la Colombière.

Les deux pièces qui s'ouvraient sur le corridor étaient de taille identique : à gauche « la maison », à droite « la belle chambre » où couchait Guérineau. Éclairées chacune par deux fenêtres opposées, elles recevaient du matin au soir toute la lumière du jour. Joseph Guérineau était un homme instruit, lecteur de l'Encyclopédie. Quand il était encore fermier, avant qu'il ne s'enrichisse, ce savoir lui avait fait du tort dans l'esprit des autres paysans. On pouvait voir à présent que les livres ne servaient pas seulement aux curés pour y lire la messe ! La Colombière était la revanche de la science sur l'obscurantisme. Devant une telle réussite on oubliait la source de la richesse. S'il n'avait gagné qu'un peu d'argent au trafic des biens nationaux, Guérineau eût été méprisé et traité de voleur. L'énormité de sa fortune forçait au respect et la clarté des pièces de la Colombière semblait l'absolution même du ciel.

Un escalier de chêne menait à l'étage dans les trois

chambres hautes : deux grandes et une autre plus petite au-dessus du corridor. Les chambres hautes étaient la preuve ultime de l'accession au rang de notable : quelques maisons du bourg en possédaient, celles du médecin, du notaire et de deux ou trois rentiers. Personne ne couchait dans les chambres hautes de la Colombière, il suffisait à Guérineau qu'elles soient là : il n'y montait jamais, mais il aimait sentir au-dessus de sa tête ces pièces aux armoires pleines de linge, aux meubles brillants que les servantes avaient ordre de frotter tous les jours pour que l'odeur de cire en vienne jusqu'au corridor.

En revanche Joseph Guérineau allait souvent dans les greniers, il en avait conçu et dessiné lui-même la charpente. Les compagnons n'avaient guère apprécié d'être ainsi dirigés : ils avaient tous fait leur tour de France et prétendaient connaître leur métier. Guérineau leur avait offert une somme telle qu'ils ne l'auraient pas gagnée en dix ans et, le travail fini, ils avaient dû reconnaître que c'était de la belle ouvrage et qu'elle durerait encore dans des cents et des cents. Le maître charpentier l'avait dit de grand cœur et Guérineau pour une fois s'était ressenti de la fierté que son argent n'y fût pour rien. Il venait chaque jour ou presque contempler sa charpente. Il passait la main sur le cœur de chêne et crochait dans une cheville pour en éprouver la justesse et la solidité. Cela lui donnait plus de joie que tout au monde... Des entailles profondes marquaient les poutres, langage universel des compagnons charpentiers, les signes millénaires de la « pendule à Salomon » : des traits, des croix, des flèches entaillés au sol avec la gouge et qui traçaient l'assemblage de la charpente dans l'espace. Sur la poutre maîtresse, Guérineau avait ajouté ses initiales et la date : 1802.

Ce n'était pas assez encore : l'envie de plus grand et de plus beau le tenaillait toujours au ventre. Il avait fini par échanger une métairie en plein rapport contre le château du Theuil, à Vausseroux, où tout n'était alors que ruines et ronces. Il avait fallu six ans pour relever et rebâtir. Joseph Guérineau avait bouclé la boucle : le fermier de la Rinchardière, qui avait chanté la carmagnole, était devenu le châtelain du Theuil. En 1808, il laissa la Colombière à son grand valet, Aimé Lhoumeau, en précisant surtout qu'il ne voulait pas de fermier sur ses terres, seulement des métayers : il savait d'expérience que l'ambition d'un fermier pouvait être fatale à son propriétaire. Les temps étaient pour l'ordre avec Napoléon, mais savait-on ce qui viendrait après ?

Enfin, comme il était célibataire et sans héritier, Guérineau adopta un enfant le jour même où il s'installa dans son château du Theuil. Il pouvait mourir, il laisserait un fils, il l'avait même choisi prénommé comme lui parmi tous ceux qu'on lui avait présentés à l'orphelinat de Parthenay. Il en fit un grand bourgeois, un avocat dont la seule ressemblance avec son père adoptif était d'être franc-maçon et libre penseur. « Maître Joseph Guérineau » : cela sonnait à l'oreille et portait joie et orgueil à l'ancien fermier de la Rinchardière. Quand le vieux Joseph mourut, en 1838, l'héritier garda fortune, métairies et château, mais il changea de nom tout en y conservant comme un écho. Maître Joseph « Guérinière » était le propriétaire du Theuil, de Montchevrier, de Malépine, de la Colombière et autres lieux. Aimé Lhoumeau, encore sept ans après la mort de Guérineau, crachait par terre lorsqu'il pensait au nouveau maître de la Colombière.

Le soir où le loup rôda

22 mars 1845

Aline Lhoumeau se sentait très lasse. C'était la dernière veillée de l'année, les hommes avaient repris le travail aujourd'hui, Dieu merci. Demain, la fatigue allait venir pour eux aussi... Était-elle donc la seule à se trouver ainsi accablée ? Elle avait froid et posa un instant son tricot pour remuer les braises de son chauffe-pieds. Elle avait souvent froid à présent, son sang gelait en elle. La glace de la mort arrivait petit à petit, son approche lui laissait peu regret de la vie... « Tu es toujours à te plaindre ma pauvre mère », lui disait sa fille.

Elle les regardait tous autour de la cheminée qui leur portait chaleur et lumière. Ceux de la Vignauderie étaient venus. Personne n'était inoccupé — sauf les deux patrons — ce qui n'empêchait pas les langues de marcher. Elle reprit vite ses broches et se remit à tricoter. Elle en avait tant fait, des chausses et des bonnets et des mitaines, qu'elle n'avait plus besoin de regarder son ouvrage : c'était une chance, elle y voyait si mal pour tous les travaux fins ! Pour ce qui était des visages, heureusement elle distinguait encore assez.

Son homme était assis de l'autre côté de l'âtre, dans le fauteuil où lui seul avait droit de prendre place. Il parlait avec Jean Picot, guère plus jeune que lui, qui se tenait sur le coffre à sel, à la place d'honneur. Pour une fois sa face était presque aimable. Les deux vieux étaient les seuls à ne rien faire, et Lhoumeau racontait comment ils baiseraient bien ceux de la Rinchardière, qui avaient pour sûr un jour d'avance dans leur ouvrage mais tout le monde les connaissait pour de vrais brenassous *.

— Ah ! tu l'as bien dit, Aimé !

Et les bonshommes riaient ; demain chacun d'eux dirait du mal de l'autre, sans doute.

« Me parleras-tu ainsi une fois seulement avant que je sois morte ? Comme tu as vieilli, Aimé Lhoumeau ! Tu n'es guère beau avec cette barbe qui te mange la figure. C'est au diable bientôt que tu auras à faire ! Sainte Marie mère de Dieu, vous aurez pitié de lui peut-être ?

« Zélia, ma fille, tu fais ta patronne, c'est toi qui grilles les châtaignes : montre-leur que je ne suis plus bonne à rien. Tu as tété mon lait jusqu'à trois ans, tu étais une belle pouponne encore que mal-riante. Et à présent tu ressembles à ton père ; lorsqu'il n'y sera plus c'est toi qui conduiras la compagnie. On t'appelle déjà Génie-pisse-tout-dret * dans le pays. Quelle honte pour une maison quand c'est la femme qui mène tout ! Dieu bon faites que je parte avant de voir cela, je ne l'ai pas mérité !

« A dire vrai Zélia est plus capable que son homme. Qu'a-t-il fait, ce soir encore, Simon ? Il a bu mogue sur mogue sans sonner mot, en faisant mine de tordre une poignée de paille, toujours la même ! Si les voisins n'avaient pas été là, Zélia l'aurait secoué sans ménager. “ Il a bien avancé, ton palisson * ! ” Et ces regards en dessous qu'il jette du côté des deux petites au fils Picot ! Ah ! la saleté des hommes...

« Comme elles rient là-bas les deux mignonnes, avec Adélaïde ! Oh ! ma jolie, ma petiote, il faudra encore que je te voie partir. Tu as promis de revenir souvent, tu connaîtras vite quand on est mariée si on fait ce qu'on veut. Suis-je jamais revenue à Azay, sinon après la mort de mon dernier frère, qui s'était pendu le malheureux, et qu'on avait porté en terre sans prières, comme un chien, pauvre damné... Lhoumeau faisait bonne figure ce jour-là, l'héritage était conséquent et la bourse remise par le notaire pesait lourd. Moi, bien entendu, je n'en ai pas connu l'importance. Était-ce en 1813 ? Je n'ai jamais su compter en arrière. Avant qu'Adrien soit parti à la guerre en tout cas : c'est lui qui menait les mules au retour. Mon garçon, mon garçon... Tu n'allais jamais à messe ni communion, tu disais comme ton père que tout ça était de la sornette. Tu es mort là-bas à Waterloo, dans tous tes péchés. Il était si fier, Lhoumeau, de voir son gars servir Napoléon ! Les autres jeunes se cachaient, se mutilaient pour échapper à la conscription. Ceux qui partaient, les gendarmes devaient les tirer de chez eux et c'étaient des larmes, des cris, du désespoir. Adrien, lui, il nous a quittés en riant. " Tu verras, père, comme nous les rosserons tous ! Vive l'Empereur ! " Mon pauvre enfant, j'ai dit pour toi tant de prières que tu m'attends peut-être en Paradis. Le Bon Dieu ne peut punir un garçon comme toi, qui n'as fait que suivre ton père, comme le doit un bon fils. »

La vieille femme laissa tomber une broche sur les dalles de pierre. Madeleine la ramassa aussitôt et la tendit sans rien dire. Aline Lhoumeau la lui arracha presque des mains.

— Va chercher des châtaignes et des noix, au grenier. Les hommes vont en manquer. Et tire du cidre à la cave.

Elle éprouva un vif plaisir à voir la servante quitter la pièce. « La saloperie ! Il faut quand même qu'elle m'obéisse, et sans répondre. Hier au soir encore — est-ce possible, à son âge ? — Lhoumeau est monté au grenier la rejoindre. Trente ans maintenant que ça dure... »

Le vieux leva les yeux : il avait sûrement tout entendu, et devait voir qu'il y avait largement à boire et à manger. La Néné soutint son regard, certaine que devant les gens il ne dirait rien.

La maison avait beau être vaste, Marie était toujours étonnée d'y voir tenir autant de monde. On avait tiré la table vers le mur du fond et ils s'étaient installés, chacun profitant du feu, éclairés et chauffés par les flammes, on n'épargnait pas le bois ! Zélia Rougier avait même allumé quatre charails *, un seul suffisait les autres soirs.

Marie était loin de la cheminée, devant Adélaïde, il lui semblait pourtant y voir comme en plein jour et elle avait grand chaud. La botte de paille qui lui servait de siège était posée au meilleur endroit pour tout regarder et tout entendre, sans pour autant s'arrêter de filer.

— La Gâtarde t'a bien dressée, lui disait Madeleine en observant le fil de chanvre. On ne peut pas dire, ça n'est pas trop gâché pour une drôlesse de ton âge !

Madeleine semblait ensuite regretter son compliment et virait les talons devant le sourire de Marie.

Ainsi installée presque au fond de la pièce, Marie voyait tout le monde. Chacun pour la veillée avait sa place et nul n'avait idée de rompre l'habitude. Les plus jeunes, ceux qui étaient assis sur un fagot, une selle à traire, une botte de paille, tiraient de temps à autre leur siège de fortune au gré de l'intérêt qu'ils prenaient aux conversations. Ils le faisaient le plus discrètement possible, choisissant un moment où personne ne les regardait. Julien était coutumier de la chose, on le disait curieux comme une belette et la patronne le rabrouait souvent.

La place de Marie était aux pieds d'Adélaïde, elle ne tenait pas à en changer. On ne veillait pas chez elle, à Chaussauvent. Comme elle se rappelait la première veillée à la Colombière, celle qui avait marqué la fin des semailles d'automne, avec les crêpes et les gaufres ! Ils étaient venus plus nombreux encore qu'aujourd'hui, même ceux de Bel-Air et de Malépine étaient là. Elle n'était pas gagée depuis longtemps, deux mois peut-être, et pleurait encore tous les soirs du regret de son père et de sa petite sœur. Elle avait d'abord pensé que la veillée n'était pas pour elle ; ils en parlaient depuis des jours, même Jean semblait moins triste qu'à l'accoutumée. Julien l'avait prévenue :

— Tu sais, Marie, la première veillée de l'année c'est quelque chose à la Colombière. Quand je suis arrivé, voilà deux ans, tu peux penser comme j'étais jaloux d'aller me coucher juste avant l'arrivée des veilloux. J'étais trop jeune naturellement, on en raconte de belles à des fois ! Mais dès l'année suivante je suis resté, j'avais onze ans. Tu vois tu as trois ans à attendre, ou un peu plus comme tu es une fille, mais tu as plus de chance que moi, sois-en sûre : je te raconterai tout !

Après le souper elle avait aidé à ranger la pièce et s'apprêtait à sortir dans la nuit, le cœur plus gros encore qu'à l'habitude, quand elle avait entendu Adélaïde dire à son grand-père :

— Marie peut bien rester, pépé, je ne la vois pas beaucoup dans la journée.

Le vieux n'avait pas répondu tout de suite ; Adélaïde attendait en souriant, Marie s'était figée dans une angoisse semblable à celle qui la prenait lorsque la mémé Gâtard attrapait son bâton. Le refus du patron allait tomber sur elle comme les coups de sa grand-mère.

— Quand même, Adélaïde ! Enfin vois ça avec ta mère !

Devant Marie qui se retenait même de respirer, Adélaïde avait couru vers Zélia, l'avait embrassée, cajolée, comme si tout dépendait de sa réponse. Elle avait avoué plus tard à Marie que c'était sans importance, quand son pépé lui disait de « voir avec sa mère », il avait déjà cédé.

— Est-elle folle, celle-là ! avait soupiré Zélia Rougier en prenant mine d'être accablée par les baisers d'Adélaïde. Surtout Marie, prends ta quenouille, et malheur à toi si tu n'es pas levée à la même heure demain matin !

Depuis ce jour Marie avait assisté à toutes les veillées. Julien ne lui avait pas pardonné une telle injustice et, ce soir encore, il lui avait levé les cotillons en criant :

— J'ai vu ton cul !

Il savait qu'elle n'oserait s'en plaindre à personne, elle avait trop honte d'un si vilain geste.

Aimé Lhoumeau n'écoutait plus guère Jean Picot. Il l'avait entendue vingt fois, son histoire. Commençait-il donc à radoter, le vieux Picot ? Voilà qu'il devenait comme les autres. En tenant ses écuries plus propres, il lui crèverait moins de veaux. C'était plus facile de croire aux jeteurs de sort que d'enlever le fumier, les pauvres bêtes enfonçaient dans la pourriture jusqu'au ventre...

— Enfin, pas vrai, c'est comme ça, on n'y peut rien !

Le métayer de la Vignauderie soupira, cracha dans le foyer et se tut. Lhoumeau ne relança pas la conversation. Il promena son regard sur les veilleurs et tourna un peu son fauteuil comme s'il avait trop chaud. Il aimait les tenir tous ainsi sous ses yeux et remarqua avec satisfaction les changements d'attitudes, le regain d'activité, les voix qui s'étouffaient. Les veillées commençaient à le fatiguer, il fallait reconnaître, il tirait pourtant plaisir de se sentir encore le maître de toute cette maisonnée !

Adélaïde, elle, comme si de rien n'était, continuait à peigner Marie Therville assise à ses pieds. C'était vrai, il lui passait ses quatre volontés, à sa petite-fille. Zélia avait dix-huit ans à la mort de son frère, c'était un beau parti : on savait le métayer de la Colombière plus riche que beaucoup de propriétaires. Mais elle était mésavenante, aigre d'humeur et plate du devant comme du derrière : elle s'était mariée à vingt-huit ans, une vieille fille déjà, encore contente d'avoir trouvé Simon, un sans-le-sou qu'elle n'aurait même pas regardé dix ans plus tôt. Lhoumeau, en ce temps, se serait d'ailleurs opposé au mariage : non seulement Simon Rougier n'avait pas de bien, mais on le connaissait aussi feignant qu'un moine. Comme c'était sa dernière chance d'avoir des petits-enfants, il avait, en 1825, consenti à marier Zélia avec cette chiffe molle.

A la naissance d'Adélaïde, il avait fallu le médecin et on avait su tout de suite qu'il n'y aurait pas d'autre héritier. Une fille, malheur ! Aline — c'était bien la seule fois de son existence — lui avait fait remarquer qu'il recevait la punition de ses péchés : son fils était mort par sa faute, et maintenant sa fille était stérile. Pendant longtemps il n'avait pas regardé cette pisseuse encatinée dans ses langes. Et puis, elle était devenue une belle petite qui riait tout le temps, qui se jetait dans ses jambes en criant : « Pépé, mon pépé ! » jusqu'à ce qu'il la prenne et l'embrasse, et la fasse sauter sur son genou, à cheval gendarme !

— Elle te fera tourner bourrique ! lui disait Zélia.

Adélaïde avait grandi dans l'adoration de son grand-père. « Ma perle, ma princesse ! » Il se rappelait encore la stupéfaction de l'entourage lorsqu'il avait décidé, aux huit ans de la petite, de la mettre en pension à Niort chez les Ursulines. Personne n'avait osé discuter, sinon Joseph Guérineau.

— Enfin mon pauvre Aimé, je ne suis pas contre l'instruction, tu le sais, ni contre la religion pour les femmes. N'oublie pas cependant qu'il n'y a chez les Ursulines que des demoiselles de la bonne société. Il faut rester à sa place, quand même !

Aimé Lhoumeau ne l'avait pas raté, le parvenu, avec lui il pouvait se permettre.

— Cherches-tu la trique pour te faire battre ? Y es-tu resté toi, à ta place ? As-tu oublié la Rinchardière, Monsieur le châtelain du Theuil ? Te rappelles-tu quand on charreyait le fumier ensemble, Monsieur le seigneur de Vausseroux ?

Guérineau était bon gars, il avait ri, traité Lhoumeau d'âne rouge et de bourrique du diable et prédit qu'un jour il le regretterait.

Le plus dur avait été de résister aux larmes d'Adélaïde ; il avait failli la ramener à la Colombière lorsqu'il l'avait vue emportée en pleurs et en cris, par la bonne sœur qui les avait reçus dans le parloir du couvent.

— Soyez en paix, Monsieur Lhoumeau, avec l'aide de Dieu tout se passera bien.

Monsieur Lhoumeau ! La garce, elle avait su y faire — heureusement ! Il n'avait pas osé reprendre sa petite et il était retourné à la Colombière dans une désolation de solitude.

Ce soir il la regardait, elle avait dix-sept ans et il ne regrettait pas les cinq longues années au terme desquelles elle lui était revenue, déjà jeune fille, toujours aussi vive et gaie, changée toutefois en vraie demoiselle, parlant français, sachant lire et écrire comme un notaire, avec des manières bourgeoises qui la laissaient du même temps simple et aimable : une perfection !

Voilà quatre ans qu'elle était de retour et elle avait changé nombre de choses dans la maison. Jacques Bujault le disait : une fille instruite est un trésor. Sans Adélaïde,

Lhoumeau n'y aurait pas cru. Dans son fond il la tenait pour une exception. Quand les Rousseau l'avaient demandée pour leur fils, il avait mille fois regretté que Guérineau soit mort avant de voir ce triomphe, lui qui avait annoncé dégâts et catastrophes à l'éducation d'Adélaïde. « C'est égal, quel chagrin lorsqu'elle partira, dans trois ans maintenant, ah ! le temps nous passe vite ! »

Lhoumeau se retourna vers Jean Picot qui lui parlait :

— Quelle chance as-tu, Aimé, avec ce Limousin ! Il chante aussi fort qu'il travaille.

Mousin avait chanté ? Lhoumeau n'avait rien entendu.

Le Grand Mousin s'était remis à sculpter son bâton ; il avait entrepris d'y tailler des motifs compliqués : le serpent se présentait de bonne venue, par contre les deux mains enlacées qui formaient le pommeau lui donnaient du mal. Il avait fini par chanter, en se faisant longtemps prier comme le voulait l'usage. Accepter de suite eût été malpoli, comme voulant dire « Oui, je sais, j'ai belle voix, écoutez un peu. » Au lieu que faire attendre signifiait « Pauvres gens, ça ne vaut pas le coup, vu que je chante si mal. » Il avait entonné à pleine force, assez fier qu'il était de son gosier :

Baisso te mountagno, levo te valloun [1]

Aussitôt le silence s'était fait et tous avaient les yeux sur lui, seul le vieux semblait perdu dans ses pensées. Ils étaient toujours saisis quand il commençait à chanter, et il choisissait exprès cet air du Limousin, il aimait faire effet.

Per me laisse veïre la mio Jannetoun [1]

Le son se développait à pleine gorge. Ici, en Poitou, les chantuseries ne permettaient pas à sa voix de montrer toute son ampleur. Il en fredonnait parfois, les plus salées, quand il était un peu en boisson, les soirs de battages ou de repas de cochon.

1. Baisse-toi montagne, lève-toi vallon
Pour me laisser voir la Jeanneton

Tins-le bin, tcho boudin, ma meugnoune,
tins-le bin dans ta moin [1]

Les hommes en riaient de bon cœur — les femmes aussi, discrètement. Il préférait à ce succès de gaudriole le silence qui accueillait la romance limousine, dont ils comprenaient tous les paroles à force de l'entendre. Si son goût le portait aux airs de son pays, il faisait exception pour la complainte de Jean Renaud. Elle était suffisamment longue — vingt-trois couplets — et de haute musique, pour qu'il la chante avec plaisir, en faisant résonner sa voix. C'était par elle qu'il avait fini ce soir encore.

Terre ouvre-toi, terre fends-toi,
Pour mettre mon ami et moi

Adélaïde avait pleuré, la Chapeleau avait arrêté son rouet, même la Néné s'était frotté les yeux, et la petite Marie Therville. Ah ! les femmes ! Toujours le cœur, toujours l'amour... Les vieilles, les jeunes : les hommes ne les épargnaient pas, c'était égal ! Seule Céline était différente, elle qui avait reçu tant de mâles entre ses belles cuisses. Ah ! Dieu, qu'il l'aurait voulue comme les autres, douce, fidèle et toute en émotions. Il en ressentait la contradiction, c'était demander le chaud et le froid du même coup. Il n'avait aucun mépris pour les femmes, il avait trop aimé sa mère si belle, si malheureuse et si aimante. « Landry Rebeyrolles, est-ce possible ? Tu as à jamais dans ton souvenir une mère plus jeune que toi. Au Jugement Dernier il est à penser que tu seras vieillard, et une tendre douce jeunesse te dira : — Te voilà enfin, mon petit ! »

Il aimait les femmes, il s'étonnait cependant de leur faiblesse et de leur sentiment. La nature, sans doute. Que devenaient-elles, lorsqu'elles ne suivaient pas le chemin que le Créateur leur avait tracé ? Des démons comme la Gâtard, des garces comme Zélia, des presque putains comme Céline... Ah ! la douleur de ce penser ! « Céline ma belle, comme tu aimes l'amour ! Il t'en vient des rougeurs sur la poitrine, et des soupirs, et des cris, tu tournes, tu vires, tu es partout sur moi... »

1. Tiens-le bien, ce boudin, ma mignonne, tiens-le bien dans ta main.

Il n'avait jamais connu de femme comme Céline. Les autres se laissaient faire, attendaient que ce soit fini en tranquillité et silence. Elle, la toute chaude... Il montait parfois à Mousin des fureurs de jalousie à l'idée que d'autres profitaient de cette joie. Mais que lui offrait-il à Céline, pour exiger qu'elle appartienne à lui tout seul ? C'était un grand malheur de naître femme, Mousin en avait été conscient dès son enfance. Avant de mourir, sa mère avait jeté un cri :

— Landry, mon beau garçon ! Dieu merci, c'est un garçon que j'ai fait !

Elle avait crié ainsi, Antonine Rebeyrolles, fille mère, qui avait élevé son champi avec courage, dans la réprobation des femmes et le mépris des hommes. Les salauds, ils lui tournaient pourtant autour, elle était si belle ! Il se souvenait encore avec révolte de leurs manigances et de leurs sournoiseries. Antonine, elle, ne pensait qu'à son garçon, ne vivait que pour lui.

De cette enfance, Mousin avait tiré la règle de conduite à laquelle il s'était toujours tenu : ne jamais semer sa graine, épargner aux femmes ce calvaire. Heureusement, Céline était stérile — aurait-on cru d'un si beau morceau de fille ? De ce côté il était tranquille et pouvait se laisser aller à grande aise. Céline avait trente-trois ans : l'âge d'Antonine lorsqu'elle était morte. Ce soir, tout se mêlait dans la tête de Mousin, il avait dû boire trop de cidre.

Marie s'était arrêtée de filer pour mieux écouter le grand, il chantait si bien ! Personne ne l'avait rappelée à l'ordre, même le rouet de Madeleine s'était arrêté. Seuls les valets continuaient leur ouvrage, un peu moins vite peut-être. Ils ne voulaient pas avoir l'air attristé par l'histoire de Jean Renaud qui revient chez lui juste pour mourir, et sa femme qui va s'en aller d'amour le rejoindre dans le grand trou qu'on creuse pour les morts... Ça n'existait que dans les histoires et les chansons sans doute, une femme à aimer si fort son mari. Ce n'était pas le cas à Chaussauvent, pour sûr ! Son grand-père Jean Therville était mort depuis des temps et des temps, et la mémé Gâtard en parlait toujours avec un air de grande rancune et de haine. Souvent elle s'encolérait contre Marie en criant :

— Ah ! tu es tout comme lui ! Tu as ses yeux, d'abord !

Ou ses cheveux, ou son nez, c'était selon : tout y était passé... Une fois le bâton tapait plus fort tandis que la vieille hurlait :

— Mais va donc le rejoindre en enfer, c'est de là qu'il venait de toute façon !

Ce jour seulement son père s'était dressé entre elles en disant :

— Mère, je vous en prie, taisez-vous, vous offensez Dieu !

C'était juste avant qu'elle soit placée à la Colombière. Cela s'était fait brusquement sans qu'il en ait été jamais question. Un matin sa mère avait réuni dans un grand mouchoir le peu de vêtements qu'elle possédait, et son père l'avait prise par la main.

— Viens Marie, embrasse ta petite sœur.

Elle n'avait pas compris ce qui se passait, avait embrassé Louise qui pleurait et demandait :

— Où elle va Marie ? Maman, où elle va ?

Sa mère n'avait pas semblé entendre. Pierre Therville et Marie étaient sortis de la maison dans un silence qui avait paru à la fillette plus effrayant que les cris auxquels elle était habituée.

Ils avaient marché longtemps sans qu'elle ose questionner son père. Ils s'étaient assis quand le soleil marquait midi. C'était un beau jour de septembre et Marie, qui avait appris à profiter de tout ce qui se présentait, éprouvait un réel bonheur, assise à l'ombre d'une haie, auprès de son père silencieux. Quand ils eurent fini de manger — du pain, un peu de fromage — Pierre Therville se mit à parler tête baissée, comme s'il ne pouvait supporter le regard de Marie :

— Tu es gagée bergère dans une grosse métairie vers Vautebis : la Colombière. Le patron, Aimé Lhoumeau, a connu ton grand-père Jean Therville. C'est d'amitié et souvenir de lui qu'il te prend. Tu n'y seras pas malheureuse.

— Mais, père, je ne veux pas vous quitter, je suis bien avec vous, je vous aime tant ! Et Louise, je ne veux pas non plus être loin d'elle !

— Va, ma pauvre enfant, je sais tout cela et tu peux croire que je t'aime aussi ! Tu es trop jeune pour que je t'explique mais regarde ; est-ce que je peux accepter ? Elles te tueraient, un jour.

Il avait relevé le jupon de Marie, et montré en pleurant les bleus, les plaies, les croûtes qui marquaient ses jambes. Les larmes de son père avaient effrayé la petite, plus que les coups et les cris des deux femmes qu'elle finissait par trouver normaux, inévitables comme pluie et vent, imprévisibles comme éclair et tonnerre. C'était ainsi, elle s'était habituée. A l'attitude de son père elle fut saisie d'étonnement et l'écouta sans plus rien dire, consciente soudain qu'il y avait quelque part un secret pesant dont il était accablé. Il ne pouvait rien d'autre pour elle que l'éloigner de Chaussauvent, et c'était parce qu'il l'aimait tant qu'elle devait partir. Elle avait rabattu son jupon et pris la main de son père, avec la sensation qu'elle était l'adulte et lui l'enfant, et que toute cette force qu'il montrait, sa haute taille, sa carrure, ne masquaient que faiblesse et fragilité.

— Ne pleurez pas, père, je vous en prie. Vous viendrez me voir le dimanche, et peut-être avec Louise. Elle est forte aussi, vous savez, elle marche aussi bien que moi !

— Oui, Marie, ma petite enfant. Sûrement... Je reviendrai, Marie...

Ils avaient repris la route, traversé des bourgs. Marie, quoi qu'elle en dise, était fatiguée de cette longue marche. Le soleil baissait quand son père s'était arrêté, lui montrant, un peu à l'écart du chemin, une masse de bâtiments qui semblaient à eux seuls tout un village.

— Voilà la Colombière, c'est conséquent, tu vois.

Marie avait pensé surtout que c'était loin ; elle s'était tue, son père avait déjà assez de peine.

On arrivait en avril à présent, et Pierre Therville n'était jamais revenu. Elle se remit à filer, elle ne savait plus si elle était triste de la chanson de Mousin ou du souvenir de son père. Adélaïde s'était arrêtée de la coiffer. La jeune fille avait baissé la voix, Rose et Violette Picot riaient de ce qu'elle leur racontait. Marie se tourna vers elles et se fit reprendre sans méchanceté, remise à sa place, quand même...

— Ce n'est pas pour toi ce qu'on raconte, tu es trop petite !

Elle se sentait soudain très seule. Heureusement, Papette, la chienne, avait eu trop chaud auprès du feu et s'était allongée devant Marie. On lui permettait tout à cette bête, elle était si bonne gardienne ! Madeleine faisait souvent remarquer à Julien qu'on pourrait aussi bien se passer de lui pour garder les vaches, et que la chienne était plus fine et courageuse que lui. Marie avait quitté un de ses sabots et frottait le ventre de Papette avec son pied. La chienne montrait de l'agitation, de l'inquiétude. Au bout d'un moment elle se releva, et alla s'asseoir devant le grand valet. A l'habitude elle s'étalait d'aise sous les caresses de Marie.

Mousin commençait à sentir l'envie de dormir. Il repoussa Papette qui avait posé le museau sur ses genoux. Avait-on idée que les bêtes entrent ainsi dans la maison ? A Saint-Léger, les chiens restaient dehors mouille que vente ; l'hiver seulement, quand la neige était là, ils cherchaient abri dans le foin des granges ou la paille des écuries. Depuis qu'il était à la Colombière il avait toujours vu les chiens dans la maison ; avant celle-ci, les autres au moins couchaient dans le corridor. Ah ! il baissait le vieux : à présent la Papette — une bête extraordinaire, il fallait convenir — couchait au pied du lit à quenouilles où dormaient le patron et la Néné.

Cela faisait quatre ans que Justin Papet, de la Sauvagère, l'avait donnée à Lhoumeau. On ne s'était pas fatigué pour lui trouver un nom, la chienne de Papet : Papette. C'était une bête à jalousies, elle n'avait pas supporté le vieux Rouillaud. Le pauvre animal avait disparu un jour à force des misères que Papette lui faisait. Personne ne l'avait regretté, il n'était plus que plaies et ne pouvait plus courir à ramener derrière les bêtes. Du coup, on n'avait qu'une chienne pour les vaches, et rien pour les moutons. On avait essayé de conserver un des chiots de Papette, la garce ne l'avait pas toléré non plus, il avait fallu s'en séparer. Avant l'arrivée de Marie, il était passé deux petits bergers que leurs parents, pauvres d'entre les pauvres, étaient pourtant revenus chercher en disant à Lhoumeau que c'était une honte de laisser des enfants à garder seuls les ouailles, avec ce qu'on savait... A cet égard, Mousin portait sur son patron un jugement sans indulgence.

« Il est de même, le vieux, têtu buté comme un mulet rouge, et préfère mieux laisser des drôles courir la mort plutôt que contrarier Papette ! Une chance pour lui d'avoir recueilli Marie, en se donnant du même coup des airs de rendre service ! Avec elle au moins il peut être tranquille que personne ne viendra lui chanter pouilles et qu'il gardera sa bergère ! Pauvrette, abandonnée pour le prix de sa nourriture et d'une paire de sabots ! Adélaïde s'en est prise d'affection, heureusement, et grâce à elle Marie est vêtue à bon chaud, sans qu'il soit question de gages... La malheureuse petiote est arrivée avec deux-trois hardes et nippes qui semblaient tombées d'un épouvantail : Zélia qui se lèverait d'entre les morts pour rapetasser son linceul n'a trouvé bon qu'à mettre à la guenille ! Dieu merci, à présent Marie s'en va au champ avec un jupon de droguet et le caraco pareil, des chausses de laine et une cape de bergère en boulanger, là-dessous elle est au sec, la mignonne, même s'il tombe des bœufs la corne en bas... »

Pour ce qui était du chien, Adélaïde n'avait pu faire céder son grand-père.

— On verra ça, mignonne, on en reparlera...

Au repas de midi, la jeune fille avait profité de l'absence de Marie pour revenir à la charge.

— Enfin, pépé, elle est trop petite pour rester toute seule, des journées entières. Un chien lui serait de grande compagnie. Sans parler de ce qui pourrait arriver. Oh ! dis, pépé, je t'en prie...

Il avait enfin consenti, avec Adélaïde cela finissait toujours par arriver.

— C'est bon, on essaiera une chienne, peut-être que Papette endurera mieux une femelle. Je sais qu'ils en ont une à donner, à la Sapinière. Je les verrai samedi. Tu sais, c'est pour te faire plaisir : sois tranquille va, Marie ne risque rien. Dans le temps oui, je ne dis pas, c'est arrivé. Par exemple — je te parle de loin d'ici, dans des montagnes — une bête terrible, on n'a jamais su ce qu'elle était vraiment... Je te chercherai la complainte, dans mes almanachs. Quand j'étais petit drôle, un charpentier de haute futaie, qui avait fait son tour de France, m'a raconté l'avoir vue, de ses yeux vue, et ce qu'il en disait était à glacer le sang. La bête du Gévaudan, on l'appelait. Mais ici, ma jolie, ce sont des bêtes craintives, qui mangent plus de mulots et d'écureuils que de bestiaux ou de bergères ! La dernière fois qu'elles m'ont pris un mouton, c'était longtemps avant ta naissance. Philibert, le berger, avait un chien, pourtant, et de vaillance ! Il s'est lancé sur la bête, et a été égorgé d'un coup de crocs : parce que jamais on n'a vu un chien gagner dans une telle bataille, les dents de ces animaux sont plus pointues que sabres. Ce sont les gens qui leur font peur. Rassure-toi, il n'y a pas plus poltron, rien qu'en tapant ses sabots on les ferait partir. Même toi, si tu avais des sabots...

Adélaïde avait poussé les hauts cris. Le vieux paraissait content de son discours, quand il y commençait, on en tenait pour un moment. La jeune fille aimait garder le dernier mot, elle lui avait demandé, l'air de rien :

— Et la Croix-Jeanne, pépé ?

Il avait fait mine de ne pas entendre. Adélaïde avait lancé un clin d'œil à Mousin qui ne s'était pas mêlé de la conversation. Il ne voulait pas contredire le patron, il n'allait pas lui faire remarquer que le nom même de ces « bêtes craintives » ne lui passait pas le gosier !

Mousin donna un coup de pied, pas trop fort, à Papette qui, loin de se sauver, s'aplatit devant lui en gémissant. Qu'avait-elle, cette chienne, depuis un moment ? Mousin tendit l'oreille : dans la grande maison aux murs épais, aux volets refermés sur le noir, nul bruit n'arrivait du dehors. Il surprit le regard de Marie, elle aussi guettait quelque chose. Il lui sourit et reprit ses sculptures, regrettant d'avoir choisi « ce putain de bois ! » pour sa canne, pas étonnant qu'il use un couteau par année !

La fillette parut rassurée. Pauvre enfant, dans

la bergerie, elle devait comme lui entendre ces baulements qui se répondaient de la Saisine à la Coudre. Les nuits de pleine lune surtout, on pouvait croire sortis de l'enfer tous les damnés criant la désolation et l'horreur.

Sans doute était-ce pour avoir moins peur que les hommes avaient inventé les loups-garous. Pauvres faibles créatures, ils préféraient s'effrayer à leurs légendes, la réalité en devenait plus facile à supporter... Passant du Limousin en Poitou Landry Rebeyrolles avait retrouvé ces histoires, changées à peine en de menus détails. Chez lui le lébérou devait parcourir sept communes avant la pique du jour ; ici, le loup-garou devait passer devant sept clochers, chaque nuit pendant sept années, avant que la malédiction lui soit levée. Les gens étaient nombreux encore à y croire — et pas seulement les femmes ! Lorsque Jean Garandeau était revenu de ses deux mois d'hiver en Vendée, il avait raconté — lui qui jetait si peu de paroles — que marchant à nuit tombée dans un chemin du Bocage, il avait vu dans le clair de lune une forme de monstre aux yeux de flamme. Il prétendait n'avoir dû son salut qu'à l'aiguille bénite qu'il portait sur lui dans ses voyages. Il lui avait suffi de brandir l'aiguille pour que la forme disparaisse, à preuve que c'était bien un loup-garou.

Mousin n'avait rien dit, il ne voulait pas blesser Jean qu'il tenait en estime. Mais tous ces contes de loup-garou, de galipote, de chasse-gallery, de revenants et de fadets... histoires de bonnes femmes ! Lui, le grand valet de la Colombière, il se tenait pour un homme raisonnable et courageux, croyant Dieu et sa protection. Il savait aussi qu'il avait peur des loups, que c'étaient des bêtes de puissance et de sauvagerie toujours crevant la faim. Les louves, surtout, il fallait s'en méfier : elles pouvaient risquer la mort pour nourrir leurs petits.

La chienne parut se calmer. Elle resta allongée devant Mousin, les yeux fixés sur lui, comme en attente. La pendule sonna la demie de neuf heures. Le père Picot n'allait pas tarder à se lever, c'était le plus vieux de la compagnie qui donnait le signal. Il y aurait encore un grand moment pour dire au revoir, des paroles, des gestes, des arrêts et des retours, toujours pareil : ce qu'il était convenable de dire et de faire aux fins de veillée. Mousin avait le temps de sortir un tour avant le départ des Picot : il voulait se rendre compte. Il se leva sans hâte, posa sa canne et son couteau sur le banc, pour montrer qu'il allait revenir. Il se tapa même sur le ventre, comme si quelque affaire pesait là-dedans, trop de châtaignes, trop de cidre... Il développait toute une comédie, surtout destinée à tromper Marie, qui ne le quittait pas du regard, mais dont en fait la tranquillité le rassurait lui-même. Tout jeune il avait appris que la peur s'acharne moins sur qui fait preuve de calme, de lenteur et de raison, alors qu'on crève et tremble en son dedans. Il rentrait à nuit tombée, après son travail dans les fermes où il était journalier. Il avait alors quatorze ou quinze ans : un homme par la taille et la force, en réalité encore un enfant habité des légendes et des terreurs du fond des âges. Il avait toujours des forêts à traverser, et c'était dans les bois que galopait le cavalier noir de saint Georges, brisant tout sur son passage. C'était sous les châtaigniers et les chênes que tombaient les gouttes de sang de la chasse-volante. « Te rappelles-tu, Landry Rebeyrolles, comme tu courais dans les premiers temps, et plus tu courais plus ta peur montait, devenait folie... Te souviens-tu comment tu arrivais, en sueur et larmes, pour te jeter dans les bras de ta mère ? La pauvre femme mêlait ses pleurs aux tiens, désespérée un peu plus chaque fois. — Mon enfant, mon Landry, regarde la vie que je te fais... »

Pour l'amour de sa mère, il s'était maîtrisé, se forçant à marcher les mains dans les poches, comme s'il traversait la grande place de Saint-Léger un jour de foire. Quand il sentait son cœur cogner trop fort, il s'arrêtait à l'affût des bruits, piétinements, branches cassées : c'était une harde de sangliers et non les sabots du cheval noir. Les gouttes qui tombaient sur lui n'étaient que la rosée des nuits et non le sang des chasses maudites... Au bout de quelques instants, il reprenait sa route. Ah ! le sourire d'Antonine, quand elle avait vu pour la première fois son garçon ouvrir la porte de la maison en sifflotant, et non plus avec des sanglots de bête poursuivie par une meute d'enfer.

Il pensait à ces moments de jeunesse ce soir, le Grand

Mousin, et passant devant Charles qui le regardait étonné, il dit avec une grimace :

— Ah ! mon pauvre Charles, je ne sais pas ce que j'ai dans les tripes ! Malheur ! Le cidre devient quand même trop dur...

Quand il referma la porte de la maison, il se réjouit de voir Marie qui riait, tournée vers les trois jeunes filles. Seule la chienne ne l'avait pas quitté des yeux, elle alla se blottir au pied du lit.

Il resta un moment sur le seuil. La lune était à son plein et les bâtiments se découpaient sur le ciel, si clair que les étoiles n'y brillaient quasiment plus, comme si à grand midi on avait allumé des chandelles. Tout avait l'air calme de ce côté ; aucun bruit ne venait des vieilles écuries, en bas de la cour, celles où Julien couchait avec les bœufs. Pauvre enfant ! Il avait sans doute peur la nuit, isolé dans ce grand bâtiment, si loin de tous. Ce soir Mousin regrettait les coups qu'il lui avait donnés le matin même. Julien devait avoir mauvais sommeil, il n'était pas étonnant que parfois il ne se réveille pas. C'était sa mère elle-même qui avait insisté pour qu'il dorme tout seul.

— Il est assez vicieux comme ça, il se touche, je ne veux pas qu'il en apprenne d'autres, avec ces hommes, on sait bien...

Que savait-elle des hommes, celle-là, avec sa tête de musaraigne ? Vicieux : c'était vite dit ! Mousin se rappelait ses douze ans lui aussi ! Demain il allait en parler au patron : il y avait une place à côté de Jean.

Avant de contourner la maison, et la masse des bâtiments neufs, il prit la cour en biais et entra dans la vieille maison. Il leva le loquet de la pièce où l'on entreposait, en plus des betteraves, le coupe-racines et les outils légers, toujours à l'ordre et en état, le vieux y tenait. Même sans la clarté de la lune Mousin aurait pu trouver ce qu'il cherchait. Il saisit l'un des quatre croissants rangés près de la fenêtre, celui de Jean, le tailleur de palisses, il était le plus fort, le mieux affûté. Ce pouvait être une arme terrible cette lame courbe, aiguë de pointe, emmanchée d'un long bois de houx. Mousin soupira de soulagement en passant son pouce sur le tranchant pour en vérifier le fil. Le vieux avait beau dire, c'était plus rassurant que de choquer ses sabots l'un contre l'autre !

Il devait faire vite à présent, il entendait : c'était de l'autre côté, devant les toits à cochons. Quoiqu'il ait fait dans le plus grand silence, la bête l'avait senti venir. Mousin tournait juste le coin de la bergerie que le loup détalait déjà. Il n'eut pas le temps d'ajuster son coup, le croissant sabra à l'arrière-train, et le grand valet, incrédule, vit le loup continuer à courir sans un cri et disparaître dans la nuit...

Avant de rentrer, Mousin effaça toutes les traces. Il jeta à la mare la patte où les nerfs frémissaient encore, écrasa dans la boue les taches de sang qui s'enfuyaient vers la forêt, et frotta la lame du croissant avec une poignée d'herbe.

Lorsqu'il arriva à la maison, les Picot s'apprêtaient à partir, le corridor était empli de bruits et de mouvements. Il put s'adresser à Pierre Picot sans être entendu des autres.

— N'oublie pas ta fourche à loup, surtout !

— N'aie crainte. Je m'en suis douté quand je t'ai vu sortir. Les bêtes grises sont mieux de réussite que les vaches, dans notre pauvre Gâtine. Sois rassuré, mon bon gars, les Picot ne feront pas souper le loup !

La Gâtine de la misère et des bêtes grises

La pauvreté baptisait les fermes et les villages, la métairie des Bruyères, la borderie des Genêts, les Landes et Malépine, les Grands Ajoncs, les Sablières. Jusqu'au nom même de Gâtine : mauvaise terre, terre gâtée, comme on dit « chien gâté » d'un chien devenu fou lorsqu'il bave et mord. Et pourtant en ce milieu de dix-neuvième siècle, il commençait à céder devant le travail des hommes, ce sol enragé bon aux fougères et aux ajoncs, si hostile au paysan... Il en était ainsi à Vautebis, dans cette pointe extrême de la Gâtine vers le sud. L'argile devenait moins grasse, on savait l'alléger de chaux. La lande reculait devant la prairie, comme si la proximité des vallées plus favorisées de la Sèvre, Saint-Maixent, la Crèche, Niort, donnait aux gens l'envie de se tirer de leur misère.

Cependant, dans la plupart des fermes de Gâtine, l'araire grattait le sol en surface ainsi qu'au Moyen Age, et le seigle remplaçait la friche tous les sept ans. Dans quelques autres exploitations, comme à la Colombière, la charrue Dombasle creusait et versait les sillons, le froment apportait chaque année sa force de pain bis, les vaches parthenayses s'engraissaient dans les prés et leur lait était le plus crémeux qui se connaisse. En 1845, on n'était encore qu'à l'amorce de ces mutations : le travail, les hommes, le paysage avaient peu changé au cours des siècles. Toutes les parcelles de terre s'entouraient de haies vives qui de loin donnaient l'impression d'un pays clos sur lui-même, d'un enchevêtrement végétal coupé seulement de sentiers et de chemins creux qui débouchaient soudain dans une cour, sans qu'on ait pu deviner par avance la présence d'une maison, sinon à la fumée qui montait de la cheminée...

L'eau était partout en Gâtine. Elle courait des ruisseaux jusqu'à la Vonne, affleurait en étangs, en mares, en puits, en fontaines, et pendant six mois faisait du pays un bourbier impraticable. Il valait mieux alors prendre à travers champs pour gagner le village ou pour aller veiller dans les autres fermes. Seules les mules, bêtes aux pieds légers, arrivaient encore à se tirer de la boue et permettaient aux plus fortunés de se rendre au marché, à la foire, à la messe. Pour les pauvres — ils étaient le plus grand nombre — c'était l'époque de la vie au ralenti, des provisions mesurées pour les bêtes et les gens. On ne se mariait pas durant ces mois d'isolement, mais il arrivait qu'on meure... Les hommes portaient le cercueil à bras, glissant parfois dans les ornières et jurant des « nom de dieu ! » en remontant la caisse sur leurs épaules. Les femmes suivaient, jupons troussés pour ne pas gâter leurs effets du dimanche, qui devaient durer toute une vie. Quand il y avait des jeunesses, cela consolait à voir. Au retour, les hommes étaient entre eux, ils avaient fait halte à l'auberge et les femmes étaient revenues seules. S'ils tombaient, ce n'était pas sous le poids du cercueil, ils pouvaient rire à leur aise en oubliant la mort et les bruits qui venaient de la boîte quand ils avaient dû la ramasser dans la boue.

De toutes ces eaux à courir, à dormir sur la terre et en dessous, de toutes ces pluies poussées par les vents d'ouest ou de galerne, de tous ces ruissellements sans fin qui noyaient la Gâtine durant la moitié de l'année et enfermaient les hommes, les arbres tiraient leur force et leur beauté. Ils étaient partout, dans les haies, au long des chemins, dans l'ouche * ou le pâtis * de chaque maison : ils étaient l'unique générosité de cette terre, si naturelle que l'on n'y pensait même plus. Ils devenaient la chaleur de la cheminée, du potager, du fournil et de la poêloune *. Ils devenaient l'énergie de la forge, de l'alambic. Ils devenaient nourriture, si précieuse de pouvoir être conservée : les châtaignes, les noix et la glandée des cochons. Les noix surtout, aurait-on pu s'imaginer vivre sans elles, sans les veillées pour les casser, sans l'huile qui faisait régal d'une patate froide, d'un morceau de pain qu'on y trempait ? Les arbres devenaient aussi la boisson de ce pays sans vigne : le cidre, le poiré, la piquette de prunelles, l'eau-de-vie blanche — la « goutte » des repas de fête. Ils devenaient enfin le bon bois, le beau bois, la matière première de tout travail et de toute existence : meubles, outils, berceaux, cercueils...

Les arbres de Gâtine, les haies, les enclos, les landes et les brandes étaient l'univers du paysan. Les forêts et les grands bois formaient un autre monde où le Gâtinais pénétrait peu quoiqu'il fût toujours présent à son regard : où qu'il aille, leur masse était présente, bornant sa terre et sa vue, obligeant aux détours pour aller d'une ferme à l'autre, pour atteindre une parcelle éloignée ou se rendre au village. Les forêts étaient le domaine des propriétaires, des maîtres, des messieurs, ils entendaient se réserver la chasse même s'ils ne la pratiquaient pas, aussi les animaux sauvages causaient-ils de grands dommages aux cultures. Une harde de sangliers pouvait en une seule nuit détruire tout espoir de récolte, en fouillant la terre pour en tirer la moindre racine. Les cerfs et les chevreuils, plus vagabonds encore, traversaient du bois des Boules à Saint-Girault, de la forêt d'Autun à celle de Veluches, et broutaient au passage, comme des chèvres. De temps à autre on organisait une battue, une chasse se tenait avec les invités des châteaux. Le fermier tendait des pièges, sortait parfois une vieille pétoire à grand risque de se faire prendre. Les résultats étaient de mince importance, et le gibier s'engraissait chaque année d'une part des récoltes.

Le paysan de Gâtine recevait pourtant assistance dans ce combat toujours perdu, de Saint-Loup aux Louvetières, de Tue-Loup à Chanteloup. Les « bêtes grises », les « bêtes », étaient chez elles dans ce pays où elles trouvaient repaires, caches et sécurité. Loin de les reconnaître comme alliées , le Gâtinais s'acharnait contre elles, avec une fascination inconsciente qui prenait corps dans les meneurs de loups. Eux, ils ne faisaient pas partie du bestiaire de légende, ils n'étaient pas devenus animaux-monstres par sortilège ou malédiction : ils étaient des hommes et savaient parler aux loups. Ceux qui avaient entendu une fois l'appel d'un meneur, qui avaient vu passer à sa suite la meute aussi docile qu'un troupeau, ne l'oubliaient plus leur vie durant. Ils n'en parlaient que rarement, à voix basse, et évitaient de rencontrer l'homme aux bêtes — toujours un exclu, un solitaire : bûcheron, chemineau, vieillard survivant dans une maison vide. Quoiqu'il n'usât jamais de ses pouvoirs contre ses semblables, le promeneur de loups portait frayeur, à ce qu'on disait, par l'éclat de ses yeux et par leur fixité.

Sur cet arrière-plan d'attirance et d'envoûtement, le loup n'était toutefois dans l'ordinaire des jours que le voleur de moutons, le tueur de bergères, l'ennemi à exterminer. On apercevait les grandes bêtes grises qui filaient nez au sol, superposant leurs traces avec exactitude : dix loups pouvaient ainsi se suivre en ne laissant qu'une empreinte, n'étaient-ce pas créatures du diable ? Au loup ! Au loup ! On accourait de toutes parts autour de l'animal pris aux mâchoires du piège, et les fourches le transperçaient. Ils évitaient l'homme cependant, ne s'approchant de lui et de son bétail que dans un désespoir de jeûne et de faim. Au loup ! Au loup ! A ces clameurs de rage et de peur répondaient, la nuit, les hurlements qui semblaient appeler la mort... Aucune bête au monde ne jette un cri plus sinistre que celui du loup : ces voix portaient sans doute, plus que les agneaux égorgés, la responsabilité de l'effroi et de la haine.

Le jour où Marie Therville se battit à Champ-Cornu

23 mars 1845

— Je le dis toujours, petite malheureuse : la veillée ça n'est pas pour les drôlesses de ton âge ! Le matin tu as les yeux gros comme le poing du manque de dormir... Et crois-tu que tu vas suivre les moutons, si je ne te soigne pas les gerces ? Allez, arrive ici et mets tes pieds dans ma dorne * !

Marie s'assit sur la chaise basse de la Néné, enleva ses sabots et ses chausses. Madeleine était près d'elle sur la pierre de l'âtre, elle prit les jambes de la petite d'un mouvement brusque et les allongea sur son devantier.

— Ah ça ! On peut le dire que tu as des pieds affreux ! Regarde-moi ça qui n'arrête pas d'égrandir, il te faudra bientôt les sabots de Charles ! C'est une horreur avec les jambes maigres comme tu les as. Enfin pour ce que tu feras tu n'as pas besoin d'être belle, heureusement !

La servante parlait sur le ton de hargne qu'elle avait toujours lorsqu'elle s'adressait à Marie et, tout en grondant, frottait doucement les pieds enflammés, passait ses doigts avec légèreté sur les crevasses, faisait pénétrer l'onguent sans que la moindre douleur s'éveille tant le geste était plein de délicatesse. Marie n'entendait plus la voix, se laissait aller au plaisir qu'on s'occupe d'elle, fermait les yeux comme Papette sous les caresses, et ressentait pour une fois la justesse des remarques de Madeleine : la nuit avait été trop courte.

Elle avait eu peine à s'endormir après l'excitation de la veillée. Le Grand Mousin lui non plus n'avait pas trouvé le sommeil tout de suite, elle l'avait entendu saboter longtemps dans son grenier. Il avait trop bu et trop mangé probablement, elle avait remarqué qu'il était resté dehors un grand moment à la fin de la soirée et s'était étonnée de le voir revenir la face pâle et crispée, et faire avec elle le tour du bâtiment neuf, lorsqu'elle était allée se coucher : à l'habitude, il montait dans son grenier par la porte des mules, la plus proche de la maison. Il était même entré dans la bergerie où les moutons bêlaient et s'agitaient, excités sans doute par leur première journée de pâture. Il avait refermé la porte en disant :

— Adieu ma bellotte, dors bien. Je vais voir aux cochons. La Néné doit penser à ses amours, hier au soir elle avait mal tapé la couère * !

Les amours de la Néné ! Il n'était que Mousin pour raconter pareilles sornettes, Marie en riait encore en s'endormant, avec la vision d'Adélaïde transformée en Néné et parlant de son François avec des yeux brillants de jeunesse et d'amour...

— Mais c'est qu'elle s'assoupit sur place, la bougresse ! Remets tes bots à présent, et prends garde, le gauche commence à se fendre, la troisième paire en six mois ! Ça ne m'étonne guère vu que tu es toujours à courir comme une bique !

Marie sursauta à la voix de Madeleine. Elle remit vivement ses chausses et ses sabots et constata que l'un d'eux était en effet très abîmé. Quel drame cela aurait fait, à Chaussauvent ! « Pieds-nus, tu entends, saloperie ! Comme les cherche-pain et les courlandins * ! » C'était arrivé une fois, tout un hiver pieds-nus, et plus encore que des souffrances Marie gardait souvenir de l'horreur des contacts : la boue mêlée de fiente qui giclait entre ses orteils, le fumier dont l'odeur la suivait partout, même quand elle se frottait jusqu'au sang avec un bouchon de paille.

Aujourd'hui ses pieds étaient propres, avec une bonne senteur de camphre et d'herbes, protégés de laine et de bois solide : la joie qu'elle en ressentit la jeta au cou de la servante.

— Merci Madeleine, tu es tout plein bonne, je n'ai plus mal !

Madeleine la repoussa d'une bourrade, Marie ne saisit pas ce qu'elle marmonnait d'un ton pour une fois adouci, elle crut lire comme une faiblesse, une douleur, sur son visage, mais la servante leva vite la voix pour ajouter :

— L'entends-tu s'elliper * ce grand fi de garce de Limousin ? Toi qui aimes si bien aller au champ, il veut t'en empêcher, à ce qui paraît...

Depuis plus d'un quart d'heure Lhoumeau et le va-devant discutaient sans lâcher prise. Zélia Rougier restait piquée entre la table et le potager et se rongeait d'impatience. « C'en est d'une engeance, les hommes ! Je vais être obligée de m'en mêler si ça dure trop longtemps. Cette guenille de Simon qui tire sur sa pipe comme un rentier ! Et les valets qui profitent largement, eux aussi ! Les deux fromages y sont passés, ma pauvre mère doit être contente ! Julien a mangé trois pommes coup sur coup. Tant que le va-devant sera à la table, les autres y demeureront : c'est tout avantage pour eux, manger et rester le cul d'assis ! Pour une fois que le repas dure, ils prennent leur temps plutôt que de s'engouer * à suivre le Grand Mousin comme les autres jours ! Et tant que les hommes ne sont pas partis, nous les femmes on ne peut pas commencer notre ouvrage. Ils n'y pensent guère, ces deux va-de-la-goule ! Si le champ Président n'est pas tout entier retourné ce soir, si Jean et Jacquet n'ont pas fini à tailler les palisses de Garlet, leur chantier les attendra demain. Nous autres il faut chaque journée qu'on fasse en entier aux mêmes affaires, ils doivent penser que c'est de rien du tout, traire les vaches, nourrir la volaille et les cochons, faire le fricot, rapetasser le linge. Et cette grande maison à tenir propre, le pavé à frotter. Jamais fini ! »

Il y aurait eu de quoi occuper deux servantes plutôt qu'une à la Colombière. De cela il n'était plus question :

Zélia se sentait encore enragée quand elle y repensait ! Quelques années plus tôt, son père avait gagé une jeune veuve de Menigoute, une femme active et propre, forte comme une taure. La Néné et Madeleine lui avaient mené la vie si dure que la malheureuse était partie en pleurant, criant partout qu'elle aimait mieux perdre ses gages et doubler sa pièce * que rester un jour de plus avec « ces deux garces de fumelles ! ». On en avait ri, dans le pays. Tout le monde savait à quoi s'en tenir sur Aimé Lhoumeau et la Chapeleau. C'était une situation ordinaire et courante, mais quand tout éclatait pareillement au grand jour, même les plus morveux ne se privaient pas de moucher les autres ! Avec Simon, Zélia Rougier de ce côté était tranquille, depuis des années « ça » ne le tenait plus...

Ils continuaient à se crocher chacun à son bout de table, et Mousin montait le ton aussi fort que le patron. Zélia Rougier voyait pourtant que son père n'allait pas tarder à montrer qui commandait. Il se redressa de toute sa taille et parut à sa fille rajeuni de vingt ans...

— Et je te dis, moi Aimé Lhoumeau, que les moutons pâtureront aujourd'hui, ils m'ont mangé assez de fourrage depuis trois mois ! Le Champ-Cornu est à l'abri de la forêt, il a été le premier à dégeler, l'herbe y est bonne. Que viens-tu me parler de piétin * ? Ah ! tu me baisses en estime, mon pauvre Mousin ! Tu sais bien que si le bélier marche mal, c'est qu'il est trop vieux. Le piétin ! L'odeur en pousserait jusqu'à la maison ! Mon valet, ce n'est pas la peine de venir d'un pays de misère comme le tien pour aussi mal connaître aux moutons. Sans reproches, remarque, ce sont bêtes de rien.

Malgré le temps perdu, elle jubilait, Zélia. Elle ressemblait assez à son père pour apprécier les pour et les contre de l'algarade, « mon valet » venant à point nommé atténuer le « pauvre Mousin », et « sans reproches » soulageant un peu le « pays de misère ». C'était égal, il en avait pris plein ses sabots, le grand. Quelle mouche l'avait piqué, ce matin ? De coutume il était plus adroit. Elle le vit se lever avec sa face à malheur, refermer son couteau d'un coup sur la table comme s'il voulait la transpercer, et sauter sur Charles, toujours un peu de traîne : les autres valets étaient déjà dans le corridor, ils étaient plus fins et se méfiaient. Mousin saisit le jeune gars par son paletot, le leva d'un coup de genou aux reins :

— N'as-tu pas assez englouti, cochon de feignant, que le ventre t'en pète ?

Ils étaient dans la cour qu'on l'entendait encore crier. « Allons, le père peut être content, les valets ne souffleront guère aujourd'hui ! »

Marie avait suivi la discussion avec contrariété, partagée entre son envie d'aller au champ et son amitié pour le Grand Mousin qu'elle entendait s'acharner à des propos insensés. Où avait-il pris que les moutons étaient malades ? Le patron, qui était dans la cour lorsqu'elle les avait ramenés hier au soir, avait dit lui-même que le bélier pour une fois était tout sauteriot *, il était rentré dans la bergerie en faisant des gambades. Et l'herbe à Champ-Cornu verdissait déjà comme au printemps, les coucous n'allaient pas tarder à fleurir, Marie se promit d'en cueillir pour Adélaïde, la jeune fille aimait tant les bouquets !

Le Champ-Cornu était d'ailleurs l'endroit où elle préférait mener le troupeau. D'un côté, le pré montait jusqu'à la forêt par un talus exposé au soleil : elle s'y asseyait souvent, sur une roche qui dépassait. La haie, en haut de la pente, était particulièrement épaisse : pas question que les moutons aillent musser dans la Saisine et s'y perdre. De sa pierre, Marie voyait tout le pré, allongé comme une corne de lune, ce qui lui valait son nom sans doute, et non pas une quelconque apparition du diable comme le prétendait Adélaïde, qui avait toujours peur de tout ! Du haut du champ Marie découvrait un vaste paysage, jusqu'au clocher de Chantecorps à l'horizon. La Colombière était loin derrière elle, cachée par cette avancée de la Saisine qu'on appelait le Bois-Sergent, et dont Champ-Cornu suivait la courbe.

Lorsque Mousin fut sorti en furieux, criant des injures à Charles, le patron et son gendre quittèrent la pièce à leur tour. Les trois femmes et Marie étaient seules à présent dans la maison, Adélaïde n'allait pas tarder à descendre. Il y avait encore beaucoup à faire avant de sortir les moutons.

— Débarrasse la table, au lieu de bader ! As-tu vu comme le patron lui a trempé sa soupe, à ton Mousin ?

Marie pensa que Madeleine pour une fois avait raison, le Grand Mousin l'avait cherché ! Elle enlevait de la table les assiettes et les plats, quand elle entendit la Néné gronder dans son dos :

— As-tu fini de tes réflexions, la Chapelère ? Tu ferais mieux de dépendre le chaudron pour ma vaisselle, l'eau sera trop chaude, et va donc écrémer plutôt que de te mêler aux affaires. Méfie-toi, ta dernière tournée de beurre avait goût d'orage, crois-tu que ce soit normal à cette saison ?

Marie fit attention de regarder ailleurs pendant que Madeleine sortait de la maison. Elle avait déjà remarqué comme les reproches et les injustices ricochaient sur les plus faibles. Un goût d'orage, le beurre de Madeleine Chapeleau ? Dieulengard, l'intendant de maître Guérinière, venait en prendre chaque semaine.

— Vous n'oublierez pas de l'inscrire pour les comptes, mon bon Lhoumeau. Je vous adresse comme toujours les félicitations de Rose : impeccable, votre beurre !

Heureusement Marie allait bientôt vider la place et partir avec ses moutons. Elle ne reverrait Madeleine que le soir, d'ici là la servante aurait peut-être le temps de digérer l'affront... Rien qu'au bruit de ses sabots, on pouvait imaginer la mine qu'elle faisait en traversant le corridor. La porte d'entrée claqua avec force, la Néné sembla contente tout à coup, elle fit même un sourire à Marie qui posait la vaisselle sale par terre, à côté du chaudron.

— Merci, petite. J'avais raison, tu vois, mon eau est bouillante, elle le ferait exprès. Va m'en tirer un peu à la mécanique, pour refroidir. Quand tu auras essuyé les cuillères, tu iras au grenier me chercher des oignons, il m'en faut beaucoup, c'est pour ma sauce à la couenne. Prends des noix aussi pour ta collation, ou des prunes sèches, ce que tu voudras. Referme bien les bourgnes * surtout ! Et dépêche-toi, les hommes nous ont retardées.

Marie n'aimait rien tant que d'aller au grenier. Pourvu

que la vieille ne change pas d'avis ! Heureusement avec le temps elle s'était habituée et allait vite à essuyer et ranger les cuillères, alors que ce travail lui avait posé de grands problèmes au début. On ne lavait pas les cuillères de fer, non plus que les poêles et les marmites, l'eau les aurait vivement mises à la rouille : en les gardant toujours un peu grasses on les en préservait. A Chaussauvent chacun frottait un peu sa cuillère sur son jupon ou sa culotte sans plus de manières, et la remettait dans le quiéra *. Ici il n'en était pas question : Marie avait été étonnée le premier soir de voir toutes les cuillères rester sur la table, comment s'y reconnaître ? Elle avait vite appris à distinguer le bien de chacun, à des différences de rien du tout, un manche un peu de travers, un bout usé en biais. C'était important : Jean et le père Jacquet, pourtant de bon caractère tous deux, avaient fait toute une histoire, un jour, de n'avoir pas trouvé leur cuillère à sa place. Elle ne s'était jamais trompée depuis.

Elle n'avait plus besoin de monter sur les bancs maintenant, pour attraper à ce quiéra si haut pendu. C'était vrai qu'elle avait grandi, on mangeait beaucoup à la Colombière... Elle se demandait ce qu'elle allait choisir pour emporter, des prunes ou des noix ? La Néné était toujours accroupie à son chaudron, Marie raccrocha le torchon dans la cheminée en essayant de ne pas se faire remarquer.

Elle commençait à monter l'escalier, lorsqu'elle entendit la voix de Zélia Rougier qui l'appelait. La patronne sortait de la belle chambre, son balai à la main.

— Prends une autre grenotte, Marie, et descends des pommes. Choisis celles qui commencent à gâter, trie-les bien !

Marie souffla de soulagement. Même elle allait pouvoir rester plus longtemps là-haut, puisqu'il fallait choisir les pommes, on ne pourrait pas lui reprocher, un fruit pourri avait vite fait de gâter les autres. En arrivant au grenier, elle se précipita d'abord à la lucarne du milieu, du côté de la cour. Jamais elle ne se lassait de voir le paysage d'aussi haut, de découvrir l'ampleur des bâtiments de la Colombière ; on voyait tout d'un seul coup, et du fait la ferme paraissait encore plus grande que lorsqu'on se tenait en bas. Tous ces toits de tuile abritant les bêtes et les récoltes lui donnaient une impression de richesse et de sécurité auxquelles il lui semblait un peu participer. Sur la gauche, à la Porte Rouge, Julien gardait ses vaches, et plus loin elle aperçut le troupeau de la Rinchardière. Les bêtes y étaient moins nombreuses, elle en ressentit de la satisfaction. Julien chantait la louaire * avec Barthélemy, le berger de la Rinchardière. Quelle histoire quand elle s'était mêlée à leurs appels, un jour où elle s'ennuyait. Les cris venaient de partout : louaire ! la louaire ! Le temps avait passé plus vite, elle y avait pris plaisir.

— Marie a chanté la louaire...

Tout le monde en avait été en scandale ! Il n'y avait que les filles de rien pour chanter la louaire, qu'elle ne s'avise pas de recommencer ! Les reproches tombaient de partout, même Adélaïde et le Grand Mousin s'y étaient mis. Du haut de sa lucarne, Marie écoutait les deux bergers et se demandait encore où était le mal qu'une fille chante la louaire.

Il ne fallait pas qu'elle traînasse, tout de même ! Les oignons étaient dans le premier grenier avec l'ail et les échalotes, accrochés aux poutres en tresses d'un bel effet. C'était Simon Rougier qui les disposait de cette façon. Elle ne savait toujours pas quelle place cet homme occupait dans la maison, ni patron, ni valet, quel était son rôle, son importance ? Il ne lui avait jamais parlé, elle n'aimait pas son regard.

Elle prit une douzaine de gros oignons, la Néné en mettait vraiment beaucoup dans sa sauce. Quand elle allait garder les moutons, Marie ne mangeait pas à la ferme, le midi, les pâtures des ouailles étaient les plus éloignées. Elle regrettait alors les fricots que cuisinait la vieille, les civets de lapin, les ragoûts de volaille, où l'on pouvait saucer de grosses bouchées de mie de pain.

Dans l'enchevêtrement de la charpente pendaient aussi des pieds de haricots, des épis de maïs, des poupées de filasse : il y avait un peu de lin, mais du chanvre surtout, qui ferait tout le linge de la maison. Grand Dieu, toutes les armoires étaient pleines, où mettrait-on encore toute cette toile, quand le tisserand l'aurait faite ? Il semblait à Marie qu'à elle seule elle avait filé cette année de quoi tirer vingt paires de draps ! Toute cette richesse la satisfaisait, elle y voyait la promesse de lendemains où rien ne manquerait.

Au fond du grenier, le murail * occupait une grande place, et l'odeur des pommes emplissait la pièce, des pommes clochards, les plus sucrées. Marie choisit celles qui commençaient à s'abîmer. Malgré l'abondance, on ne gaspillait rien à la Colombière, et Madeleine prétendait qu'un fruit était meilleur, juste à point de goût, quand on en avait enlevé le pourri.

Elle posa en haut de l'escalier sa grenotte emplie de pommes, et ouvrit la porte basse qui séparait les deux greniers. Le deuxième était un peu moins grand, c'était là que Madeleine avait son lit. Il était entouré de rideaux à carreaux bleus et blancs, que Marie n'avait jamais vus que tirés, comme d'ailleurs ceux du lit à quenouilles, en bas, dans la maison. Faire le lit était le premier travail d'une femme, un lit défait était aussi impensable que se montrer tout nu. Madeleine avait une belle armoire, un coffre, même une chaise et une petite table à côté de son lit. Mousin lui faisait souvent des réflexions sur son mobilier. Une fois la servante s'était fâchée.

— Occupe-toi donc plutôt des fesses de la Pagette ! Il est vrai qu'elles n'ont guère le temps de refroidir, avec tout ce qui y passe !

Madeleine avait alors aperçu Marie, et l'avait chassée en la traitant de curieuse et de malhonnête. La colère de Madeleine Chapeleau avait étonné la fillette. Que venait faire cette grossièreté, quand Mousin plaisantait sur l'armoire et les rideaux du lit ? C'était bon pour Julien, de parler ainsi ! Marie connaissait de vue Céline Paget pour l'avoir rencontrée à la messe. Adélaïde lui avait appris que c'était la bonne amie du Limousin, et que depuis la mort de son mari, elle menait seule, en patronne, l'auberge du Cheval-Blanc, la plus fréquentée de Vautebis.

Julien, qui faisait son important près de Marie, du fait qu'il était dans la place depuis plus longtemps, aimait à lui répéter les paroles des uns ou des autres, surtout les pointues, les mauvaises.

— La Chapeleau prétend que c'est une honte. A peine dix ans que Dinand Paget est mort, et voilà la Pagette qui laisse le deuil. Pour le commerce, soi-disant que ça faisait du tort. Tort à son cul, tu peux me croire !

Devant le lit de la servante, Marie s'interrogeait encore sur ces cochonneries de fesses et de culs. Venant de Julien, elle s'attendait à tout, elle garait ses cotillons quand elle passait à sa portée. De la part de Madeleine, elle en était en grand étonnement.

Quant à elle, elle se réjouissait que le Grand Mousin ait une aussi jolie promise. Céline Paget était habillée comme une paysanne, elle était pourtant la plus belle de toutes les femmes qui assistaient à la messe — en exceptant Adélaïde, bien entendu. Dimanche dernier Céline portait une robe violette, avec le mouchoir de cou frangé de soie ouvert sur une guimpe brodée : une toilette brillante encore enrichie par l'éclat des chaînes et du médaillon d'or. En contraste, la simplicité de sa Créchoise * faisait son visage tout pareil à celui de la Sainte Vierge. Ils avaient tous ri, au retour, quand Marie en avait fait la remarque, seule Madeleine avait grogné qu'elle n'était qu'une pauvre sotte.

La corbeille vide à la main, elle eut soudain conscience que le temps passait, et qu'il lui en serait fait reproche. Tant pis ! Qu'elle profite de tout, quitte à se faire houspiller ensuite ! Dans le petit grenier, les plantes de Madeleine séchaient. Marie y reconnaissait l'odeur de la tisane de quatre-fleurs pour le rhume, de la pommade pour les veaux faibles sur pattes, de l'onguent contre les gerçures. Quand les médecines de la servante demeuraient sans effet — le cas était rare — Madeleine marmonnait à voix basse des mots de secret qu'il ne fallait surtout pas entendre, et conjurait le mal. Le patron haussait les épaules et parlait de « manigances ». C'était aussi dans le petit grenier qu'on mettait les bourgnes tressées aux veillées par les hommes. Le Grand Mousin, lui, n'en faisait jamais. « C'est de l'ouvrage de bohémien, prétendait-il. Tout de même, je reconnais qu'il n'y a pas mieux pour garder la vivature * renfermée à l'abri de toutes les vermines. » Des bourgnes de toutes tailles, certaines énormes pour les fèves, les noix et les châtaignes que l'on y serrait une fois bien sèches, et d'autres plus petites pour les pommes et les poires tapées, ou les noisettes ramassées en lisière des bois : un amas de provisions, Marie s'en émerveillait toujours. Elle avait décidé de prendre des noix, le pain était frais, cuit de deux jours seulement. A Chaussauvent, il fallait attendre qu'il soit dur à casser la tête d'un chien, ainsi on en mangeait moins, et avec une noix on devait avaler huit bouchées de pain. Une noix partagée en huit, pouvait-elle croire avoir connu cela ? Elle ouvrit une des bourgnes et puisa trois grosses poignées de noix. Rien que le bruit la réjouissait, tant de noix qu'on lui laissait à brasser et se servir ! Elle en rajouta encore quelques-unes, en pensant à la mémé Gâtard.

Avant de descendre, elle alla regarder par une des lucarnes qui donnaient sur l'autre face de la maison. Si c'était devant ou si c'était derrière on ne savait jamais, ici... On voyait encore plus loin de ce côté, Vautebis, Vausseroux et tout au fond, le Terrier de Saint-Martin-du-Fouilloux, d'où on apercevait la mer, les jours de beau temps, à ce qu'on prétendait. Son père l'avait amenée au sommet du Terrier, un dimanche d'été. Elle n'avait rien vu, seulement une ligne brillante, très loin à l'horizon.

— C'est la mer, Marie. Ton grand-père Jean Therville l'aurait traversée, dans les temps... Deux mois sur un bateau, pour aller de l'autre bord, aux Amériques.

Marie s'attristait à regarder de ce côté. Adélaïde lui avait dit un jour :

— Tu vois, tout au loin, ce gros bourg, c'est Vasles, et derrière la petite colline, c'est Chaussauvent. Madame la baronne Marie Therville de Chaussauvent : quel beau nom se serait, pour un livre ! Tu as de la chance, c'est autrement mieux qu'Adélaïde Rougier ! Ou encore : Marie Therville de la Colombière, ce serait superbe !

Marie ne voyait guère de chance à porter ce nom, il était le sien, voilà tout. Elle aurait préféré s'appeler Marie-n'importe-comme, et avoir un père, là-bas, derrière la colline, qui ait pensé une fois à revenir la voir.

Le Grand Mousin ne décolérait pas depuis son départ de

la maison, c'était surtout après lui qu'il en avait, il se serait botté le cul d'avoir été si bête ! Voilà qu'il était devenu comme eux tous, à ne pas dire les choses de face et de franchise, à prendre des détours pour laisser entendre sans jamais exprimer le fond des affaires. Il était à présent ficelé serré, à ne rien pouvoir entreprendre sans passer pour un vire-au-vent !

Il n'aurait pas dû se taire hier au soir, mais dire devant toute la compagnie : « C'était une grande bête, je lui ai coupé une patte ! Misère ! Il s'est sauvé avec les trois de reste, que jamais je n'aurais pu croire ça possible, un loup à trois pattes courir si vite en dégoulinant le sang... » C'était de là que tout était venu : de son silence. « Tu n'es qu'un grand couillon, Landry Rebeyrolles, tu goûtais comme vin doux le plaisir de t'en être tiré tout seul, comme autrefois dans les forêts de Saint-Léger. Ma parole, tu te trouvais quasiment admirable ! Tu n'auras donc jamais fini de régler tes comptes de garçon sans père ? Tu n'as pas appelé au secours hier soir ; le Grand Mousin, pas vrai, ça ne va pas crier au loup, pourquoi pas à l'aide, tant qu'à faire ? C'est parfait, bien mon gars, tu peux être fier de toi ! »

Il labourait le champ Président, une belle pièce de terre qui avait déjà été retournée à l'automne. A force d'y trimer et d'y défoncer, la terre était bonne, mais si lourde qu'il fallait atteler à quatre bœufs — et des costauds — pour tirer la Dombasle. C'étaient des belles bêtes, avec à leur tête les deux rouges, Vermeil et Rouget, les plus grands bœufs de tout le pays. Labourer, c'était le travail qu'il préférait. Il sentait sa force qui répondait à celle des bêtes. Eux tiraient, les bons compagnons, et ses bras à lui faisaient le reste, le sillon s'ouvrait droit et profond. Il avait mis Louis et Charles à retourner dans les Alleuds, qui touchaient le champ Président. Il fallait deux hommes pour mener l'attelage tant que les bêtes de derrière n'étaient pas complètement dressées. Elles étaient encore un peu jeunes et pour l'instant méritaient leurs noms : Bourgeois et Rentier — c'était Lhoumeau qui avait choisi de les appeler ainsi, il aimait faire montre de ses idées républicaines, Guérinière n'avait trop osé protester. Louis était aux mancherons et Charles éraudait *. La présence des deux hommes était indispensable, pourtant Mousin, après avoir fait tourner ses bœufs, les arrêta et se dirigea vers les Alleuds.

— Oh Louis ! Écoute un peu, viens ici à ma place, Charles mènera tout seul.

Le valet obéit sans rien dire, Mousin le précéda jusqu'à l'attelage abandonné. Il était sûr que Chantecaille ne poserait pas de question, il éprouva cependant le besoin de se justifier.

— Je vais voir Jean et le père Jacquet, à Garlet. Le pauvre vieux n'est plus de grand secours, j'aurais dû mettre Charles avec eux. On n'arrivera jamais si le grigou du Theuil n'accepte pas au moins deux journaliers. Je vais passer le jour à courir ici ou là.

Louis Chantecaille ne répondit pas. Mousin ne put même pas saisir son regard. Le grand valet remarqua sans plaisir que le sillon repartait aussi droit, aussi creusé que le sien, il n'y avait rien à dire. Il ajouta quand même pour le principe :

— Continue profond, surtout... Et droit !

Quelques champs et prés de la Colombière étaient très à l'écart des autres, malgré les efforts de Guérineau pour acheter les landes et les brandes qui les séparaient de son domaine. Il en était ainsi pour Garlet, Pain-Perdu et le Champ-Cornu. Tout le reste était d'un seul tenant et faisait la prospérité de la métairie. Le Grand Mousin se dirigea vers Garlet, pas très éloigné de Champ-Cornu. Qu'allait-il leur dire aux deux gars pour expliquer sa venue ? Jean passait à juste raison pour le meilleur tailleur de palisses de la région, il n'avait aucun besoin que Mousin vienne y mettre son grain de sel, et le père Jacquet serait blessé à mort de se voir pris pour un bon à rien. Guérinière le tracassait déjà assez, le pauvre vieux faisait peine après chaque passage du maître...

« Te rappelles-tu, Rebeyrolles, le régisseur du château de Saint-Léger ? Les gens là-bas assuraient que ce maudit était ton père. Ils avaient raison, pas de doute, puisque te voilà comme lui, à présent. Tu vas aller bousculer un vieil homme qui use ses dernières forces à gagner son pain. Et tout ça pour n'avoir pas voulu montrer ce matin que tu te mangeais la rate pour une drôlesse, tu es un homme toi, quelle importance une petite bergère ? Un grand valet qui se soucie d'une gamine, ça baisse à l'estime et à l'autorité, pas vrai ? »

Il eut honte de lui et décida de parler franchement avec Jean. C'était un père de famille, il pouvait comprendre. Il se hâta davantage sans toutefois courir, enfonçant dans des fondrières, sautant des échaliers *. C'était un mâle qu'il avait mutilé hier soir ; il savait ce que signifiait la présence d'une bête solitaire rôdant autour des étables : des petits affamés qui lui donnaient l'audace d'approcher les hommes et leur bétail. Aujourd'hui la femelle allait sortir de la tanière pour nourrir ses louvarts et son mâle blessé.

Il arrivait à Garlet lorsqu'il entendit les cris. Malheur ! Il n'avait rien, pas une fourche, pas même un bâton ! Il jeta ses sabots et se mit à courir, hurlant en direction de Jean et de Jacquet, là-bas, au fond du champ :

— Eï lo loubo ! Eï lo loubo !

Dans son affolement, il avait repris son patois limousin. « C'est la louve ! C'est la louve ! » Il les vit remonter le champ, leur croissant à la main. Ils n'arriveraient pas à temps... « Vierge Marie, que vous a fait cette innocente ? Mère, mère, protège-la ! »

En descendant du grenier Marie avait rencontré Adélaïde déjà parée et coiffée, les cheveux bouclés au fer comme sur les gravures de la *Mode illustrée* qu'elle montrait parfois à la petite le dimanche. C'était une demoiselle, Adélaïde Rougier. Pour aller à la messe, elle mettait un chapeau qui la rendait encore plus belle, une « capote » comme elle disait, avec un ruché blanc qui entourait son visage et deux rubans mauves qui nouaient sous le menton.

Du côté des femmes, à l'église, on ne voyait guère que des coiffes — les belles « Malvina » du canton de Menigoute — et des bonnets de toile comme celui de Marie. Au premier rang seulement on remarquait quelques chapeaux portés par les femmes et les filles des bourgeois, ceux que le Grand Mousin appelait « les gens de la haute, les mange à rien faire ». Marie avait entendu des réflexions sur les tenues d'Adélaïde, sans méchanceté toutefois, la jeune fille était aimée de tous. Il n'était que les filles du médecin à lui faire grise mine, par jalousie sans doute, Adélaïde étant de meilleure tournure.

— Les avez-vous vues, ces deux grandes vise-en-bas * ? disait Madeleine. Encore une nouvelle grenotte sur la tête !

Ce matin Adélaïde n'était pas vêtue en dimanche, elle avait même un tablier sur sa jupe de drap vert, de temps en temps elle s'occupait des volailles, ce qui la désennuyait, à ce qu'elle prétendait. Marie la trouvait tout aussi belle que dans ses grandes toilettes : le corselet noir faisait ressortir la minceur de sa taille et portait en avant le renflé de sa poitrine. La jeune fille embrassa la petite et lui prit des mains la corbeille pleine de pommes.

— Bonjour, ma Marichette !

Elle lui donnait souvent des petits noms d'amitié, Margoton, Mariette, Marichette... et c'était chaque fois un bonheur pour Marie.

— Je suis aise de te voir Marichette, avant que tu partes au champ... Hier, je me suis ennuyée de toi tout le jour ! Viens, c'est moi qui vais te préparer ton pochon !

Le pochon était le sac de toile fermé d'une coulisse dans lequel Marie emportait son repas. Elle l'accrochait à son bras droit, mettait son bâton sous le bras gauche, ainsi elle pouvait tricoter tout en marchant derrière ses moutons, la broche calée dans la coque de noix qui lui servait d'affiquet *. Nulle minute de son temps ne devait être perdue. Le Champ-Cornu était le plus éloigné de la Colombière, elle avançait grandement son tricot en chemin.

Quand elles arrivèrent dans la maison, la Néné avait fini sa vaisselle.

— Tu en as mis un temps ! Mes oignons devraient être à fricasser ! Les hommes n'attendront pas, eux, à midi !

Adélaïde embrassa la vieille femme.

— Elle a trié les pommes, Néné, et puis je l'ai retardée en causant. Va, elle sera vite prête, je lui prépare sa collation.

La vieille ne répondit pas, elle n'avait pas l'air trop content et suivit du regard les préparatifs. La jeune fille tailla deux tranches de pain, sortit un pot de grès du buffet, et étendit une bonne couche de graisse de rôti sur les tartines qu'elle colla ensuite l'une contre l'autre. Elle mit encore un quignon pour les noix, rajouta deux pommes et s'apprêtait à couper du fromage quand la Néné intervint.

— Non, Adélaïde, arrête un peu, enfin ! Il y a de quoi nourrir deux hommes, dans son pochon ! Elle est d'une grande vie *, mais c'est égal ! D'ailleurs, les chèvres sont presque taries, le fromage, il faut le ménager !

— Tu as raison, Néné ! Un petit bout de sucre, plutôt !

La vieille femme tourna les talons, comme accablée. Adélaïde prit le pain de sucre, sur la cheminée, en cassa un morceau avec le maillet qui restait toujours à côté, et mit dans la main de Marie les miettes qui étaient tombées en même temps. La fillette n'avait jamais mangé de sucre avant de venir à la Colombière, elle n'en avait d'ailleurs jamais vu à Chaussauvent. Une fois, elle avait entendu la patronne dire le prix : onze francs. Presque aussi cher qu'un mouton ! Fallait-il qu'ils soient riches ! C'était autrement meilleur que le fromage. Marie sourit à Adélaïde et lécha la poudre blanche. Elle se demandait si ce n'était pas un péché d'aimer autant le sucre, le curé disait quelquefois des sermons, le dimanche, qui la tracassaient un peu.

— Vas-tu partir enfin ? Gare à toi si tu es encore là quand le patron reviendra ! Et n'oublie pas ta cape, aujourd'hui ! Hier la Chapeleau a dû te courir après. Ah ! tu n'as guère de cervelle !

La Néné continuait encore à grommeler lorsque Marie sortit de la maison, sûrement c'était le bout de sucre qui l'avait contrariée.

Les moutons se jetèrent dehors dès qu'elle eut ouvert la porte de la bergerie, ils étaient si contents de pâturer à nouveau qu'elle avait peine à les suivre, ils se bousculaient, se montaient dessus, un énorme peloton de laine courait vers le pré, ah mes canailles ! Elle dut même renoncer à tricoter. Heureusement que Madeleine avait soigné ses engelures, jamais elle n'aurait pu les suivre, elle atteignit le Champ-Cornu au pas de course, les moutons y étaient avant elle ; elle les écarta à coups de bâton pour ouvrir la barrière devant laquelle ils se pressaient.

D'après le soleil, il était vers les dix heures. Allons, elle avait le temps de reprendre son tricot avant de manger. Elle monta le travers du champ pour s'installer en haut, sur la roche plate d'où elle voyait son troupeau : il ne fallait surtout pas qu'ils broutent aux palisses, tant que les feuilles étaient en bourgeons, elle ne les quittait pas des yeux tout en tricotant. En avait-elle reçu, des coups sur les mains, pour avoir lâché des mailles quand elle apprenait à brocher ! La mémé Gâtard ou sa mère la piquaient avec les aiguilles, elle regardait pourtant ce qu'elle faisait en ce temps-là ! A présent la laine venait toute seule sous ses doigts et le tricot montait sans qu'elle y porte les yeux. Son mouton préféré venait vers elle en cabriolant, il poussa de la tête sur ses genoux, la gentille bête, qu'elle l'aimait !

— Oui, mon beau. Tu auras un petit bout de pain, tout à l'heure. Va, tu deviendras vite gros et fort à manger cette bonne herbe et c'est toi qui mèneras le troupeau. Va brouter, grandis vite, tu seras un beau bélier.

Elle chassa l'agneau qui partit rejoindre les autres en bas du champ. Le terrain remontait ensuite, derrière la haie. C'était une lande : des fougères, des ajoncs, certains grands comme des arbres. Leur couleur de feu fascinait Marie. Elle regardait au loin ces grands bouquets de fleurs jaunes, quand elle vit un chien passer entre deux arbustes. Elle ne l'avait jamais vu celui-là, de quelle ferme était-il donc ? Il était trop éloigné pour qu'elle distingue vraiment, il lui paraissait pourtant deux fois long comme Papette, et presque aussi haut qu'un veau... A présent elle ne le voyait plus, il avait dû partir sans qu'elle s'en aperçoive, rien ne bougeait sur la lande. Voilà qu'il reparaissait, beaucoup plus près et se traînant à ras terre. Plus rien, de nouveau : il devait être dans les fougères. Marie était mécontente ; l'année passée un chien errant avait effrayé les moutons en leur jappant aux trousses, et elle avait eu grand-peine à le chasser. Celui-là avait l'air plutôt craintif, il n'entrerait peut-être pas. Elle prit quand même son bâton, enleva la cape qui l'entravait dans ses mouvements et descendit vers l'échalier. Qu'avaient-elles, ces bêtes, à courir ainsi dans tous les sens ? Elles avaient dû sentir le chien.

Elle s'arrêta soudain, au milieu du champ, pétrifiée par ce qu'elle voyait : l'animal, sans un aboi, avait sauté l'échalier, filait sur le troupeau, et bondissait au col du dernier mouton, le sien, l'agneau qu'elle aimait tant ! Elle comprit alors que ce n'était pas un chien, et se mit à courir en hurlant. La bête était déjà à l'échalier, elle essayait de le repasser et retombait toujours, alourdie par le poids de l'agneau qu'elle emportait. Marie fut sur le loup avant d'avoir eu peur, les cris qu'elle poussait lui emplissaient la tête. Il y eut un court instant de silence qui la glaça d'horreur, elle se remit à crier et leva son bâton. La louve faisait face, Marie eut le temps de voir les tétines gonflées, le mouton étendu à terre, et son bâton frappa avec une force sauvage, comme décuplée par ses hurlements.

Le premier coup atteignit la louve aux pattes de devant, elle fléchit un moment, reprit le mouton, et essaya encore de passer l'échalier ; le second coup la prit sur l'échine et la fit retomber. Elle se redressa, les babines troussées comme d'un horrible sourire, un grondement sortait de sa gorge. Marie cria plus fort, à se déchirer la poitrine, c'était sur elle, elle le sentait, que la louve maintenant allait bondir. Elle visa la gueule aux dents effroyables, son bâton s'abattit sur le museau. L'animal recula en secouant la tête, puis de nouveau fit front. Le bâton à présent ne s'arrêtait plus, chaque coup portait. Il sembla à Marie que le temps s'était figé, que tous les arbres et les champs hurlaient avec elle, et que cette bête était là, sous ses coups et ses cris, pour l'éternité.

Soudain il n'y eut plus rien devant elle, l'agneau seulement, dans une flaque de sang. Elle tomba près de lui, elle ne pouvait plus s'arrêter de crier.

Jamais le Grand Mousin n'avait couru aussi vite. Loin, derrière lui, c'était Jean qui le premier avait jeté le cri : « Au loup ! Au loup ! » Cela venait de partout maintenant, ils accouraient de tous côtés, il les voyait avec leur fourche, leur serpe ou leur croissant. Il les suppliait dans sa tête : « Arrivez vite, mes bons gars ! » Lui il courait en silence, économisant son souffle... En silence, comme la bête là-bas qui massacrait Marie ; il étranglerait ce monstre de ses mains, même s'il n'était plus temps, il s'en sentait la force et le désespoir.

Quelle agonie vivait-elle, malheureuse enfant, dont les cris montaient toujours ? Dans la haute Gâtine, vers l'Absie, un carrefour était marqué d'une croix de bois, la Croix-Jeanne, souvenir d'une fillette ainsi dévorée. « Une croix, Seigneur ! Vous qui avez tant souffert, ayez pitié ! »

Lorsqu'il arriva à Champ-Cornu, il ne crut pas d'abord à ce qu'il voyait : Marie, en bas, près de l'échalier, frappant de son bâton une bête grise, la plus grande qu'il eût jamais vue, et qui reculait sous les coups, et revenait à la charge, et de nouveau sautait en arrière, cueillie au museau par le bâton. Il hurla :

— Sauve-toi, Marie, laisse !

La fillette ne l'entendait pas, perdue dans sa lutte et dans ses cris. Il pensa alors à son couteau qu'il ouvrit tout en courant. Il était au milieu du champ quand il vit la louve sauter l'échalier, disparaître dans la lande, et Marie qui tombait en criant toujours. Il fut le premier sur elle, la releva doucement d'abord, puis la secoua pour qu'elle se taise enfin.

— Tu n'as rien, Marie, tu n'as rien ?

Il la brusquait presque, lui tirait les cheveux en arrière pour voir son visage ; ils s'étaient défaits dans la bataille et retombaient sur sa figure comme une crinière. Marie sembla s'éveiller et regarda le grand valet avec étonnement, il s'aperçut alors qu'il pleurait.

— Oh ! Mousin ! Vois, il est mort, elle l'a tué !

— Pauvre folle, qu'est-ce que c'est, un mouton ? Ne pouvais-tu le laisser, sais-tu qu'elle t'aurait égorgée toi aussi, regarde...

Il tira la tête de l'agneau en arrière, et, devant le regard de Marie, il eut honte de sa brutalité : la blessure était effrayante, la tête presque détachée du corps. Il prit Marie contre lui et se tourna vers les autres sans essuyer ses larmes. Ils étaient tous silencieux et regardaient la petite. Chacun d'eux, demain, pourrait dire qu'il avait vu pleurer le Limousin de la Colombière. Il ne s'en souciait pas, acceptait même en pénitence : il se tenait pour responsable du drame. Jean s'exclama le premier :

— Cette petite, quand même ! Cette petite !

C'était tout un discours, de la part de Jean Garandeau. Les autres alors se mirent à parler tous en même temps : ils racontaient ce qu'ils avaient entendu, vu et pensé, l'émotion se dénouait dans un flot de paroles, et Mousin entendit quelqu'un dire :

— Regarde ses cheveux... Les cheveux des femmes et des filles portent frayeur aux loups, quand elles les défont et les agitent à leur vue. C'est comme ça que la bête s'est sauvée, à cause de sa chevelure.

On disait ces choses aussi en Limousin, et cela mit le va-devant en colère, de voir ramener le courage de Marie Therville aux superstitions des vieux âges, filles à loups, femmes sorcières, fées à cheveux serpents. N'étaient-ce pas les hommes, plutôt, qui s'effrayaient à l'attirance des chevelures, et craignaient de s'y perdre ? Ah ! le trouble, le désir, la faiblesse, quand Céline défaisait ses cheveux... « N'es-tu pas franc salaud, Rebeyrolles ? Voilà que de penser aux cheveux de Céline, rien que d'y songer ça te prend, à un moment pareil ? C'est d'avoir senti la mort, probablement. On dit bien, pauvres d'eux, que ça arrive aussi aux pendus. »

Mousin jeta le mouton sur son épaule et prit la main de Marie.

— On rentre à la Colombière, à présent.

Les hommes se mirent à rassembler les moutons. Ce ne fut pas chose facile, ils étaient fous d'avoir senti la bête, le bélier lui-même était cogné dans une haie et n'en voulait pas sortir. Le père Jacquet tendit à Mousin ses sabots, qu'il avait ramassés. Il était arrivé le dernier, n'ayant pu courir, pauvre vieux, et répétait :

— Le diable m'essarte si j'ai jamais vu une affaire de même, le diable m'essarte...

Marie tira la main de Mousin.

— Ma cape, Mousin, et ma brocherie ! Et mon pochon ! J'ai un bout de sucre dedans... C'est là-haut, sur la pierre !

Dans son état normal, il en aurait ri : ça venait de se

battre avec une louve enragée de faim, ce morceau de drôlesse, et ça pensait à un bout de sucre dans son pochon. Aujourd'hui, il n'avait pas le cœur à la rigourdaine, et il lui répondit presque durement :

— Va, et dépêche-toi !

Quand les moutons furent sortis, la barrière refermée, il s'aperçut qu'ils suivaient tous, Jean Picot et ses deux valets, trois hommes de la Rinchardière, les Guillot de Malépine, et naturellement Jean et Jacquet. Il était trop las pour discuter et laissa venir.

Tout le cortège déboucha vers midi dans la cour de la Colombière. Ils étaient déjà au fait, Dieu sait comme ! Adélaïde se jeta sur Marie en pleurant et criant, elle l'avait bien dit, il fallait un chien ! La Néné et Zélia se tenaient sur le seuil derrière le patron, Madeleine était allée très vite rentrer les moutons et revenait en courant. Le vieux regarda un moment Mousin et Marie, et tous les autres derrière qui attendaient.

— Eh bien merci de votre aide, mes bons gars. Je vous revaudrai ça. Pas aujourd'hui, les femmes sont trop retournées.

Jean répondit, en y mettant grand effort :

— Personne n'a rien fait, patron, c'est elle toute seule...

Lhoumeau eut l'air de ne pas entendre, il ajouta :

— Merci, merci encore vous autres, et à bientôt.

Ils partirent tous sans se presser, déçus sans doute de ne pas profiter plus longtemps d'un tel événement. Mousin posa le mouton sur le seuil avant d'entrer dans la maison. Tout d'un coup, il n'avait plus de jambes, il s'assit à la table sans souci des convenances, alors que le patron restait debout. Adélaïde ne pleurait plus, elle avait pris les choses en main.

— Donne la goutte à Mousin, Néné. De la bonne, il est tout blanc. Assieds-toi dans le fauteuil, Marie, près du feu. Un bassin, vite, maman, et de l'eau chaude. Va chercher tes herbes, Madeleine, celles pour les congestions, il faut lui faire descendre le sang de la tête. Pousse-toi de là, père, tu vois bien que tu gênes, casse un gros morceau de sucre, plutôt !

Mousin avait bu sa goutte cul sec, et la Néné l'avait resservi. Il regardait sans croire à ce qu'il voyait, comme tout à l'heure à Champ-Cornu : Marie assise dans le fauteuil de Lhoumeau, les pieds dans un bassin d'eau chaude, Adélaïde à genoux devant elle, Madeleine qui lui frottait les jambes avec une poignée d'herbes.

La voix de Zélia Rougier le remit sur terre.

— Il va falloir écorcher ce mouton, si on attend, la peau sera trop dure à tirer. Jean et Jacquet vous vous en occupez. Vous jetterez les tripes aux cochons. Attention, ne crevez pas la poche à fiel, on fricassera le foie dès ce soir avec de l'ail. On salera la viande demain quand elle aura refroidi. Elle sera bonne, il a été bien saigné.

Mousin rencontra le regard de Marie. Il se leva et se tourna vers Aimé Lhoumeau.

— Ce mouton je vous l'achète, patron. Vous le retiendrez sur mes gages de Saint-Jean. Je vous le paie tout de suite si vous aimez mieux.

Le silence qui suivit n'inquiéta pas Mousin : c'était dans le juste cours des choses, le patron ne devait pas paraître céder devant le valet. Le vieux avait pourtant compris — Mousin en était sûr — que ce n'était pas une demande ordinaire, mais un ordre assorti d'une menace non exprimée, et il était assez fin pour entendre : « Ce sera le mouton ou moi... » dans les paroles de son va-devant... Le visage de Marie exprimait une angoisse telle que Mousin détourna les yeux. Lhoumeau se décida enfin à répondre.

— Ma foi si tu veux, mon gars. Je te le laisserai pour pas cher, et ça pourra attendre la Saint-Jean. Largement. De toute façon, c'est une viande de trop fort sentiment pour ma convenance. Même quand ils n'ont pas le piétin. C'est ma propre idée, bien sûr, à chacun son goût pas vrai ?

Mousin fut grandement soulagé, encore qu'il ait reçu de la part du patron un coup de pied de mule qu'il était conscient d'avoir mérité.

Quand il revint dans la maison, il s'approcha de Marie qu'Adélaïde dorlotait toujours et lui dit à voix basse :

— Je l'ai mis dans l'ouche, au pied du dernier noyer.

Le vieux feignit n'avoir rien entendu — quoique Mousin

lui connût l'oreille prime — et s'assit à son bout de table en ordonnant de son ton d'habitude :

— La soupe à présent, les femmes. On ne va pas passer la journée là-dessus !

Quand il eut fini son assiettée, Lhoumeau releva la tête et son regard s'arrêta un moment sur Marie qui ne s'était pas recoiffée. Mousin eut peur de l'entendre radoter comme les autres avec leurs histoires de filles à loups. « Pas lui, quand même ? Ah ! si c'est le cas... » Il s'était fait silence autour de la table. Aimé Lhoumeau souriait presque en s'adressant à Marie :

— Va, tu es brave fille. J'ai bien connu ton grand-père Jean Therville dans ma petite jeunesse. Il aurait été fier de toi...

Jean Therville

Jean Therville surgit en Gâtine le 25 novembre 1781, le jour même où se tenait à Vasles la foire de la Sainte-Catherine. C'était la plus importante de l'année, elle marquait la fin des grands travaux et le début de la mauvaise saison. Tous les habitants de la paroisse la fréquentaient quand bien même ils n'avaient pas à y faire commerce. Cette foire, au contraire des autres, n'était pas seulement une affaire d'hommes. Les femmes y venaient en grand nombre pour acheter les poteries de la Guérinière, les tiretaines et les droguets de Vernoux-en-Gâtine, les bas et les bonnets de Saint-Maixent, les ciseaux et les aiguilles des taillandiers niortais... Et tout un luxe de mouchoirs de cou, d'épingles à coiffure, de peignes en buis ou en alisier, de remèdes aux parfums exotiques : camphre, benjoin, ambre gris, thériaque, et le véritable orviétan qui guérissait toutes les maladies connues.

Au centre de cette animation, l'auberge de la Croix-Blanche était le lieu de rencontre des hommes. On y réglait, devant une friture d'anguilles, les marchés topés sur le foirail. On y entrait aussi simplement boire en compagnie le vin du Mirebalais, qui changeait pour une fois du cidre et de la piquette de prunelles. L'argent dépensé ferait faute plus tard, mais à la Sainte-Catherine on évitait de penser aux duretés quotidiennes. L'affluence était grande à la porte de la Croix-Blanche : des hommes, uniquement. Aucune femme n'aurait eu idée de se tenir en cet endroit, sinon la comtesse de Rougemont. Elle était veuve depuis longtemps et ne laissait jamais son intendant traiter seul des achats et des ventes. Elle gardait l'œil à tout et avait vite fait d'écarter à coups de canne ceux qui se trouvaient en travers de sa route.

Aurait-on remarqué, sans la présence de la comtesse devant l'auberge, l'arrivée d'un cavalier qui sautant de sa monture, tomba — ou peu s'en fallut — sur les pieds de la vieille dame ? La comtesse levait déjà sa canne quand le jeune homme s'inclina devant elle.

— Jean de Therville, Madame, pour vous servir... Veuillez, je vous en prie, pardonner à ma maladresse.

Ayant remis son tricorne et sans attendre de réponse, il tourna le dos à la comtesse et attacha son cheval à l'anneau d'une borne, un cheval noir, superbe, mais qui semblait fourbu. Puis il entra à la Croix-Blanche.

C'est ainsi que Jean Therville apparut à Vasles, un jour de 1781. Il y mourut vingt-cinq ans plus tard, sans que jamais l'on sût vraiment qui il était ni d'où il venait : il en avait tant raconté ! Son âge même resta un mystère... Longtemps après sa mort on parlait encore de lui, que ce fût pour le maudire ou pour le porter aux nues, il n'y avait pas de milieu ! Joseph Guérineau résumait ainsi les opinions :

— Un drôle de citoyen, Jean Therville ! Mais quel homme !

Il s'installa d'abord à la Croix-Blanche. L'histoire de la comtesse avait couru le pays, et l'arrivée de ce jeune homme dans la monotonie des jours était un événement dont il fallait profiter. Pendant deux semaines l'auberge ne désemplit pas, le nouveau venu tenait table ouverte pour tous ceux qui se présentaient. L'or lui coulait des poches avec une abondance et une générosité jamais vues, le patron de la Croix-Blanche pouvait en témoigner. Un pareil client attirait la pratique, il fallut même chercher d'autre vin à Mirebeau, en une semaine il s'en était bu davantage qu'au long de toute une année. On venait pour boire et manger avec Therville mais plus encore pour l'écouter. Selon qu'il fût à jeun ou déjà en ribote les histoires changeaient. Au matin, il était « Jean Therville, un paysan comme vous autres mes gars ! J'ai tant roulé ma bosse que j'en sais un peu plus, c'est la seule différence... » Le soir il devenait « Jean de Therville », fils de bonne famille champenoise, aux confins de Lorraine, d'une noblesse ancienne tombée à la ruine. Étant cadet, il avait dû partir pour s'engager dans la Royale, n'ayant pas, quoique fort croyant, le goût de se faire moine.

Soir ou matin, une seule chose ne variait pas : il arrivait des Amériques, et nul ne se lassait au récit de ses aventures. Personne ici n'avait vu de bateau de haut bord, et les noms mêmes de frégate et de corvette leur étaient inconnus. Ce qu'étaient l'océan et son immensité, comment pouvaient-ils imaginer, eux qui n'avaient jamais rencontré de plus grande eau que l'étang des Châteliers ? Deux mois pour traverser ces étendues salées qui s'enflaient comme des collines, et les voiles où le vent prenait comme aux ailes des moulins ! Chaque jour les hommes revenaient écouter Jean Therville et le vin leur rendait plus étonnants encore les discours du jeune inconnu : ils doutaient ensuite d'avoir entendu de telles extravagances.

Il racontait s'être embarqué d'abord sur *Le Fantasque,* aux ordres de Suffren, un monstre de trois cents livres qui ne se lavait jamais et qu'on sentait venir d'un bout à l'autre du bateau tant il jetait de puanteur. A table il devait se poser de côté, son ventre ne pouvant tenir ! Les beaux jeunes marins lui servaient de femmes, Therville en faisait serment devant son auditoire incrédule. Le bailli de Suffren, ajoutait-il, ne forçait d'ailleurs personne : il n'avait qu'à choisir et appréciait par-dessus tout ses hommes en couples, se baisotant et s'étreignant. Avait-on jamais connu à Vasles pareille abomination ? On disait autrefois qu'un des fils du marquis d'Authon était dans ces goûts contre nature, personne n'y avait cru vraiment car il était marié et père de nombreuse famille... Jean Therville riait de leur bonne naïveté, et leur demandait s'ils avaient parfois baisé leur mariée autrement que dans le noir, en lui laissant chemise et camisole...

Lui en tout cas n'était pas du côté des mignons, il préférait se passer de femme, et le gros porc de Suffren avait prévu de calmer ceux-là aussi, les traversées étant longues. Auprès des lieux d'aisance il avait fait placer des tonneaux pleins de bon suif. Ils étaient de tailles diverses, chacun pouvait choisir, et les trous en étaient aussi de différents diamètres : la grand-mère, la mère, et la petite-fille ! Quels rires lorsque Jean Therville assurait que pour lui il avait fallu élargir le trou du plus grand tonneau !

Il devenait sérieux au récit des combats. Sur la frégate *Ville de Paris* qui bloquait la baie de Chesapeake, il avait observé à la lunette la bataille de Yorktown. Il racontait si bien que tous croyaient entendre les hurlements de joie montant de la flotte entière quand les habits rouges des Anglais s'étaient rendus aux Bleus : La Fayette, Rochambeau, les Insurgents...

— Une société nouvelle est en train de naître là-bas : plus de seigneurs, plus de roi, la liberté...

Les femmes bien entendu ne venaient jamais à la Croix-Blanche. Elles étaient quand même tenues au courant, jamais leurs hommes n'avaient répondu à leurs questions avec autant de bienveillance, comme s'ils ne pouvaient plus oublier Jean Therville, comme s'ils tiraient encore plaisir à en parler une fois rentrés chez eux. Le vin les rendait causants et, pour une fois qu'ils n'en avaient pas de reproches, ils se laissaient aller.

— Comment est-il de sa personne, raconte un peu ?

— Oh ! Je ne sais trop dire... Il est grand, pas loin de six pieds peut-être, et les épaules en conséquence. Son cheval je n'en ai jamais vu d'aussi haut, et sa selle...

— Mais sa figure ? Et son habillement ?

— Que veux-tu que je t'en parle, est-ce qu'on fait attention, nous autres ? Il a les cheveux longs et frisés, attachés derrière avec un lien de cuir. Un jour il les avait tout farinés comme le marquis du Chilleau. Sa face est allongée et riante, sa peau a éclairci depuis qu'il est arrivé. Ses yeux sont bleus, pour sûr, c'est ce qu'on remarque en premier tant ils brillent. Son habillement... Je n'en peux guère causer je ne sais pas les noms. Il est attifé riche, avec une culotte en peau bien serrée et des bottes qui couvrent haut ses jambes. Pour le reste, tu verras toi-même dimanche à la messe...

— Que dit-il alors ? Et parle-t-il comme nous ?

— Comme nous oui, mais sur un autre accent ; aux Amériques il y a quantité de gens du Poitou, à ce qu'il prétend. Il parle de bateaux, de guerre, d'un nouveau pays qui se fait là-bas. Il raconte aussi... bien d'autres choses. Viens nous coucher, viens donc ma bonne Clémence.

Jean Gâtard, propriétaire aisé de Chaussauvent, fit ainsi connaissance de Therville à la Croix-Blanche. Sa femme Clémence et sa fille Louise avaient si fort envie de le connaître que Jean Gâtard, enfin, l'invita dans sa maison.

Le jour où l'on honora la bergère

20 juin 1845

Marie surveillait la descente du soleil. On était dans les plus longs jours de l'année, et il lui tardait de rentrer, ses doigts devenaient raides à force de tricoter, surtout aujourd'hui : avec des broches fines presque autant que des aiguilles à coudre, elle avait commencé des bas pour Adélaïde, dans ce fil de lin trois fois plus menu que la laine la plus mince, que Madeleine tordait à la perfection. C'était de l'ouvrage compliquée qu'elle avait entreprise. « Tu vas me gâcher mon fil, c'est sûr ! » avait prédit Madeleine. Adélaïde avait insisté, prétendu que rien ne pouvait lui faire plus grand plaisir que des bas filés par Madeleine et brochés par Marie. La jeune fille en avait donné un comme modèle. « Des bas d'achetis * eh bien, tu verras le résultat... », avait soupiré la servante. Il avait fallu à Marie toute la matinée pour seulement monter les mailles sur les trois aiguilles, puis, peu à peu, elle s'était habituée à ce fil glissant, avait observé le motif sur le haut de la chausse et s'était mis en tête de le reproduire. Heureusement, elle comptait bien, et mailles à l'endroit, mailles à l'envers avaient fini par former des figures aussi régulières que sur le bas « d'achetis » : des losanges, avec, en leur milieu, une petite croix.

Il n'était pas question dans une telle complexité de tricoter sans regarder. Elle avait maintenant une chienne qui veillait aux musses. Trois mois avaient passé depuis l'histoire du loup, et jamais plus Marie n'était retournée à Champ-Cornu ni à Pain-Perdu, et Julien ne menait plus les vaches à Garlet. Tout l'après-midi, le jour du drame, Marie était restée à la maison, comme à faire dimanche, écœurée de sucre, de tisane au miel, choquée par la mort de son agneau, plus effrayée de ce qu'elle revivait en pensée qu'elle ne l'avait été en face de la bête.

Adélaïde l'avait emmenée un moment dans sa chambre, elle avait sorti des bijoux, des dentelles, une poupée du temps qu'elle était petite, avec son trousseau complet : des chemises brodées, des culottes ornées de guipure, des jupons de mousseline, des robes comme Marie n'en avait jamais vu, même à la messe de Vautebis, des bottines en peau blanche, et des souliers plus fins encore, avec une boucle de pierres brillantes.

— Tu veux jouer, Marichette ? Je te la prête, fais attention, la tête se casse.

Marie avait regardé la poupée et fait signe que non, elle n'avait aucune envie de cette affaire molle qui lui paraissait aussi morte que son mouton. Elle avait seulement enfilé les souliers vernis sur deux doigts.

— Les chaussures, tu me les montreras encore ? Je vais traire les chèvres, à présent.

Le lendemain était un samedi, jour de marché à Reffannes. Aimé Lhoumeau avait fait atteler de bonne heure ; il emmenait Chantecaille avec lui, le jeune homme étant natif de ce bourg, il y connaissait tout le monde, c'était utile sur un marché.

— Surtout à Reffannes, avait fait remarquer Mousin, il vaut mieux, à ce qu'il paraît, savoir où on met les pieds !

Louis s'apprêtait à répondre, il avait l'œil mauvais, heureusement Adélaïde était intervenue ; Marie craignait toujours de voir le Grand Mousin et Chantecaille en venir à se battre, et le patron, lui, il laissait faire ! Adélaïde les avait calmés.

— Avez-vous fini, vous autres, de monter sur le pommier

aigre*? Pépé, surtout, passe à la Sapinière, pour la chienne!

Elle se permettait tout, avec son pépé, jusqu'à donner des ordres... Il avait répondu en souriant.

— Je n'oublie pas, ma jolie, n'aie crainte ! Que Marie aille à Grand-Lande, aujourd'hui, et Julien à la Greux des Francs. J'ai décidé qu'on labourera les trois champs à l'écart pour y mettre du trèfle. Jacques Bujault le disait, on n'en a jamais assez. Vois ça aujourd'hui, Mousin, tire tes plans, que ce soit fait dans la semaine. Compte sur deux gars de plus. Je rencontre Guérinière aujourd'hui ; l'histoire de Champ-Cornu aura fait du bruit, tu peux croire que je vais en profiter, il ne pourra pas refuser deux journaliers.

De ce discours, Marie avait retenu qu'elle aurait une chienne, ce serait un autre bonheur que de tripoter cette poupée ridicule en faisant semblant qu'elle soit vivante, comme hier, avec Adélaïde. Elle se sentait très fière de ne pas être, pour une fois, en bas du dernier rang, où était la place des petites bergères : elle allait venir dans la discussion de deux hommes importants, le patron semblait content quand il avait dit :

— Tu peux croire que je vais en profiter.

Le vieil homme était sorti avec Louis, puis il était revenu en criant à sa femme qu'elle serait toujours aussi bête, il ne voulait pas le chapeau à la grolle* pour aller au marché de Reffannes, il voulait sa casquette ! Il était Aimé Lhoumeau, républicain, libre penseur, et ne voulait pas qu'on le confonde avec tous ces culs-bénits ! La Néné, sans dire mot, avait ouvert l'armoire, tendu la casquette. Le patron avait jeté le chapeau à terre et s'était adressé au Grand Mousin, l'air colère :

— Tu donneras une fourche à loup à Marie Therville. Tant pis si on en cause.

Il était vite parti, sans attendre de réponse, en claquant fort la porte. Un long silence avait marqué la stupéfaction de tous, au bout d'un moment Mousin avait sifflé un coup, comme il faisait quand il était étonné.

— Une fourche à loup ! Rien que ça ! Marie va finir par s'accroire, jamais on n'a vu de femme ou de fille porter une fourche à loup !

Zélia Rougier avait ajouté que son père devait avoir la tête dérangée, Madeleine avait mis son grain de sel en disant que jamais non plus on n'avait vu une drôlesse assez folle pour se battre avec un loup, enfin toute une histoire... Mais c'était un ordre du patron, et Marie, laissant son bâton, était partie à Grand-Lande avec la fourche, se redressant devant Julien pour une fois muet : c'était autre chose que de chanter la louaire, elle se sentait en revanche... Jean avait repris sa litanie :

— Cette petite, quand même ! Cette petite !

Au bout d'un manche épais et court, la fourche à loup portait deux dents de longueur inégale, d'un fer gros comme le pouce, qui ne pliait pas sous le choc. Les hommes la prenaient pour aller aux veillées ; dans le cours des journées il n'en était pas besoin, ils avaient toujours un outil pour servir d'arme, et d'ailleurs les loups sortaient peu à la lumière du jour.

Pendant quelque temps, Marie avait porté sa fourche, dans une joie et fierté que rien ne semblait épuiser. « Au loup, Marie ! Au loup ! » lui criaient ceux qu'elle rencontrait, et elle agitait sa fourche en riant pour leur répondre. Puis elle s'aperçut qu'elle était moins à l'aise qu'avec son bâton, la fourche la gênait pour courir, elle s'entravait dans le manche, elle craignait de piquer les moutons. Elle l'oubliait de plus en plus souvent, et, machinalement, reprenait son bâton à la porte de la bergerie. D'ailleurs elle n'allait plus, depuis ce mois de mars, que dans les prés groupés autour de la ferme, elle voyait les uns ou les autres plusieurs fois le jour, elle entendait crier le Grand Mousin... Elle finit par laisser sa fourche, elle la regardait souvent, il lui suffisait de l'avoir eue. La fourche resta près de son lit, personne ne parla de la rapporter dans la remise.

Le soleil indiquait enfin l'heure du retour. Marie rassembla ses moutons aidée de Florette, sa chienne blanche. Les Pougnard, de la Sapinière, l'avaient dressée pour eux, et l'avaient donnée à Lhoumeau, tant l'histoire de Marie et de la louve avait remué les esprits. Le vieux était revenu de la foire à Reffannes avec la chienne, l'avait tenue devant Papette en grondant :

— Celle-là, ma garce, tu vas la supporter, ou c'est toi que j'enferme...

Papette avait flairé, et détourné la tête, l'air de se désintéresser.

— Vite, Florette, ramène ! Ramène ! Tchio ! Tchio !

Marie avait hâte de rentrer. Il régnait à la Colombière une animation qu'il lui tardait de retrouver. On arrivait à la Saint-Jean, et les Rousseau allaient venir, avec François, pour les accordailles.

Adélaïde passait l'après-midi aux écritures, avec son grand-père. Elle avait fermé « en tuile » les volets des fenêtres, afin qu'il rentre assez de lumière pour écrire, tout en faisant un demi-jour propre à calmer les mouches. Celles de juin étaient déjà piquantes, il était impossible de s'en débarrasser tout à fait. Rien ne traînait pourtant dans la maison qui puisse les attirer, tout était serré dans le buffet, la maie, les placards du potager. La maison était calme dans la pénombre, propre et luisante : les meubles, les chaudrons de cuivre, le balancier de l'horloge, les assiettes du vaisselier brillaient. Adélaïde aimait ces moments de tranquillité : plus de bruits de sabots, d'allées et venues, d'odeurs de fricot. S'il n'y avait eu la grande cheminée et le lit à quenouilles, elle aurait pu se croire dans la paix d'une maison bourgeoise, et non dans la salle commune d'une ferme. Un jour, elle aurait une telle maison...

Elle avait sorti le livre de comptes et le carnet où son grand-père marquait les achats et les ventes, afin de les reporter ensuite, « au propre », sur le registre. Depuis deux ans, c'était Adélaïde qui transcrivait sur le grand livre, dont la première page portait une date, 1808, qu'Aimé Lhoumeau avait entourée de fioritures et de festons. Était-il possible que son vieux pépé ait eu un jour assez de fantaisie pour tracer ces enjolivures, comme elle-même faisait aux premières pages de ses cahiers, lorsqu'elle était aux Ursulines... « Aimé Lhoumeau, la Colombière, à Joseph Guérineau, du Theuil. » Des branches et des fleurs ornaient aussi l'inscription, témoignant que toute vie coule vers la vieillesse et la mort. Adélaïde regardait cette page avec émotion, mais ne s'y attardait pas.

Ils s'étaient installés tous les deux à la table. Le vieil homme avait ordonné, d'un ton qui n'appelait pas réplique, qu'on veille à les laisser en paix un bon moment, il appellerait quand ce serait fini.

— Justement ça tombe bien, lui avait répondu sa fille de la même voix. J'ai à faire dans les armoires ; demain, il faudra que tu m'aides, Adélaïde, jamais nous n'y arriverons. Ah ! quand j'y pense, il y a de quoi avoir la pire en torse * !

En revanche, la Néné était sortie, sans rien manifester, comme à son habitude. « Pauvre Néné ! Pour une fois, tu vas être tranquille, toi aussi ! » Adélaïde avait remarqué que plus son grand-père vieillissait, plus il devenait tyrannique et hargneux avec sa femme, tout en recherchant davantage sa présence. Lorsqu'il disait : « Où est-elle ? » on savait qu'il la demandait. « Elle » était partie soigner ses lapins, cueillir du thym pour un fricot, surveiller une truie prête à mettre bas. Quelqu'un partait à sa recherche, et « elle » revenait aussitôt. Dans le meilleur des cas, le pépé ne la regardait même pas. Le plus souvent, il trouvait à gronder.

— Où étais-tu donc passée ? Voilà que tu as encore mal tourné ma ceinture, ce matin !

Ou bien :

— Frotte-moi donc la jambe, je ne la sens plus, ah ! je pourrais crever sans que tu t'en soucies !

La Néné rajustait la ceinture de flanelle, frottait la jambe engourdie, sans rien dire. De ce silence et de cette soumission, le vieil homme, dans ses plus mauvais jours, finissait aussi par se fâcher.

— Tu t'écorcherais le gosier, peut-être, à me répondre ?

Adélaïde aimait son grand-père ; pour elle, il était toujours d'humeur égale, ils avaient ensemble des discussions paisibles, et l'avis de la jeune fille comptait beaucoup pour lui. Jamais pourtant elle n'aurait osé lui parler de ses rapports avec la Néné, elle sentait là une barrière qu'elle ne pouvait pas franchir, et se contentait de détourner les orages, chaque fois qu'elle le pouvait.

— Tu rêves, ma jolie ? Voilà deux fois que je répète et tu n'as rien écrit. Veux-tu que nous fassions un autre jour ?

Le vieil homme lui souriait. Était-ce donc le même qui houspillait sa femme parce qu'elle n'enlevait pas assez vite le sabot qui le blessait ? Adélaïde se sentit, devant ce sourire, renforcée dans ses pouvoirs, et leur promesse de bonheur. La chanson de la Mariée, que l'on chantait au jour des noces, assurait à la nouvelle épousée : « Quand on dit son époux, on dit toujours son maître... » La jeune fille était sûre que pour elle il en irait autrement.

— Non, grand-père, continuons, surtout ! Il y a tant à faire encore, dans la semaine ! Heureusement, demain, nous aurons les sœurs Pétraud, elles sont vieilles, mais d'une grande main * à ce qu'on dit. Quelle bonne idée tu as eue de les prendre pour mes accordailles !

— Je ne pouvais faire autrement, tu penses bien !

L'idée venait d'elle, en réalité, et elle avait manœuvré son grand-père de telle sorte qu'il soit persuadé d'avoir pris seul la décision. Elle aimait ces victoires à chemins détournés et n'y voyait que bien peu de limites.

— J'écoute, à présent, redis-moi : le 4 juin, j'ai vendu...

— Le 4 juin, j'ai vendu deux cochons à Pilard, marchand de cochons à Vausseroux, pour la somme de soixante-quinze francs. Ci : soixante-quinze francs. Attention, petite ! dans la colonne recettes ! Ma mignonne, je crois savoir à qui tu songes. Le prochain article, en dépenses. Règle donc une nouvelle page, va droit, surtout !

Chaque page du registre devait être divisée en quatre colonnes de largeur inégale. Adélaïde tailla une plume neuve et tira les traits avec légèreté, l'encre sècherait plus vite. La première colonne portait le numéro de l'opération, que son grand-père appelait « article », ayant appris d'un clerc de notaire la tenue de ses comptes. Adélaïde avait continué de même sans discuter sur le temps perdu, elle aimait les belles écritures, son grand-père aussi sans doute, puisqu'il avait commencé ainsi, répétant jusqu'à trois fois les mêmes renseignements, qu'il prenait plaisir à relire comme une histoire de sa vie et de sa réussite à la Colombière. L'encre des traits ne brillait plus, Aimé Lhoumeau se remit à dicter :

— Article 2822, Rouvreau, payé le 12 juin, quatre-vingt-douze francs. Le 12 juin, j'ai acheté de Rouvreau, charron à Vausseroux, deux roues, deux timonneaux et une aiguille de charrette, le tout pour quatre-vingt-douze francs. Ci, quatre-vingt-douze francs. Tu chercheras, Adélaïde, en 1811, j'ai dû faire le même article avec son père, pour soixante-dix francs je crois. Voilà ce qu'ils nous ont rapporté, ces messieurs, qu'ils soient de Bourbon ou d'Orléans, encore que Louis-Philippe soit moins malfaisant que les autres, vu qu'il a remis le drapeau tricolore. Tant qu'on aura des rois, tu peux me croire, toujours plus cher pour le paysan, ce qu'il achète, et moins cher ce qu'il vend. Deux cochons gras, soixante-quinze francs ! Heureusement, à ce que je sais, et même de haut placé...

Adélaïde s'était arrêtée d'écrire. Ah ! qu'elle avait de souci et d'angoisse à penser que François en tenait encore pour trois ans à Paris, dans la garnison du fort de Vincennes. C'était en 1848 seulement qu'il reviendrait : lui aussi prévoyait d'ici là de grands bouleversements.

— Je suis une vieille bête, à te parler de même. Tout ça n'intéresse pas les demoiselles. Continuons donc, à en finir une bonne fois.

Adélaïde écrivit un long moment encore, ni elle ni son grand-père ne s'interrompaient plus de réflexions. La pendule sonna cinq heures. Aimé Lhoumeau referma le carnet.

— C'est fini pour un coup, mignonne. Grand merci.

Il se releva, alla cracher dans la cendre, et changea soudain de ton.

— Va-t-elle revenir, à la fin ? Sa soupe devrait être mise depuis longtemps !

L'éclat du soleil avait d'abord ébloui Aline Lhoumeau, lorsqu'elle avait ouvert la porte du corridor. Elle avait hésité un instant, puis refermé vite, à cause des mouches. Elle s'était dirigée vers la chambre. Zélia sortait du linge des armoires, le plaçait en piles sur la table recouverte d'une toile blanche.

— Je peux t'aider à trier, Zélia, si tu veux. En bas, tu vois, ce sont les nappes brodées que défunt mon frère Émile tenait d'une de nos tantes...

— Oh ! Surtout pas ! J'aime mieux faire seule. Tu y vois si mal, ma pauvre mère ! Et il faut vérifier tout. Les nappes d'Azay, tu penses ! Juste des âcreries *...

Aline Lhoumeau tira une chaise et s'assit, bien au fond, afin que sa fille pense qu'elle allait rester longtemps. Les volets, du côté de la cour, étaient fermés pour arrêter le jour, Zélia ne les ouvrait jamais en cette saison, le soleil avait vite fait de tout gâter, surtout les courtepointes piquées des deux lits à rouleau, en indienne de Nantes, la couleur n'y aurait pas résisté. La lumière venait de la fenêtre au nord, et donnait aux meubles un éclat qui en soulignait les moulures et les motifs. Aline Lhoumeau regardait le cabinet de merisier qui venait d'Azay ; petite fille, c'était elle qui en astiquait le bas, elle n'avait pas besoin de ses mauvais yeux pour se rappeler tous les détails de la soupière fleurie *, elle y avait si souvent passé le pain de cire, pendant que sa mère frottait les fiches et les ferrures.

La vieille femme regardait Zélia aller venir dans la chambre, avec des gestes brusques, des soupirs, des exclamations d'impatience. Sans en rien laisser paraître, Aline Lhoumeau prenait plaisir à énerver sa fille. Elle la suivait des yeux sans indulgence, sans affection non plus.

« Va toujours, Zélia, j'y vois encore assez pour te trouver vilaine ; avec l'âge, tu deviens jaune et ta figure s'apointuse, comme ton caractère. Adélaïde, heureusement, ne te ressemble pas, non plus qu'à Simon, ce serait pire encore ! Ces cheveux blonds, et ce sourire qu'elle a... Adrien, mon garçon, le Bon Dieu t'a pardonné je pense, c'est à toi qu'elle ressemble, la jolie, toi aussi tu me riais toujours... »

— Va donc voir à tes fromages, plutôt ! De ce temps, tu devrais te méfier ! Et attention en descendant, tiens bien la corde, ce serait le reste si tu te cassais une jambe, de ce moment...

La vieille femme se leva. Allons, tout était dans l'ordre : Zélia n'avait pas tenu trop longtemps avant de jeter son cri ! Elle n'irait pas à ses fromages, elle était tranquille de ce côté. L'été, ils séchaient à la cave, protégés par des mousselines, dans la fraîcheur et le courant d'air. Ce n'était pas le moment d'aller y voir, elle passait assez de temps, matin et soir. Dans les autres fermes, ils venaient mal, à ces chaleurs, les vers s'y mettaient souvent. Beaucoup de femmes finissaient par renoncer, et c'était le temps du fromage mou, dont les hommes se lassaient vite. Au moment des batteries, Aline Lhoumeau recevait toujours des compliments sur ses fromages. Le vieux répondait à sa place :

— Oh ! il y a mieux...

Elle décida d'aller à la vieille maison, dans la laiterie où Madeleine barattait. Il en fallait du temps, à cette saison, pour que la crème vienne en beurre, la Chapeleau y peinait des heures durant... La fraîcheur et l'obscurité de la laiterie lui firent du bien, après la lumière de la cour qu'elle avait traversée en se protégeant les yeux. La servante eut l'air surpris de la voir et s'arrêta un instant, puis se remit sans rien dire à tourner sa manivelle.

Ce moulin à beurre ! Aline Lhoumeau se rappelait, quand son homme avait rapporté cet engin d'une foire à Saint-Maixent, et la colère qui l'avait saisie, plus mauvaise de ne pouvoir s'exprimer.

— C'est de meilleur rendement ! avait-il prétendu.

En fait, c'était une amabilité pour sa catin, oui ! La servante avait eu un regard de sournoiserie, le même que pour son lit, ou son armoire, ou sa cape à boucles d'argent... La vieille baratte à pilon avait été rangée à la cave, on ne savait jamais, et depuis dix ans la Chapeleau tournait son moulin, fait du frêne le plus dur, pour ne pas donner de l'odeur. Elle pouvait le faire bon, son beurre, elle n'y avait guère de mérite.

Les deux femmes étaient rarement ainsi, face à face. Aline Lhoumeau se sentit soudain très vieille, et fatiguée. Elle n'avait plus, tout à coup, ce restant de force et de haine qui la dressaient contre Madeleine. Elle allait partir sans qu'une parole ait été prononcée, qu'avait-elle à faire ici ? Ses yeux s'étaient habitués à l'obscurité. Madeleine, malgré la fraîcheur de la laiterie, avait chaud à tourner son beurre, sa corselette était délacée. Dans l'échancrure de la chemise, la vieille Aline aperçut les gros seins qui bougeaient, et la sueur qui coulait jusqu'aux tétons bruns et forts. Elle s'arrêta, avec une bouffée de jalousie et de jeunesse.

— Tu as des gros tétés, la Chapelère, je suis sûre que tu aurais eu du lait comme une vache, si tu avais eu à nourrir...

— Vieille garce !

La Néné put faire mine de n'avoir rien entendu. Souriant presque, elle sortit de la laiterie et partit voir à ses lapins. « Elle aura de la misère avec son beurre, la Chapeleau, de la colère qu'elle doit être ! »

Avait-elle bien refermé la porte, au moins, la vieille ? Madeleine Chapeleau lâcha un moment la manivelle et s'essuya la figure avec sa manche de chemise. Elle était à cet âge où le sang des femmes leur monte à la face en vapeurs de feu, comme s'il s'enrageait d'avoir bientôt à les laisser en paix. Ses tisanes ne la soulageaient guère. Et l'autre, maintenant, qui venait la narguer jusque dans sa laiterie, le seul endroit dont elle se sente vraiment maîtresse !

Le beurre commençait à prendre, la manivelle résistait. Pendant un moment, Madeleine fut attentive à déceler l'instant exact d'arrêter la baratte. Elle n'allait pas lui faire le plaisir, à la vieille, d'avoir gâché une tournée ! Elle ouvrit le moulin, jugea de l'aspect, puis goûta : il était réussi. L'instant critique était passé, elle se sentit soulagée. Il lui fallait maintenant beaucoup d'eau fraîche pour laver et malaxer le beurre, en tirer tout le petit-lait qui l'aurait fait rancir. Elle prit sa courge, ses seaux de bois, et sortit. Elle se rendit au puits en bas de l'ouche, derrière les bâtiments anciens. L'eau y était, selon elle, beaucoup plus fraîche et meilleure de goût que celle de la mécanique, dans le corridor. Elle n'en voulait pas d'autre pour son beurre. La vieille sur ce point était de même avis, pour cuire la soupe il lui fallait l'eau du puits. Le patron pouvait prétendre qu'elles étaient deux pauvres ignorantes, que c'était la même eau, venue de même source, elles connaissaient la différence, l'eau du puits était meilleure.

Elle fut surprise d'y trouver Aline Lhoumeau, qui ramassait de l'herbe pour ses lapins. Avec cette chaleur ! Madeleine se rappela que le patron était en écritures avec Adélaïde : la Néné devait attendre qu'on lui dise de revenir, guère mieux qu'un chien...

— Viens un peu ici, la Chapelère !

Madeleine finit de sortir son seau, sans trop se presser, le puits était profond et il fallait trouiller * longtemps. Elle s'avança vers la vieille, elle devait obéir malgré tout, le patron savait lui en faire remarque.

— Trie donc mon herbe. Je crois que j'ai mis de la roberte *, avec ce soleil, je ne distingue rien.

La servante s'agenouilla, brassa le tas d'herbe, il y avait de la roberte, en effet, rien n'était plus poison pour les lapins. Elle était sur ses gardes, prête à répondre à la moindre pique, mais Aline Lhoumeau restait silencieuse, une main devant ses yeux.

— Il n'y en avait guère, je vais la jeter dans la fosse, en passant...

Madeleine revint à la laiterie, furieuse contre sa faiblesse. C'était pourtant le moment ! Elle avait vu la Néné, une fois, pleurer devant toute une portée de lapins morts du gros ventre... Un bref instant, de se trouver toutes les deux dans le même éloignement et la même servitude, Madeleine avait oublié les vexations et les brimades, et ces paroles que la vieille savait ajuster aux endroits les plus douloureux... Du lait comme une vache ! Elle aurait dû laisser la roberte, elle n'avait pas fini de s'en faire reproche !

Au début de ses gages, en 1810, ah ! Dieu, que c'était loin, tout était jeune alors, la maison et les gens... Aline Lhoumeau avait été bonne pour la fillette, que sa mère, Chapeleau la sorcière comme on l'appelait, avait abandonnée avant de partir le diable savait où ! Zélia avait juste trois ans de plus que Madeleine, elle était déjà hargneuse de caractère et se faisait souvent reprendre par sa mère ou par son frère Adrien, lorsqu'elle harcelait la petite bergère. Chaque fois qu'elle pouvait, Aline Lhoumeau la garait aussi des humeurs d'une vieille servante que Joseph Guérineau avait laissée en quittant la Colombière, comme il avait cédé des lits et des armoires indignes de prendre place au Theuil.

C'était après la mort d'Adrien, en 1815, que cela avait commencé. Le patron n'avait pas forcé Madeleine, elle avait obéi et s'était laissé faire. Résistait-on à Aimé Lhoumeau, que le malheur d'avoir perdu son fils unique rendait plus intraitable encore ? « Qu'on ne parle jamais plus d'Adrien... » Et tout le monde paraissait oublier que le garçon à l'humeur rieuse eût un jour existé. « Arrête de pleurer, ou sinon... » Aline Lhoumeau figeait son visage. « Écarte mieux tes jambes, entends-tu ? » Madeleine avait ouvert plus grand ses cuisses, avec l'étonnement que les hommes soient faits comme les bêtes et que cela fasse autant de mal. Le patron lui avait dit, en se relevant :

— Méfie-toi, tâche d'y faire si le sang ne vient pas. Ta mère était connue pour ça, tu dois savoir.

Oui, Madeleine savait. Elle connaissait la rue et l'armoise *, les endroits où elles poussaient ; elle avait vu sa mère les préparer, et Chapeleau la sorcière ne lui avait pas caché à quoi elles servaient. Ce qu'elle ignorait, la petite Madeleine, c'était l'angoisse toujours renouvelée de l'attente, les douleurs brûlantes, les coups profonds dans les reins, les flux de sang où chaque fois elle croyait passer. Rien n'avait pu « y faire », voilà neuf ans. « Seigneur, seigneur, je vous le jure, l'enfant n'a pas crié, elle était morte avant de naître... »

Depuis ce jour, comme si Dieu avait eu pitié enfin à tant de malheur, Madeleine avait vu chaque lune. D'ailleurs, le patron ne venait pas souvent, à présent, dans la chambre au fond du grenier. C'était cette chambre, sans doute, qu'Aline Lhoumeau n'avait jamais acceptée : le lit à rideaux, l'armoire et le coffre, tous ces attributs du mariage, dus à elle seule, et réunis pour une autre sous son propre toit...

Madeleine avait fini ses dessins, sur les mottes de beurre : une tête d'oiseau, creusée avec le bord de la cuillère en bois, la marque de la Colombière. Tout était de prime qualité dans cette maison, les œufs, les volailles, le beurre. Il n'était pas besoin de courir les marchés, toutes les maisons bourgeoises et les châteaux des environs venaient à domicile pour s'approvisionner ; Madeleine était fière de son beurre, elle soignait aussi le dessin.

Elle avait perdu du temps, aujourd'hui, elle en jugea à la longueur des ombres, quand elle sortit de la laiterie. Le patron allait se fâcher, elle avait pris du retard pour traire les vaches. Elle cria en direction de Marie, qui caressait Florette :

— Prends bien ton aise surtout ! Petite malheureuse, tu devrais déjà être sous tes chèvres !

Les moutons étaient rentrés, aussi pressés de retrouver la bergerie qu'ils l'étaient le matin d'en sortir. Depuis qu'elle avait Florette, Marie ne s'intéressait plus aux ouailles, sinon comme à des bestiaux qu'elle devait garder, sans plus. Elle les trouvait stupides, craintifs, agités et sans entendement. Elle ne pensait presque jamais au mouton enterré dans l'ouche, et, la veille, lorsque le boucher était venu, elle avait assisté sans émotion au tri des bêtes à sacrifier. Comme il fallait toujours que sa langue parte — c'était le grand reproche de Madeleine — elle avait fait remarquer que l'une des bêtes embarquées dans la mue était moins grasse que cette autre, là-bas, derrière le bélier. Heureusement, c'était Simon Rougier qui avait fait le choix, et le patron s'était récrié, à l'adresse du boucher :

— Mais c'est qu'elle aurait raison, cette effrontée, prends-le donc celui-là, Moulineau !

Le vieux Moulineau avait traîné la bête par la queue, jusqu'à la mue.

— C'est une drôlière capable que tu as comme bergère, Aimé. Elle a de qui tenir, pour la bataille, à ce que j'ai vu dire ? Et une belle petite, aussi, elle tire de son côté, regarde-moi ces yeux.

Le patron avait fini par chasser Marie, qui écoutait avec un vif contentement.

Florette, heureuse d'être de retour, se roulait dans la cour en poussant des jappements de plaisir. Marie s'accroupit pour la caresser. La voix de Madeleine la releva brusquement. Bien sûr, elle avait encore les chèvres à traire. Ce travail marquerait la fin de sa journée, Adélaïde avait obtenu cela de son grand-père, avec des retours obstinés, comme toujours lorsqu'elle voulait quelque chose.

Madeleine continuait à la houspiller :

— De mon temps, ma pauvre fille, les bergères n'étaient pas des feignantes, on travaillait, tant qu'il restait du jour. Ah ! la jeunesse de maintenant ! En plein été, guère plus de quatorze heures d'ouvrage et après, il faut que ça s'amuse, que ça se repose, que ça tienne conversation !

Marie n'attendit pas la suite, Madeleine avait l'air de travers, mieux valait ne pas rester sur son passage. Elle alla prendre ses seaux, dans le corridor. Ils étaient rangés devant la porte du nord, que l'on n'ouvrait jamais. Elle respira la fraîcheur, si reposante après le grand soleil, entretenue par l'eau tirée de la pompe. Les éclaboussures laissaient toujours humides les dalles de pierre, à la belle saison. L'hiver, il fallait au contraire veiller à ne pas faire gicler la moindre goutte, c'était une des premières choses qu'on lui avait recommandées. Elle flaira le fond des seaux, ils sentaient frais et propre ; la Néné y mettait souvent son nez dans la journée et s'était fâchée plusieurs fois, au début de ses gages, à leur trouver une odeur d'aigre. Marie s'attarda un moment, écoutant les voix qui venaient de la maison : Adélaïde, sa mère et son grand-père étaient en grande discussion. Elle entendit qu'on prononçait son nom, et jugea prudent de sortir malgré l'envie qu'elle avait de saisir la suite.

Elle s'arrêta un instant sur le seuil, admirant une fois de plus la cour de la Colombière, la pente douce que fermaient en bas les toits à lapins, l'ouche qui remontait derrière avec ses ormes et ses noyers. Les passeroses et les tournesols d'Adélaïde étaient en pleines fleurs devant la vieille maison, tout était propre, ordré, si différent de Chaussauvent ! Rien ne devait salir la cour, nettoyée chaque soir dès que les bêtes étaient rentrées ; les volailles avaient même, du côté du fournil, un grand enclos de brande dont elles ne sortaient jamais. Plus tard, si elle avait une maison, Marie se promit que tout serait comme ici, oh ! bien sûr, une toute petite maison !

— Tu rêves, Margoton ! Dépêche-toi. Quand tu auras fini de traire et de couler, viens dans l'ouche, nous aurons un bon moment, si tu te presses. J'ai des choses à te dire...

Le Grand Mousin revenait de se laver au ruisseau qui coulait en contrebas de l'ouche. S'il n'avait été va-devant, et de plus tenu en forte estime par son patron, jamais il n'aurait pu se permettre ce que les autres valets appelaient « ses manières d'original ». Avait-on jamais vu un domestique se laver tous les jours, ou presque ? Depuis deux ans qu'il pratiquait ainsi, il avait fini par s'en trouver aise, surtout au soir des journées de chaleur, la fatigue semblait partir avec la crasse et la poussière.

— Tu pues le bouc, mon Limousin, lui avait dit Céline au début de leurs amours, de toi, je ne peux le supporter... Ces poils noirs que tu as partout, ça retient les odeurs, partout, je te dis : tiens, sens-tu, sur ma main ?

Elle lui avait frotté la figure en riant. Ah ! la bougresse, la folle, la merveille ! Ces façons qu'elle avait, et qui le perdaient d'amour... Sur la main de Céline, il avait senti pour la première fois sa propre odeur : âcretés de bêtes et d'écurie, relents de pisse et de sueur. Il avait tourné la tête avec dégoût. Céline, elle, sentait bon de tous les endroits de son corps. Depuis ce jour, il s'était tenu en propreté, ajoutant même, le dimanche, le luxe d'un savon de senteur. Nul n'en faisait remarque, à la Colombière, sinon les deux drôlettes.

— Sens-tu cette bonne odeur, Marie, et dis-moi, d'où peut-elle venir ?

Marie ne pouvait répondre tant elle riait.

— Mais c'est le Grand Mousin qui s'est mis du sent-bon ! Vois s'il est beau, tout rasé, bien peigné ! Quel jour sommes-nous donc, Marie ?

La petite pleurait à force de rire et la grande souriait, avec ce battement de paupières qui la faisait si charmante. Il n'avait pas fini de danser devant ce regard, François Rousseau...

Elles étaient en bas, justement, sous le grand orme, Mousin les aperçut lorsqu'il eut remonté le raidillon du ruisseau. Marie était assise dans l'herbe, et Adélaïde, à genoux derrière elle, la coiffait tout en parlant. Elle avait de beaux cheveux, Marie Therville, depuis que la jeune fille s'en occupait. Il lui avait fallu un bon mois pour la démêler et la débarrasser des poux, le résultat valait la peine...

Il arriva sans bruit jusqu'à l'orme et se mit à crier :

— Piaos ! Jeunas, lou piaos, lou pialous [1] ?

Elles sursautèrent et Mousin s'accota à l'arbre en riant. Adélaïde entra dans le jeu.

— Combien donnerez-vous, Monsieur le marchand, pour les cheveux de cette jeune fille ?

Marie les regardait faire leurs mines, avec un air d'adoration.

— Ma foi, ma jolie, cette chevelure pourra faire au moins deux perruques, pour de vieilles guenuches déplumées. Piaos ! Piaos ! Je l'achète pour cinq francs, tiens, même six, parce qu'elle a de belles frisettes...

Il leur disait souvent, aux mignonnes, son histoire de piaos, et elles riaient beaucoup, en faisant semblant d'avoir grand-peur. Elles n'y croyaient pas, sans doute, à tant de malheur. Et lui qui leur racontait cela comme une baliverne ! Elles se seraient arrêtées de rire, s'il leur avait parlé de la honte, du désespoir d'Antonine Rebeyrolles, chaque fois qu'elle vendait sa chevelure ; s'il leur avait dit sa colère, à lui, lorsqu'il s'était trouvé passer à Limoges après la mort de sa mère, à la Saint-Jean, justement. Il avait vu tous ces beaux messieurs, au café de France, venus de tous pays, Londres, Rome, Berlin, pour acheter aux camelots des foires, aux marchands de piaos, les cheveux de la misère. Il était entré dans le café, avait secoué un des bons-hommes en hurlant :

— Allez donc les couper sous la terre, à présent, on dit que les cheveux des mortes continuent de pousser...

Il avait été jeté dehors, ils avaient dû s'y mettre à quatre pour venir à bout de sa violence et de sa haine.

Adélaïde ne coiffait plus Marie, elle se releva en défroissant sa jupe.

— Cesse de nous faire rire, Mousin. Nous parlions sérieusement, ce n'est pas rien, tu sais, pour samedi et dimanche. Les valets et les journaliers mangeront dans la petite remise, c'est la plus jeune des Pétraud qui vous ser-

1. Cheveux ! Jeunes femmes, les cheveux, les petits cheveux ! (oc)

vira, va, vous ne pâtirez pas. Pour nous autres, la table sera dressée dans la belle chambre. Les parents de François, tu les vois, la coiffe, les sabots, la blouse, tu dirais des paysans... Chez eux, c'est autre chose, ils ont beaucoup de bien, ils se font servir comme des bourgeois.

— Oui, je sais, ma belle ! Prends un peu garde de ne pas éclater, par l'orgueil.

— Non, Mousin, crois-le, ce n'est pas le cas. Avec François, je te promets, on ne regarderait pas où on mange ni avec qui ! Ce que je veux te dire : grand-père a exigé que Néné se mette à table avec nous, elle est bien obligée d'en passer par là. Une sœur Pétraud à faire la cuisine, une autre à s'occuper des valets, il ne restait que Madeleine pour servir à table, pépé a pensé qu'elle n'y suffirait pas, et le croiras-tu ? Marie va servir aussi, tu peux imaginer de la joie qu'elle est !

— Pépé a pensé qu'elle n'y suffirait pas...

Il avait pris une voix pointue et imitait Adélaïde en se tortillant. Il ajouta, de son ton d'habitude :

— Avec moi, sournoise, tu peux arrêter tes comédies. Ton grand-père, tu le mènes par le nez, un homme d'âge et d'expérience, pourtant ! En tout cas, je suis content pour Marie, elle le mérite. A bientôt les deux ageasses * !

Mousin contourna la vieille écurie pour regagner la cour, il était heureux : c'était un grand honneur de servir à un repas de cérémonie. Il fallait de l'exceptionnel pour qu'une drôlesse de neuf ans y soit choisie. « Si le bruit en va jusqu'à Chaussauvent, la Gâtarde est capable d'en crever, la charogne ! »

Les Gâtard de Chaussauvent

Le village de Chaussauvent, quoique proche de Saint-Martin-du-Fouilloux, faisait partie de la paroisse de Vasles. Ses habitants étaient des plus pauvres, métayers sur de méchants bouts de terre dont il fallait partager la récolte avec « le château ». Ainsi appelait-on l'abbaye des Dames de Sainte-Croix, dont le haut mur d'enceinte, sur la place de Vasles, entourait une construction moins austère où vivaient les religieuses.

Les métayers de la Dame de Vasles ne voyaient guère de différence entre leur sort et celui des autres paysans de la région, qui grattaient les terres du marquis de la Sayette. A l'abbesse ou au marquis, tous devaient obéissance et redevance. Les Gâtard, eux, étaient propriétaires de leurs biens. Leurs terres avaient été autrefois les plus mauvaises de ce pays de Gâtine, dont leurs ancêtres devaient tenir leur nom : ils avaient acheté, modestement et petit à petit, les parcelles les plus « gâtées », les landes, les brandes, les pierrailles, les fourrés d'ajoncs. Ils avaient travaillé dur, les Gâtard, essartant, défonçant, retournant, au long de deux cents années et leurs femmes, disaient-ils avec fierté, avaient ramassé assez de pierres pour en combler tout un étang. Ils étaient maîtres chez eux, orgueilleux de leur liberté, et faisaient figure de riches, en 1781, sur leur petite terre de Chaussauvent. Jean Gâtard et sa femme Clémence travaillaient aussi fort que les deux valets et la servante. Ils avaient le projet d'acheter, vers le bois de Magot, une lande appartenant au baron chevalier de la Coussaye : depuis que sa femme lui avait apporté en dot le château du Plessis-Cherchemont, le baron était toujours en recherche d'argent pour l'entretien de l'énorme bâtisse. Ainsi chaque génération de Gâtard avait à cœur d'agrandir le bien, et se tenait à l'affût de ces misérables « gâtines » dont ils payaient dix fois le prix !

Dans cette vie de travail, d'austérité et de rigueur, Jean Therville apporta le rêve, l'aventure, la déraison et le malheur. Tout bascula d'un coup, la sagesse et la prudence, la clairvoyance et la ruse, lorsque Jean Gâtard, un dimanche de décembre, monta en croupe sur le cheval noir de Therville. Il rentra dans sa maison, petit homme mince à la face aiguë, suivi du beau jeune gars aux cheveux frisés, aux yeux bleus, qui le dominait de la tête et des épaules.

— Voilà mon ami, Jean Therville. Il va nous faire l'honneur de rester un peu chez nous, j'espère, avant que de s'en aller...

Jean Therville s'inclina devant Clémence et Louise, avec la même élégance de geste qu'il avait eue pour saluer la comtesse de Rougemont. Il ne tourna pas les talons et resta un peu, en effet : vingt-cinq années, avant de s'en aller vers le cimetière.

Louise Gâtard était une fillette de quinze ans, brune et menue. Elle était enfant unique, et l'on n'en avait point trop regret : elle était promise à un Gâtard d'une très lointaine parenté. Ils tenaient par-dessus tout à la survivance de ce nom, auquel leur opiniâtreté avait donné comme une noblesse. En février 1782, il fallut en grande hâte marier Louise à Jean Therville, et les cloches ne sonnèrent pas à leur mariage. L'emprise et la séduction de Therville étaient telles qu'il ne fut fait reproche ni à la fille ni au gendre.

— Va, ma bonne femme, dit Jean Gâtard à Clémence, le moule n'est pas cassé ! J'ai quarante-deux ans, toi trente-quatre, seulement. Nous avons tout le temps de faire un petit Gâtard !

La bourse de Jean Therville était encore garnie en écus. Il acheta, en cadeau de noces, la lande du bois de Magot, y ajoutant même une terre plus proche et plus riche, à la Petite-Foye. Il fit venir une autre servante : les Therville, disait-il, avaient le respect de leurs femmes, et ne toléraient pas qu'elles travaillassent comme des bêtes. Louise avait gardé le troupeau, jusqu'à son mariage : il n'en était plus question. Un petit berger de huit ans, Aimé Lhoumeau, fut gagé à la Saint-Jean.

Tout semblait aller de bon augure. Jean Therville, s'il ne travaillait pas de ses mains, s'y entendait pour mener les valets, changer les habitudes, bousculer la routine.

— Il faut rentrer vos bêtes chaque soir, père, si vous voulez du fumier...

— Faites des chevaux. Un étalon, deux poulinières, et vous verrez le profit, avec l'armée ! Les Therville sont hommes de cheval, dans cinq ans, si vous m'écoutez, vous quitterez vos sabots !

Et surtout, il tenait toujours en haleine au récit de ses aventures. Jamais on n'avait veillé autant, à Chaussauvent, on y venait de tout le voisinage. Les histoires de loups-garous étaient oubliées au fracas des batailles, si loin, dans ce pays d'Amérique. Des hommes à la peau noire y servaient de bêtes de somme. D'autres, rouges de face, couronnés de plumes, échangeaient des peaux de bêtes inconnues contre des fusils. Et la liberté, les terres qui se donnaient. Le petit berger écoutait Jean Therville, il ne l'oublierait plus.

Louise, seule, devenait inquiète et nerveuse ; quand son mari contait ses histoires, elle quittait brusquement la pièce. Au matin, elle avait les yeux rouges. On mettait ces attitudes au compte de son état. L'enfant naquit en septembre, un garçon. On le baptisa Jean, comme son père et son grand-père. Le poupon était, aux dires de Clémence Gâtard, « beau comme un jésus », les cheveux bruns aux reflets dorés, comme son père, les yeux noirs des Gâtard. Mais il profitait mal, le petit Jean, et il criait beaucoup, né, disait Gâtard, de mère trop jeune, pas encore faite, et de poitrine trop menue pour être bonne laitière. La jeune femme se sentait coupable, punie dans son péché. Elle secouait l'enfant criard, puis elle l'embrassait en pleurant.

Louise eut seize ans en décembre. Ce même mois, il

fallut chasser la jeune servante, que Therville avait engrossée. Il y eut des plaintes et des reproches vite apaisés, une servante, cela ne portait guère à conséquence, et Jean Gâtard fit taire sa femme et sa fille. Ce fut une tout autre affaire lorsqu'en mars, Cathelin Gendron, maître chapelier à Vasles, vint clamer réparation pour le tort fait à sa famille. Grand seigneur, Jean Therville ne niait pas avoir mignoté un peu près la jolie drôlesse de Cathelin Gendron, elle était aussi ronde que Louise était maigre.

La bourse de Therville était alors à peu près vide d'écus. Il fallut vendre une pièce de terre, plus dure à s'arracher, pour les Gâtard, qu'un morceau de leur chair.

Le jour où s'accordèrent Adélaïde et François

24 juin 1845

— En voilà-t-il pas une idée ? Donner le pain tout taillé sur la table, dans une corbeille ! C'est peut-être la façon des bourgeois, qu'il faut leur couper tout prêt, comme les topines pour les bestiaux ? Et si vous voulez que je vous dise, Emma, je ne leur trouve ni goût ni gouasse avec cette farine blanche que vous avez voulue. Allez, porte le pain, ma pauvre fille, puisque c'est la nouvelle mode, des miches longues comme le bras, rien que de la croûte ! Heureusement pour les valets j'ai fait mon pain comme à l'habitude. J'en aurais entendu, avec le Limousin, si on lui avait mis ces tartines de blanchaille pour sa grande goule !

Marie prit la corbeille d'osier fin, aux bords en feston, que lui tendait Madeleine. Le pain était superbe, doux au palais comme un gâteau. Tout depuis quelques jours était inhabituel, excitant, merveilleux ! Même pour Madeleine : ses grognements cachaient mal la fierté qu'elle tirait de cette fournée de pain blanc, des pains de deux autrement croustillants que les miches de seize livres qu'elle boulangeait chaque semaine. Marie avait remarqué comme Madeleine avait rougi, au souper d'hier soir, quand la mère de François avait dit à Adélaïde :

— Ah ! ce pain, ma chère petite ! Vous n'en mangerez pas d'aussi bon quand vous serez des nôtres ! Le pain de boulangerie, auprès de ça...

Tout en parlant, elle chassait les miettes tombées sur son jabot : Marie n'en avait jamais vu d'aussi rebondi, le médaillon en or y tenait à plat.

Après avoir posé la corbeille, Marie attendit un signe d'Adélaïde, qui devait lui indiquer d'un coup d'œil ce qu'il s'agissait de faire. Tout avait été convenu, répété, et le souper du samedi s'était passé sans anicroche. Aujourd'hui, c'était une autre histoire ! François était arrivé ce matin, sans que Marie comprenne pourquoi il n'était pas venu la veille avec ses parents pour lesquels la patronne avait préparé une chambre haute. « Ça ne se fait pas ! » avait assuré Adélaïde avec un air de mystère — et elle était restée un instant à fermer les yeux, comme pour y cacher quelque chose.

Ils étaient assis l'un près de l'autre à un bout de la table, et Marie vit tout de suite qu'elle n'avait rien à espérer d'Adélaïde : penchée vers François, elle parlait et riait et n'avait pas même remarqué la présence de la fillette. La patronne écoutait la mère de François, et la Néné était comme une figure d'église, les yeux baissés et les mains dans sa dorne. Si Marie avouait son embarras, Madeleine allait triompher, ainsi que la vieille Emma Pétraud : dès l'abord elle avait prétendu qu'elle n'avait jamais vu ça, une fille de neuf ans à servir, et que pourtant elle en avait fait des repas de cérémonie !

Marie observa la tablée. « Il reste de beaux morceaux de poule sur le plat... Le patron a encore de quoi dans son assiette, mais Monsieur Rousseau a fini, et sa femme est à saucer son pain piqué au bout de la fourchette. Ah ! ces manières qu'elle fait ! » Après un dernier regard vers Adélaïde, Marie se décida. Elle revint dans la maison et déclara avec assurance :

— Il faut repasser la poule, Madeleine.

La servante enleva le devantier de grosserie qui protégeait son tablier blanc à bords tuyautés et leva les yeux au ciel.

— J'aurais tout vu, je vous dis, Emma ! Avez-vous

entendu de ce ton qu'elle me cause ? Comme si c'était elle qui décidait et que moi j'obéisse...

Marie suivit Madeleinc, elle devait présenter la saucière. Le plat était moins beau à présent qu'il était entamé. La fillette avait été fascinée par la manière dont Emma Pétraud avait arrangé les morceaux de volaille, refroidis à la cave, débarrassés de leur peau, et disposés sur un plat rond pour former une étoile. Entre chaque branche des quartiers d'œufs durs faisaient comme des fleurs, et tout brillait, glacé dans une gelée transparente, au milieu d'une couronne de persil.

— Ma poule en gelée à la sauce verte, c'est toujours ce qui plaît, je la ferai encore au Theuil dimanche en quinze.

Emma Pétraud avait paru flattée de l'intérêt pris par Marie à ses préparations.

— Tu vois, petite : Rose, au château du Theuil, de son vrai nom c'est Marceline, enfin passons... Rose est jalouse de ma gelée, alors un jour elle a prétendu de faire autrement pour la sauce, une mayonnaise qu'elle appelait ça... Et je te verse, et je te tourne, de l'huile dans du jaune d'œuf, tu vois ça d'ici ! Enfin c'était monté avec peine et misère, il avait fallu qu'elle y brasse longtemps ! Et pof, au moment de servir, c'était tout revenu en huile avec des mataillous jaunes dedans. Tu penses si elle était vexée. Non, je te dis, puisque tu sembles avoir goût à la cuisine, avec la poule bouillie, la sauce verte un point c'est tout. De l'huile, du bon vinaigre, les cives et le persil coupés menu-menu, il n'y a pas mieux...

C'était donc la sauce verte que Marie présentait à chaque convive lorsqu'ils s'étaient resservis au plat que leur tendait Madeleine.

— Ah ! je ne suis guère raisonnable, pensez, avec mon embarras gastrique ! Tout est si délicieux, pas vrai, je ne peux pas résister...

Le Grand Mousin n'avait pas fini de rire, demain : Marie se promettait d'imiter les mines et l'accent de madame Rousseau, qui venait de reprendre deux pleines cuillerées de sauce, sur le dessus, pour avoir plus d'huile ! Elles étaient arrivées en bout de table à présent et Madeleine offrit le plat à Adélaïde. La jeune fille fit un geste de la main pour refuser et se pencha vers François.

— Tu vois comme elle est fine, ma petite Marie ? Elle a vu toute seule qu'il fallait resservir, alors que moi je causais, je causais...

Il y avait alors un moment de silence, comme il en arrive au cours d'un long repas, la conversation un instant épuisée.

— Comment, madame Rougier ? C'est donc cette jolie petite ? Vous savez qu'on en a parlé jusqu'à la Mothe de cette histoire ? Et que...

Les voix couvrirent la fin de la phrase, et la mère de François s'adressa au vieux Lhoumeau en regardant toujours Marie. Adélaïde sourit à Madeleine.

— Emporte le plat, à présent. Quand nous aurons fini, Marie changera les assiettes et vous avertira pour la suite. Je suis contente, elle se débrouille joliment, tu ne trouves pas ?

— Vous savez le reste, Emma ? gronda Madeleine en repoussant du pied la porte du corridor. C'est elle qui a pris ça sous son bonnet de me faire repasser ! Ça descend de son tas de fumier fier comme un jau *, et on ne peut rien dire, Adélaïde en est coiffée !

— Vous avez bien raison, allez ! Enfin, vu d'où elle vient, comment voulez-vous qu'elle soit ? Je me le dis souvent, et vous aussi pour sûr ma bonne Madeleine, on a la chance nous autres d'être restées filles et de ne pas avoir mis au monde de ces pauvres misères ! Le Bon Dieu a voulu nous épargner...

Madeleine posa sur la table le plat de volaille, presque vide à présent. Le visage d'Emma Pétraud n'était que bonté et sourire, et elle regardait la servante droit en face. Sale vipère ! Cette façon qu'elle avait de mordre en faisant mine de flatter, et qui rendait toute réponse impossible ! Madeleine ne trouvait pas à parer ces attaques de biais et restait impuissante de colère rentrée.

— Ma bonne Madeleine, vous qui êtes capable, vous me rendriez service d'aller voir ce qui se passe dans la remise. Ma pauvre sœur, quelle croix je porte, elle n'a pas trop de tête, d'habitude je l'emmène surtout pour faire la vaisselle, j'ai peur que les valets la fassent bisquer. Surtout ce Limousin... Comme vous êtes bien placée pour le savoir, le dimanche il est pressé d'aller au Cheval-Blanc, la rouquine les tire tous autour de ses cotillons comme les mouches autour de... vous m'avez compris. Ma pauvre, il paraîtrait qu'un jour...

Madeleine quitta la pièce sans attendre la suite, elle était soulagée d'aller voir les valets, Mousin trouverait à qui parler s'il lui cherchait noise. Il se menait grand bruit dans la remise, le patron avait tenu à ce que les domestiques soient aussi bien traités que la compagnie. Ils avaient eu la soupe de poule pour commencer, avec de bonnes tailles de pain, et non pas de l'orge perlée comme ceux de la belle chambre. Pour une fois que le vin paraissait à table, ils avaient dû en profiter pour faire godaille, Madeleine en jugea au nombre de bouteilles vides... Adélaïde avait fait là-dessus toute une leçon à son père, c'étaient des manières répugnantes, prétendait-elle. Lhoumeau et son gendre avaient certainement été soulagés quand le père de François avait vidé une bonne lampée de vin dans son bouillon. Le promis avait fait pareil en disant, pour arranger les affaires :

— C'est ce qui me manque le plus à Paris, de faire godaille. Les autres sont tous natifs de la ville, ils me mènent bataille sur ça, ils trouvent que ce sont des manières répugnantes...

Adélaïde avait souri sans rien dire, et Madeleine avait pensé : « Mon petit gars, profite donc de faire godaille tant que tu n'es pas marié, elle te fera marcher comme elle fait pour tout le monde. »

La vieille Emma pour une fois n'avait pas tort quand elle disait « ma pauvre sœur » en parlant de Marthe, les valets semblaient la faire tourner bourrique, et Madeleine s'adressa à elle en patronne.

— Faites un peu attention pour le vin, ils en boiront autant que vous en mettrez si vous les écoutez, ça n'est pas des gars qui maçonnent à pierres sèches *, je vous en préviens !

Le Grand Mousin avait fini son assiettée, il avait toujours

englouti avant les autres. D'habitude les valets devaient suivre, aujourd'hui c'était fête et ils prenaient leur temps. Le va-devant fut un moment avant de répondre, Madeleine était déçue dans son envie de se prendre de bec avec lui. Il vida sa pleine mogue et se resservit en regardant la servante.

— A tes amours, ma jolie ! Le vin fait du bien aux femmes quand les hommes le boivent, c'est ce qu'on dit dans mon pays. Alors, ne le mesure ni aux valets, ni au patron surtout, c'est tout intérêt pour toi...

— Ne tarde pas trop, alors, Limousin. Si ce que tu dis est vrai, le feu pourrait prendre au Cheval-Blanc avant que tu sois rendu...

Madeleine était contente. Mousin grattait la table avec son couteau, les autres riaient, pas trop franc quand même, le va-devant était de rancune. Seul, Louis Chantecaille avait l'air de se désintéresser, il finissait son morceau de poule, curant l'os avec son couteau. Le grand valet leva lentement la tête, ses yeux brillaient d'un éclat de rage, et la servante eut peur d'être allée trop loin, devant son monde il ne supporterait pas. Au bout d'un moment, il soupira, et Madeleine fut surprise au-delà de toute expression quand il lui répondit :

— Ma pauvre Madeleine, je te demande excuse. Ça durera donc toujours, que les malheureux se jetteront entre eux leurs misères à la figure ?

Il promena son regard autour de la table, ils s'étaient tous remis à manger, Madeleine aussi aurait voulu faire mine de n'avoir pas entendu. « Je te demande excuse... » C'était le vin sans doute. Elle était désemparée, cherchait réponse et ne la trouvait pas. Heureusement, Mousin retrouva vite sa figure ordinaire, son air à moquer le monde, et se tourna vers Marthe Pétraud.

— Et alors, ma toute belle, que nous a-t-elle adoubé, votre sœur, pour la suite ? Je crois que pour ces messieurs-dames, dans la belle chambre, ce sera du poisson ? Il va être heureux, le vieux, d'avoir Carême à la Saint-Jean, lui qui ne le fait jamais en son temps, et mange gras toute l'année ! Voilà que le Bon Dieu commence à le punir.

Madeleine répondit avant la vieille fille, qui semblait

ahurie du discours de Mousin, il parlait si vite, et toujours cet accent qu'il avait...

— Tu vas être content, Limousin, et tous les autres gars aussi je pense. La Néné vous a fait son farci comme à Azay, rien que de l'oseille, des œufs, et de la crème. Il est au frais depuis hier, à la cave. De ce temps, qu'on est tout achalé, le farci froid, ça flatte, ça relève l'appétit. Marthe, vous enverrez Julien le chercher, l'escalier de la cave est mauvais quand on n'a pas l'habitude.

— Eh ! Julien ! As-tu entendu ? Va chercher le farci, au lieu d'effrimer ton pain, à peine si tu en gagnes les miettes qui tombent. Mademoiselle Chapeleau est patronne, aujourd'hui, il faut obéir, mon gars.

Allons ! Le Grand Mousin était revenu comme si de rien n'était. Madeleine en fut soulagée et répondit du même ton :

— C'est toi qui vas commander au fricot, peut-être, faire le Jean-cotillons * ?

Elle n'attendit pas la réponse et regagna la maison, suivie de Julien. « On ne peut pas y redire, elle le fait bon son farci, la vieille. Je vais m'en couper un bout avant de donner le plat à Julien, parce que ces voraces pour sûr n'en laisseront ni mie ni miette. J'aurai peut-être le temps d'en manger une graissée pendant que la vieille vermine finira de ranger * le poisson... »

Aline Lhoumeau ne s'était jamais assise à la table, depuis le jour de ses noces, et se sentait inutile, dépossédée de sa seule importance, qui était de préparer la nourriture et veiller que rien ne manque aux hommes. Elle se sentait sans appétit devant cette assiette où son couteau ripait, ce grand couteau à bout rond qui coupait autant qu'un pied de banc et qu'Adélaïde appelait couteau de table. Le fricot, ça se mangeait sur le pain, avec le petit couteau pointu, entre la lame et le pouce, sans que rien se perde en route ! Elle regardait, à la désolation, tout ce manger gâché dans son assiette : les chiennes avaient déjà eu la peau des volailles — tout le meilleur — elles auraient de la viande aussi, ni peu ni assez * ! Aline Lhoumeau avait fini par reposer la fourchette et le couteau, et, les mains sur les genoux, restait immobile et silencieuse, entre son homme et le père de François.

« Pourvu, mon Dieu, que personne ne m'adresse la parole, ce serait encore le pire à supporter, qu'aurais-je à répondre, moi, pauvre vieille ? C'est Adélaïde qui a tout organisé. J'avais pourtant cru, jusqu'ici, que je pouvais compter sur elle ! La mignonne, sans avoir l'air, m'a souvent épargnée des humeurs du vieux et de Zélia. Cette fois, elle m'a mise dans la peine. Ça ne se fait pas, chez eux autres, que les femmes mangent debout. A la voir, la Rousseau, c'est sûrement la vérité, et ça cause, et ça coupe la parole, monsieur Lhoumeau par-ci, madame Rougier par-là ! On n'entend qu'elle. »

— Madame Lhoumeau, Adélaïde m'a appris que vous étiez originaire d'Azay-le-Brûlé. Nous sommes en pays de connaissance, voyez que le monde est petit, j'y ai une ferme, la Frairie, tenue par des gens déjà âgés, les Picard. Vous les auriez connus, peut-être ?

La vieille femme fut un moment avant de comprendre que c'était elle, « madame Lhoumeau », et elle se tourna vers son mari. Il répondait déjà à sa place. « Dieu merci, Aimé, que pour une fois tu m'es de secours... » Elle se tassa un peu plus sur sa chaise. Les deux hommes continuaient à se parler, au-dessus de sa tête, elle était si petite. Ce repas ne finirait donc jamais ! Son cœur battait encore de l'émotion qu'elle avait eue.

« La petite Therville enlève les assiettes, à présent. On en fait beaucoup trop pour cette bergère, dans la maison. Avant que François arrive, ce matin, Adélaïde a tenu à lui faire toilette, dans des affaires qu'elle portait elle-même, voilà quelques années. Cette robe bleue à petits bouquets violets, la couturière de Vautebis est venue la coudre à la maison, après sa sortie des Ursulines. La robe est un peu large encore, pour la drôlesse, c'est égal, elle se redresse, glorieuse de ce cotillon à volants qu'elle fait tourner à chaque pas. Elle a un devantier blanc, tout de même, mais si petit qu'il semble parure, et pas de bonnet ! Adélaïde lui a relevé les cheveux avec des rubans bleus, qui lui font ressortir la couleur des yeux, pour sûr c'est tout craché son grand-père Jean, surtout le regard, on le voit mieux encore quand elle est coiffée de même. Zélia n'a pas pu se retenir en les voyant descendre, elle a demandé pour qui étaient les accordailles. Adélaïde l'a entortillée comme à l'habitude, que pourtant Zélia n'est pas de nature à se laisser mener, la mignonne y arrive quand même !

« Pour elle, passe encore, la chère petite, elle trouve avec la bergère à s'occuper et à rire, la Colombière n'est guère d'agrément pour une jeunette de dix-sept ans ! C'est une autre affaire, pour le vieux, il en fait, de l'embarras depuis cette histoire de Champ-Cornu, jusqu'à lui donner une fourche à loup ! " C'est la petite-fille de Jean Therville, vous avez bien dû entendre parler jusque chez vous... " Et tout ça devant elle, comment la tenir après, je vous demande un peu ? Pour sûr, ça ne s'était jamais vu, qu'une petite drôlesse fasse une affaire pareille, ce n'est pas une raison de la pousser à vanité.

« Encore Lhoumeau, c'est le patron, il est maître de brider son cheval par la queue, si c'est dans sa fantaisie ! Mais le Limousin, il n'en ferait pas davantage, si c'était sa propre enfant ! Un homme comme lui, travailleur, de bonne figure, encore que son nez le désavienne un peu, aurait dû se marier et avoir famille, il aurait été bon père. Un grand valet est un parti convenable, Lhoumeau n'était pas autre chose quand il m'a demandée. Dieu pardonne, je me dis souvent que Zélia aurait mieux fait de prendre le va-devant que nous avions juste après la guerre, Nicolas Barateau, qui lui montrait du goût. Il n'avait rien, c'est entendu, mais dix ans plus tard elle a été contente de trouver Simon, qui n'avait pas davantage, et qui était mou comme une veuze *, et que ça n'a fait qu'empirer.

« Heureusement, et pour une fois je l'approuverais, la Chapelère s'entend à secouer Marie et à la remettre en place. Quoique à des moments elle la regarde d'une façon, à se demander ce qui passe dans sa tête.... Et dans la tienne, ma pauvre vieille, tous ces remuements, ça ne t'écourcit guère le temps. Quand je n'ai rien dans les mains, ça me fait tourner les idées. Me voir assise là, auprès du vieux, à ne rien faire... Et toute cette vaisselle que je n'aurai même pas le droit de gassouiller dans mon chaudron ! »

Aline Lhoumeau se servit un petit morceau de poisson, elle n'en était pas friande. Enfin ! Pour le manger, au moins, la fourchette suffirait, Adélaïde avait recommandé à la Pétraud d'en tirer d'avance les épines. La Néné jeta un regard en dessous vers son homme. « Monsieur Lhoumeau », comme disait la grimacière d'en face, causait avec Rousseau. Il allait être content, quand il s'apercevrait. Il mangerait tout, pour ne pas porter ombrage à Adélaïde, c'était elle qui avait voulu ce brochet, elle avait prétendu que ça faisait cérémonie, entre la poule et la rouelle de veau. La vieille femme se redressa et sourit à sa petite-fille. Le brochet, c'était une bonne idée : en voyant la tête du vieux, la Néné ne regrettait pas trop son farci.

C'était un homme comme Lhoumeau les aimait, Charles Rousseau, franc de collier, et tenant pour les mêmes idées que lui sur la politique. On l'appelait Rousseau-le fils, quoique son père soit mort depuis longtemps, et François, c'était Rousseau-le jeune. Rousseau-le père tenait une petite ferme, à Exoudun, et avait entrepris le commerce des mules, quand l'Empereur faisait la guerre en Espagne, pour son incapable de frère, ce Joseph, qui avait fini de sa belle mort, lui, à peine un an passé. Il en avait fallu, des mules, pour l'armée d'Espagne ! Rousseau-le père avait vite laissé son fermage et s'était installé à la Mothe-Saint-Héray. Après sa mort, le fils avait fait prospérer grandement l'entreprise, tenant toujours commerce avec les Espagnols. Son affaire était la plus importante de la région, les mules de Rousseau-le fils, c'était célèbre de qualité.

Il s'était marié sur le tard, la promise n'était pas toute jeune non plus quand il l'avait prise. Lui avait à présent, voyons, dans les soixante-cinq, et elle, largement soixante. Ça laissait à espérer, pour Adélaïde. On ne pouvait pas dire qu'il était tombé au mieux, avec cette Irma Robin, sinon qu'elle était riche et apportait quatre fermes.

« Malheureusement, elle a aussi cette goule infernale ! Est-il possible à un homme sensé comme Rousseau-le fils de supporter une telle créature, qui se mêle de tout, jusque chez le notaire, est-ce la place d'une femme ? Ce n'est pas de bon ménage, quand la poule chante plus haut que le coq, j'en ai eu grand-honte devant maître Rageau. »

Rousseau-le fils lui parlait, par-dessus la tête de la vieille. Encore une idée d'Adélaïde, de poser les gens de même autour de la table, un homme, une femme, c'était ce qui se faisait, soi-disant.

— Tu as voulu qu'elle soit demoiselle, eh bien supporte, à présent, lui avait fait remarquer Zélia.

— Vous savez, père Lhoumeau, qu'on cite toujours la Colombière en exemple d'exploitation, sur les champs de foire et que votre réussite fait envie à plus d'un propriétaire. Je ne comprends pas que Guérineau, je l'ai connu de près comme vous savez, ne vous l'ait pas mise en fermage. Quand il a été châtelain, il en a viré ses sabarons, apparemment, car lui était fermier, à la Rinchardière, et fort ennemi du métayage...

— Pour sûr, et peut-être que c'est la raison. Voyez-vous qu'un jour j'aurais acheté sa ferme, comme lui l'avait fait en son temps à la Rinchardière ? Et que je l'aurais délogé du Theuil, pourquoi pas ?

— Bah, c'est plaisanterie ! Il a fait un mauvais calcul, en réalité ; le métayage, c'est la loterie, avec vous, pas vrai, il avait le bon numéro ; mais je voudrais savoir ce que rapporte aujourd'hui la Vignauderie, ou mieux, tenez : Montchevrier ? J'ai mon idée là-dessus, vous m'avez compris. Les fermes d'Irma, voyez-vous, et celles que François tient de sa grand-tante Bernit, rapporteraient moins en métayage, beaucoup moins !

Irma Rousseau coupa la parole à son mari, de nouveau Lhoumeau se sentit empli de gêne.

— C'est tout à fait certain, monsieur Lhoumeau, je l'ai calculé souvent, c'est moi qui m'occupe à ça. Un métayer, à part vous c'est connu, prend moins intérêt à ce qu'il fait, plus il travaille, plus il donne ; tandis qu'un fermier, une fois payé son terme, au quintal de grain par chez nous, c'est à lui de reste. Et pour le propriétaire, même les mauvaises années, le fermage tombe toujours.

Lhoumeau en avait honte pour son homme, de l'aplomb de cette sacrée fumelle. Lui, il avait l'air d'accord, et faisait oui de la tête, en écoutant.

— C'est la pure vérité, père Lhoumeau. Irma le dit toujours : l'avenir, c'est le fermage ! Qu'en pense votre gendre ? Je sais que c'est lui qui prendra votre suite, on n'est pas éternel, pas vrai, ni vous ni moi !

Ce qu'en pensait Simon, va savoir, il n'était bon qu'à faire un palisson dans son année, à s'occuper du jardin et des abeilles, il leur parlait comme à des personnes humaines, c'était peut-être à elles qu'il fallait demander.

— Pour le moment, la Colombière est de bon rapport, comme vous avez pu voir hier.

Lhoumeau baissa la voix pour ajouter :

— Après moi, ce sera une autre chanson, vous devez bien vous rendre compte, Guérineau a joué un tour de cochon à son héritier, et je prévois que tout tombera à rien. C'est pourquoi j'ai voulu arranger mes affaires tout de suite, que si dans trois ans je n'y suis plus, Adélaïde fasse quand même bonne figure.

— Pour ça, ne vous inquiétez pas. La jeunesse d'aujourd'hui ! Regardez-le donc, Rousseau-le jeune, en fait de figure, c'est celle d'Adélaïde qui l'intéresse, je veux dire ses beaux yeux et sa tournure, il m'aurait fait une scène de passer chez le notaire, heureusement, sa mère l'a mis à raison.

Pendant la conversation, Lhoumeau s'était servi sans vraiment regarder au plat. « Avec toutes ses manigances, à la Pétraud, on ne sait pas ce qu'on mange avant d'avoir goûté. J'ai cru que c'était du veau, rangé va voir comme ! La poule, tout à l'heure, ça semblait à tout, sauf à de la volaille. J'avais oublié ce nom de dieu de brochet, Adélaïde l'avait pourtant clamé, qu'il y aurait du poisson ! Je l'ai laissée faire, chère mignonne, en pensant que je m'en servirai un bout de rien. Allez donc reconnaître un poisson, dans ces petits tas ensaucés de crème, qu'on croirait des fromages mous détrevirés de la faisselle *... »

— Ce brochet, ma petite Adélaïde je sais que c'est votre idée, est le meilleur que j'aie jamais mangé !

Adélaïde sourit à sa future belle-mère.

— Je suis contente que cela vous plaise. Et tu vois bien, grand-père, tu l'aimes aussi, cuisiné de cette façon ! Tu t'es grandement servi, ça me fait plaisir, crois-le !

Aimé Lhoumeau se mit à manger, résigné. Ce goût de fraîchin l'écœurait ; heureusement, la sauce était bonne. Il but deux grands verres de vin, coup sur coup, du vin blanc de Bordeaux que les Rousseau avaient apporté, et qui descendait sans qu'on s'aperçoive. Il regarda Madeleine quitter la pièce... Elle avait un gros cul, large comme la croupe d'une poulinière, ce soir, il monterait au grenier...

A l'autre bout de la table, François parlait à l'oreille d'Adélaïde qui riait, les yeux moitié fermés. Rousseau-le jeune était de bonnes manières, il faudrait cependant veiller à ne pas les laisser seuls trop longtemps après le repas. Ils avaient le projet de se promener un peu au bord de la Vonne, avant le départ du jeune homme. Le garçon avait l'air de fort tempérament, et le vin chauffait encore plus, à la jeunesse. Le vieux se promit d'envoyer Marie avec eux, Adélaïde n'oserait pas y redire. Il en parlerait à Zélia.

Marie commençait à être fatiguée. Il était cinq heures et le repas durait toujours, dans la belle chambre. Elle avait mangé de tous les plats, entre deux allées-venues, jamais elle n'avait goûté de si bonnes nourritures. Madeleine avait profité largement de ce qui revenait, avec le farci en supplément, ce qui ne l'avait pas empêchée de grogner :

— Arrêtez de la bourrer, Emma, elle sera malade avant qu'on n'ait fini !

— Allez, à cet âge on ne se connaît pas de fond. Ce n'est pas comme vous, ma pauvre Madeleine, vous me faites peine, à manger si peu que rien...

Madeleine n'avait rien répondu, mais son air furieux avait réjoui Marie. A présent, la servante était à la remise pour donner la goutte aux valets, qui n'étaient pas loin d'avoir fini. La fillette profita de ce répit pour s'asseoir un moment sur la chaise de la Néné, et retira un des souliers dont le bout la blessait. Elle regardait la chaussure étroite tout en frottant ses orteils comprimés, à travers le bas de fil blanc. Elle avait été si heureuse, le matin, de mettre ces souliers semblables à ceux de la poupée, hormis la boucle qui était noire et non pas en pierres brillantes.

— Je les portais quand j'avais treize ans, je crois quand même qu'ils sont un peu justes pour toi...

Elle avait assuré que non, elle s'y sentait très à l'aise, tant son bonheur était grand de voir ses pieds devenus tout fins, tout mignons, comme ceux d'Adélaïde. Elle regrettait maintenant ses sabots, et pensait que c'était une drôle d'idée de faire pour les demoiselles des chaussures qui n'avaient pas forme de pied et ratatinaient les orteils. Naturellement, avec cette robe, il ne pouvait être question de mettre des sabots. Marie n'avait vu que sa figure dans la glace d'Adélaïde ; elle s'était penchée en écartant les bras, mais n'avait pu juger de l'effet produit par la robe bleue à trois volants, dont le corsage était un peu large pour elle et qu'Adélaïde avait dû resserrer par-derrière. La fillette n'avait connu que les grosses étoffes, le droguet, la futaine ou le boulanger, des bruns, des noirs, des bleus foncés qui prenaient la même grisaille, avec le temps. Ce tissu fin, vif de couleur, avec des fleurs violettes, était pour elle un ravissement, et à chaque pas elle faisait balancer sa robe.

— Mademoiselle Therville ! lui avait dit Mousin en la saluant jusqu'à terre, ne seriez-vous pas jeunette un peu trop pour faire accordailles ? Et votre promis, je ne sais s'il aura trop bonne figure, Monsieur Julien Bénéteau, lui, il a gardé ses sabots !

Marie aimait les moqueries du Grand Mousin, elle avait tourné devant lui jusqu'à ce que Madeleine intervienne.

— Tu n'as guère plus de raison qu'elle, le Limousin. Si tu as encore les yeux en face des trous, ce soir, tu la verras, sa robe, toute à loque. Jamais ça ne marche, ça saute et ça court, tu penses si cette étoffe est pour elle ! Ça n'a pas de bon sens, ce déguisement !

— Oh, Madeleine, avait interrompu Adélaïde, tu ne vas pas nous faire tes humeurs aujourd'hui ! Vois donc si elle ne me fait pas honneur, arrangée de la sorte. Tourne encore, Marie, qu'elle te voie mieux !

Madeleine avait regardé, sans plus rien dire. Adélaïde insistait :

— Elle n'est pas belle, peut-être ?

La réponse n'était pas venue tout de suite.

— Si fait, elle l'est, avait soupiré la servante.

Adélaïde et Marie s'étaient arrêtées, du coup, l'une de tourner et l'autre de questionner, toutes deux dans l'étonnement. Madeleine avait alors ajouté, de sa voix ordinaire :

— Elle ne va pas emporter le courail de la porte *, tout de même ?

Marie remit la chaussure, en forçant. La servante n'allait pas tarder à revenir de la remise, il ne fallait pas qu'elle la trouve assise. D'ailleurs, Emma Pétraud se levait aussi du banc où elle s'était posée un moment.

— Va voir s'ils ont bientôt fini, ne traîne pas, on ne sera pas trop de trois pour prendre les desserts. Une cave, il n'y a pas mieux pour tenir le frais, mais quand on n'est pas en maison bourgeoise, avec tout le personnel voulu, c'est autant de fatigue en plus pour mes jambes. Au Theuil, je n'ai qu'à dire, tout me vient à la main : deux valets de maison, deux femmes de chambre, en plus de Rose, tu imagines que c'est autre chose que de là ! Enfin pas vrai, Madeleine fait comme elle peut, et toi aussi. Mon pauvre défunt père disait toujours qu'on ne retombe jamais que sur son cul quand on veut sauter trop haut. Je ne dis pas seulement pour ici, remarque...

Marie souffla un peu, dans le corridor, la vieille Emma lui donnait comme un malaise, avec ses piques cachées sous les sourires et l'air bonasse. Elle respira un bon coup, entra dans la chambre.

— Tu peux commencer à desservir, Marie, nous avons terminé.

Terminé ? Adélaïde avait vite dit. On n'aurait pas fini de manger des ragoûts, cuits et recuits pour qu'ils n'aigrissent pas : les deux rôtis de veau étaient à peine entamés, et il restait plus de la moitié des rouelles qui avaient suivi le poisson ! Un veau, tuer un veau pour le manger ! Marie n'en était pas encore revenue. A la place des rôtis, on avait servi aux valets la tête de l'animal, et la fillette, horrifiée, incrédule, avait regardé un moment cette tête fumante, les yeux clos, posée sur un plat de terre, avec les quatre pieds tout autour.

— Tu vois, petite, ces grands bouffe-tourtias vont avoir le meilleur ! Feu Joseph Guérineau, quand il était encore au Theuil, c'était son grand régal. Il la mangeait à lui tout seul, en y mettant son temps, avec un litre d'huile et une chopine de vinaigre...

Marie, de dégoût, avait eu un haut-le-cœur, et Emma Pétraud avait ajouté en souriant :

— Je vois bien que ça te flatterait. Je me garde au chaud un bout de langue et de la cervelle, je t'en ferai goûter, et crois-moi hardiment tu aimeras ça !

« La folle ! La vieille sorcière ! Est-ce qu'elle mange aussi les yeux ? » Marie se demandait si elle aurait encore appétit pour les desserts, quoiqu'elle eût refusé de goûter aux horreurs que lui proposait Emma Pétraud.

— Ne la forcez pas, allez, avait dit Madeleine, la bougresse serait capable de rendre.

Les paroles n'étaient guère aimables, Marie en avait cependant éprouvé de la reconnaissance.

Lorsque tous les desserts eurent été disposés sur la table, Adélaïde fit signe à Marie :

— Tu peux t'en aller, à présent. Nous nous servirons nous-mêmes.

La fillette retourna dans la maison, il fallait se mettre à ranger et nettoyer. Marthe Pétraud avait commencé à laver la vaisselle, toute la joie de la journée se perdait dans les piles d'assiettes sales, les poêles et les pots qui entouraient la cheminée. Marie mit un gros devantier, prit un torchon en soupirant. Elle avait juste eu le temps de manger un peu de tourteau fromagé et des bouts cassés de gâteau sec. La vaisselle était loin d'être terminée quand ils sortirent de la belle chambre. Zélia Rougier s'approcha de Marie.

— Tu vas aller te promener avec François et Adélaïde. Tu as mérité ça, tu as bien travaillé.

Marie se précipita, les deux jeunes gens étaient déjà dans la cour, jamais elle n'aurait osé espérer un tel bonheur pour finir la journée. Elle reçut comme un coup le regard d'exaspération d'Adélaïde. Dès qu'ils furent arrivés derrière les bâtiments, dans le sentier qui descendait vers la Vonne, la jeune fille ordonna :

— Marche devant, veux-tu, et ne t'occupe pas de nous.

Marie se dirigea vers la rivière sans se retourner. Adélaïde lui en voulait, pour une raison qu'elle pressentait sans la comprendre. Arrivée au bord de l'eau, elle s'assit au pied d'un peuplier et se déchaussa.

— Les souliers me font mal... Je vous attends ici, Adélaïde, tu ne le diras pas ?

Ils continuèrent à marcher sans lui répondre ni même sembler la voir. Quand ils se furent éloignés, Marie se mit à pleurer. Elle aurait voulu que son père soit là, il l'aimait et pourtant il n'était jamais revenu. Adélaïde elle aussi abandonnait ce soir la petite bergère qu'elle avait un jour appelée « Madame la baronne Marie Therville de Chaussauvent ».

1789 à Chaussauvent

Sans la présence de Jean Therville à Chaussauvent, la révolution de 1789 serait passée sur le hameau comme l'écho d'une lointaine secousse, le souffle sans fureur qui traîne, loin du cœur des ouragans. Avec le grand Therville, il en fut autrement, rien n'allait simple et droit avec ce diable d'homme.

Ce fut l'époque où il porta aux Gâtard les coups les plus rudes, où se formèrent sur lui les jugements les plus contradictoires. Chaque couche de la société, dans le monde clos de la Gâtine, avait eu jusqu'ici une vision claire de l'ordre des choses et de la place des hommes. Jean Therville apporta, là encore, les bouleversements qu'il semblait faire naître sur son passage comme si le destin l'avait un jour porté ici pour faire lever le germe des interrogations et des doutes. Et pourtant, que n'avait-il fait, déjà, tout au long de ces sept années, durant lesquelles les Gâtard, dans l'impuissance et la désolation, avaient vu s'effilocher leur bien, jusqu'à n'en plus garder que de minces parcelles, à peine suffisantes à leur survie. Vendus, disparus, arrachés, les Alleuds, Tue-Loup et les Essarts, les Ardillets et le Buchet, d'autres encore dont les noms témoignaient du travail et de la sueur de leurs ancêtres...

Après l'affaire de Cathelin Gendron, Jean Therville s'était tenu à l'écart des pucelles, et portait vers les femmes mariées, les jolies, les fraîches, les rusées. Il y eut quelques maris cocus à venir chercher querelle à Chaussauvent. Ils furent l'exception, la peur du ridicule cloua le bec à la plupart d'entre eux. Louise en devint seulement plus sèche et plus aigrie, la mort de sa mère l'ayant entre-temps privée du seul appui qu'elle se sentait. Trois enfants étaient nés, depuis son mariage : Jean, d'aussi belle figure que son père, mais dont on était sûr à présent qu'il resterait pauvre d'esprit ; des jumeaux, Louis et Louise, venus deux ans plus tard, et qui épuisaient leur mère de cris et d'agitation. La jeune femme portait souvent sur ses enfants un regard de désolation et de rage, ce qu'elle souffrait la nuit n'était pas adouci par la vue des trois petits Therville : elle se sentait à jamais Gâtard, Louise Gâtard, et voyait dans sa progéniture une punition du ciel, à la dimension de sa faute.

Pour le malheur de sa famille, Jean Gâtard était resté sous le charme de cet homme possédé de rêves et d'aventures et suivait jusqu'au désastre ses impulsions les plus folles. Chaque morceau vendu le désespérait davantage, mais il retombait vite dans sa faiblesse, lorsque son gendre repartait vers un autre projet qui devait permettre de tout sauver. « Au-delà, vous verrez, père, il faut oser ! » Et Jean Gâtard, ayant perdu toute raison, se prenait à nouveau d'enthousiasme. Après les chevaux qu'il fallut vendre à perte quand ils eurent épuisé les terres de fourrage et de grains, Jean Therville fit entreprendre l'engrais des bœufs : ne pouvait-on faire aussi bien que les Normands, qui venaient acheter moins que rien les bœufs maigres, sur toutes les foires, et les revendaient engraissés, à prix d'or cette fois, pour l'approvisionnement des villes ? L'échec fut aussi évident, et plus rapide encore que pour les chevaux. Maigres ils avaient été achetés, maigres ils furent revendus, sans plus de profit que de les avoir nourris deux ans !

Il venait aussi à Jean Therville d'autres coups de folie contre lesquels Gâtard luttait un moment et cédait, subjugué une fois encore.

— Les Therville, pauvres comme Job sur son fumier, en les derniers temps, ont toujours su donner, mon sang ne pourrait mentir.

Ainsi tout un tombereau de pommes partit vers l'orphelinat de Parthenay, plusieurs charrois de fagots allèrent à l'hospice de Gâtebourse. Une somme d'argent, dont le manque se ferait sentir à Chaussauvent, fut offerte aux dames de Sainte-Croix pour broder une nappe d'autel, et l'on prêta un mois l'unique valet restant sur la ferme à une veuve dans le malheur. Jean Gâtard finissait toujours par accepter ces gestes insensés, si contraires à sa nature. Aux prêches du dimanche, il entendait le curé remercier Monsieur le Marquis d'Orvault, Monsieur le Marquis de la Sayette, ainsi que les familles Therville et Gâtard, de Chaussauvent, pour les dons qui leur seraient comptés au ciel. Il ne regrettait pas alors de s'être dépossédé.

Il en alla autrement lorsque Jean Therville conçut l'idée d'envoyer Aimé Lhoumeau, le petit berger, suivre l'école de paroisse pendant les mois d'hiver, pour y apprendre à lire. Non seulement il faudrait se passer de lui pendant quatre mois, mais encore on devrait payer, et pour quoi cette fois ? Était-il de raison qu'un berger apprenne ses lettres, savait-il lire, lui, Gâtard, et s'en portait-il plus mal ? Il n'en fallait plus discuter, c'était non, cette fois.

— Père, je vous assure, l'enfant est vif de tête comme je n'en ai guère vu, c'est malheur de laisser dans la nuit l'intelligence des hommes. Des temps nouveaux arrivent, et l'instruction sera dans peu le premier besoin de chaque créature.

Jean Gâtard ne cédait pas.

— Cet enfant nous est étranger, vous verrez plus tard à faire avec les vôtres, si c'est votre fantaisie. Je garderai mon berger à belle année, et ne donnerai pas une pièce pour ces fariboles.

Jean Therville n'insista pas. Deux mois plus tard, il déclara, au retour d'un marché à Parthenay :

— Aimé partira demain, père, j'ai gagé un autre berger, et lui ira en pension chez les frères, j'ai payé pour quatre ans. Dans les écoles de paroisse, les maîtres sont ignorants presque autant que les élèves, Aimé mérite mieux. J'ai vendu la Petite-Foye. Elle appartenait en propre à Louise, je la lui avais offerte en cadeau de noces. Je pouvais donc en disposer sans vous en demander avis.

Jean Gâtard et sa fille virent ainsi partir la meilleure terre qu'ils aient jamais possédée ; sans doute ne serait-il rien resté de la ferme de Chaussauvent, si la révolution n'avait enfin donné à Jean Therville l'occasion de déployer ailleurs ses démesures, tandis qu'eux se tuaient de travail, pour tirer ce qui se pouvait encore des restes de leur domaine. Il ne fut pas besoin de sonner la cloche, à la sortie de la grand-messe, le premier dimanche de mars 1789. Depuis trois mois, Jean Therville battait partout rappel, pour amener les paroissiens à la réunion qui devait établir le cahier de doléances des habitants de Vasles. L'assemblée fut différente de ce que Lamarque, seigneur de la Rousselière, présidant la séance, avait imaginé. La voix de Jean Therville couvrit la sienne, il parlait d'honneur et de justice et tous retrouvèrent, à peine vieilli, le jeune cavalier arrivé huit ans plus tôt, éclaboussant la comtesse de Rougemont avant de s'incliner devant elle.

A l'occasion de ces chevauchées pour rameuter les habitants des villages, Jean Therville fit connaissance de Joseph Guérineau, et les deux hommes se plurent, attirés l'un l'autre par leurs ambiguïtés contraires : le fermier de la Rinchardière luttait contre les privilèges pour se les accaparer et l'aventurier d'Amérique rêvait le bonheur et la liberté pour tous, sans jamais se pencher sur l'injustice et le malheur où il plongeait les siens.

Le jour où le Grand Mousin dansa avec un mort

1er juillet 1845

En entrant dans la maison, le Grand Mousin fit un effort sur lui-même pour demander d'une voix à peu près ordinaire, malgré la colère qu'il sentait en son dedans :

— Êtes-vous prêtes, mes belles dames ? Charles et Louis ont fini d'atteler la charrette anglaise, il faut y aller !

Adélaïde n'avait pas l'air d'être en humeur de rire, elle non plus. Depuis une semaine qu'avaient eu lieu ses accordailles, elle avait traîné à longueur de jour une figure de désolation. Attendre trois années, quand on a dix-sept ans, cela semble une éternité ! Mousin ajouta pour elle, en se forçant au sourire :

— Regarde donc Marie, elle n'est pas comme nous, la vois-tu guillerette à l'idée de tourner la ronde ? Ton grand-père, il doit penser de couper la poire en deux, comme à la foire : moi trop vieux, elle encore drôlesse, il croit que ça fait la pesée ! Allez ouste, mes jolies, puisqu'il n'y a pas à échapper...

C'était le juste mot qui lui était venu, il n'y avait pas « à échapper ». Le vieux devait s'impatienter, en attendant le départ de la charrette ; comme chaque année, depuis six ans, le premier dimanche de juillet, il fallait s'en aller danser, au Theuil, autour de la stèle de Guérineau [1]. Le vieux Joseph avait joué son dernier tour de cochon à la société, et surtout à son fils adoptif, avant de mourir. Par testament, il avait demandé que son corps soit taillé et mis en pièces, pour que des godelureaux étudiant médecine à Poitiers en fassent leur profit. Son cœur, conservé dans l'esprit de vin, prendrait place dans un pot d'étain renfermé dans une colonne de marbre, elle-même dressée au milieu du parc, dans le labyrinthe de buis, comme une sentinelle à monter la garde ! Le Grand Mousin en ressentait toujours indignation et scandale. « C'est beaucoup à supporter, sans doute, même pour un salaud de franc-maçon comme Guérinière ! On a beau ne pas croire à la résurrection de la chair, ça doit être dur de penser son père découpé comme une bête de boucherie, et d'imaginer son cœur nageant dans l'eau-de-vie, à quatre pas de sa demeure. Sûr que de son vivant, il l'a aimée, la gnôle ! Enfin, quand même ? Imagine-t-on des affaires pareilles ? » Il avait encore ajouté à la plaisanterie, Joseph Guérineau, parce qu'il savait son fils adoptif avare autant qu'ingrat : des jeunesses de Vausseroux et de Vautebis devaient danser tous les ans autour de la stèle, et l'héritier, à cette occasion, était tenu de verser aux pauvres des deux communes une somme conséquente !

Chaque année, le nombre de danseurs diminuait, tout cela choquait le monde. Ils avaient été une quarantaine, les premiers temps. A présent, il en restait la moitié à grand-peine, uniquement des métayers du Theuil. On pouvait être sûr et certain, le jour où ne viendrait plus qu'une seule métairie, ce serait la Colombière ! Ils étaient six à aller faire les pantins aujourd'hui, puisque le vieux avait même envoyé Julien et Marie, les seuls d'ailleurs à se réjouir. Aimé Lhoumeau restait là-dessus intraitable, il disait que ce n'était pas pour plaire au nouveau maître du Theuil, mais pour honorer les restes et les dernières volontés de Joseph Guérineau, il n'avait garde d'oublier ce qu'il lui devait.

---

1. Les détails concernant Guérineau et Guérinière sont des faits réels.

Dans un an Mousin irait sur ses quarante, et le vieux aurait beau dire et beau faire, c'en serait fini pour lui de cette mascarade. Est-ce qu'on allait danser sur les tombes ? Pourquoi pas y pisser, tant qu'on y était ? Il était bon chrétien, Landry Rebeyrolles, et il se faisait souci de pareilles singeries, à quoi il était obligé. Un mort, même si de son vivant — c'était le cas — il avait été un pas-grand-chose, on lui devait silence et honneur, et non pas des cabrioles en suivant la veuze et le violon dans le labyrinthe du Theuil ! Ou alors, si on lui jouait de la musique à son enterrement, c'était une belle musique à faire pleurer, comme une fois il avait entendu, en passant à Limoges devant la cathédrale Saint-Michel.

« En avant deux, les quat's autres, et balancez... » Devant un mort ! Et même s'il n'en restait qu'un bout de viandasse dans l'eau-de-vie ! Il semblait à Mousin qu'il aurait à rendre compte de cette danse, au jour de son Jugement, et il s'en était inquiété à confesse.

— Mon fils, le serviteur doit suivre son maître, c'est à lui que le péché sera compté et non à toi qui ne fais qu'observer les règles d'obéissance de ta condition. N'oublie pas non plus l'importance de la somme versée à cette occasion pour les pauvres de nos paroisses, et va en paix.

Les paroles du curé ne rassuraient Mousin qu'à moitié. Il n'imaginait pas le Bon Dieu comptant les sous comme maître Guérinière et pensant : ça va, il y a assez pour que je pardonne.

Ce qui enrageait Mousin plus que tout, cette fois, c'étaient les deux dimanches qu'on lui volait, un domestique avait juste le dimanche, entre l'ouvrage du matin et celle du soir, pour se sentir un homme disposant de lui-même, et voilà que de ce peu de temps de vie et liberté, il n'en était pas maître ! Dimanche dernier, pour les accordailles d'Adélaïde, il n'avait pas voulu faire injure de refus à l'invitation de la jeune fille, il l'aimait de bon cœur. Il n'avait quitté la ferme qu'à cinq heures sonnées pour y revenir à sept ! Il était passé à travers champs, les fauches étant faites, pour arriver plus vite au Cheval Blanc. La salle de l'auberge était grand-pleine, à cette heure,

Céline avait à faire à toutes les tablées. Elle parlait, riait avec tout le monde, elle lui avait dit seulement : « Salut, le grand... » avec le regard lointain qui lui venait quand elle était fâchée. Les autres dimanches, il arrivait aussitôt la messe finie. Vers midi, il ne restait plus dans la salle que deux ou trois boit-sans-soif qui avaient commencé à la blanche dès onze heures. Les servantes suffisaient à y voir jusqu'au retour de la pratique, vers les trois heures. C'était dans ce moment que Mousin, sorti d'abord avec les autres, revenait par la porte de derrière et allait dans la chambre où Céline le rejoignait bientôt. Personne n'était dupe et les allusions ne manquaient pas, au moins on sauvait les apparences, c'était lui qui y tenait. Il s'était habitué à grand-peine aux façons de Céline, qui vivait en tranquillité leurs amours, et n'acceptait les ruses et cachotteries de Mousin que pour lui plaire, il en avait conscience. La pudeur et la dissimulation propres aux femmes, elles étaient en lui et non dans sa bonne amie. Il avait fini par se faire à un tel bouleversement de l'ordre des choses, comme il avait pris goût de se mettre au lit à plein midi, avec une compagne d'amour et de caresses, la première et la seule qu'il ait vue nue de tout son corps et qui disait : « Je vais en mourir, cette fois, je vais mourir... »

Il n'aurait pas sa belle Céline, aujourd'hui encore, à cause de ce foutu bonhomme de Guérineau, qui passerait son éternité bout-ci bout-là ; Mousin se consolait un peu à se dire que même haché menu, le vieux fou rôtissait grillait aux flammes de l'enfer, mieux peut-être qu'en son entier : le feu éprenait davantage aux brindilles qu'aux souches. L'idée ne lui était pas de grand secours, en ce dimanche ; s'il lui restait un peu de temps pour passer au Cheval-Blanc, après leur retour à la Colombière — et il n'en avait guère espoir — ce serait pour qu'Odette ou Jeanne lui servent du vin dont il n'aurait pas envie, avec l'air de lui dire : mon pauvre gars, encore ceinture aujourd'hui ! Non, il préférait ne pas aller au Cheval-Blanc, après le bal à Guérineau, plutôt que de souffrir ça ! Un autre homme avec elle, dans la chambre de leurs dimanches... L'idée le fouillait comme un couteau. Et tout le reste de la semaine, que se passait-il là-bas ? L'auberge restait à peu près vide de fermiers et de valets, sauf aux jours d'enterrement, mais il venait des rouliers, des colporteurs, des marchands de bêtes. Céline riait de ses questions détournées.

— Limousin, je suis maîtresse de ma vie, je n'ai plus ni mari ni père. Tu es trop curieux, et si tu ne m'aimes pas comme ça, alors tu me laisses !

Le doute restait, il ne fallait plus qu'il y pense, son cœur sautait à l'étouffer aux images qu'il se faisait. D'ailleurs on arrivait au Theuil, la mascarade allait commencer, le château paraissait à droite du chemin, dans la coulée des arbres. Mousin arrêta le cheval.

— Regarde, Marie, nous voilà au Theuil, tu peux voir, c'est une belle demeure, les diables ne se saquent pas dans des toits à gorets !

Ils étaient quand même à l'étroit, à six dans la charrette anglaise. Julien était assis à l'avant, entre le Grand Mousin et Charles, et Marie à l'arrière, entre Adélaïde et Louis. Elle regrettait beaucoup de n'être pas aussi belle que dimanche dernier, dans la robe bleue des accordailles. Elle avait un moment espéré la remettre pour une telle occasion, la patronne avait mis le holà quand Adélaïde en avait parlé.

— Elle ira comme les valets, sur son propre. Ce serait mal vu au château que tu l'attifes demoiselle.

Adélaïde n'avait pas trop insisté. Elle s'était acharnée pendant deux jours à discuter pour échapper à ce qu'elle appelait « une corvée dégoûtante », sans résultat. Pour une fois, le patron était resté intraitable, ne s'était laissé prendre ni à pleurs ni à sourires.

— Je n'allais pas recommencer à batailler pour une malheureuse robe. D'ailleurs, tu es presque aussi belle comme ça, et rappelle-toi donc les souliers !

Elle avait seulement veillé à ce que Marie soit coiffée d'un bonnet neuf, avec une bordure de dentelle, et lui avait mis un mouchoir de cou à franges, qui donnait quand même à sa tenue un petit air de toilette. Dans la voiture, Adélaïde avait étalé sa robe sur les genoux de Marie, pour éviter qu'elle soit froissée.

— Ce taffetas prend tous les plis, sois gentille, n'y pose pas les mains.

Marie se tenait les bras croisés, résistant à l'envie de tripoter l'étoffe de soie, et les rubans rayés de violet et de blanc qui en faisaient ressortir la couleur « vieux rose ». Elle se demandait si elle remettrait une fois la robe bleue à bouquets mauves, ces volants, ces manches bouffantes, cette étoffe légère qui auraient fait si bon effet à la danse. Elle décida de ne plus y penser, de ne pas gâcher la journée à ce regret, de profiter tout à plein du bonheur qui se présentait à l'imprévu. C'était hier seulement que le patron avait résolu d'envoyer au Theuil Julien et Marie. Il avait appris au marché de Vausseroux que les danseurs seraient moins nombreux encore que l'an passé. La Colombière devait combler le manque, les deux drôles iraient danser, pas de discussion ! Zélia Rougier avait quand même essayé.

— Pourquoi pas Madeleine Chapeleau, du train que tu y es ? Sois sûr qu'on fera encore causer !

Devant l'air malcommode de son père, elle n'avait pas insisté, elle s'était rattrapée d'autorité en refusant que Marie mette la robe bleue. Bah ! Ce n'était rien par rapport à la joie de cette journée. Pour la première fois, Marie se déplaçait en charrette, c'était quand même autre chose que d'aller de ses pieds ! Jamais elle n'avait vu les chemins et les champs du haut d'un attelage, la sensation était neuve et excitante, elle reconnaissait à peine la route sur laquelle elle avait marché auprès de son père. Les haies, les arbres, et même la distance, avaient rapetissé. On croyait juste avoir quitté la Colombière, on entrait dans Vautebis. Le bourg à peine traversé, on apercevait déjà le clocher de Vausseroux. L'an passé, sur le même chemin, elle n'éprouvait que tristesse, incompréhension et déchirement. Les souvenirs de malheur s'éloignaient dans la nouveauté de ce voyage, même les cahots de la charrette lui faisaient amusement, elle aurait voulu que le trajet dure encore longtemps.

— Tu vas trop vite, Mousin, on sera tout de suite rendus. Tu devrais mettre Breton au pas.

Les premières maisons de Vausseroux apparaissaient, Mousin tira sur les guides.

— Ce n'était qu'un petit trot, drôlesse, il ne va pourtant guère vite, pauvre Breton, avec six paroissiens à tirer dans une charrette à quatre.

Julien se tourna vers Marie.

— On voit que tu n'es jamais sortie de ton trou, ma pauvre fille ! Moi, une fois, j'ai pris la patache pour aller à Parthenay, on filait autrement vite !

Le Grand Mousin fit revirer Julien d'une bourrade dans les côtes.

— Tu as pris la patache, comme moi je suis monté en chaire pour faire le sermon de Pâques. Paix, les drôles ! L'une trouve qu'on file trop vite, l'autre pense qu'on traîne le pas, je peux vous mettre à bas, si vous voulez, et vous irez à votre guise. Ça nous soulagerait, vu qu'on est serrés comme harengs en caque. Fé dé Di ! Tapez un peu vos goules !

Adélaïde se pencha vers Marie et lui dit tout bas :

— Il est de travers, le grand, il jure dans son patois, je sais pourquoi...

— Moi aussi, je le sais, c'est Julien qui me l'a dit !

La jeune fille sourit à Marie. Elle avait souvent l'air triste, depuis le départ de François, mais elle faisait de nouveau preuve de tendresse et d'attentions envers la petite. Au soir des accordailles, lorsque les deux jeunes gens étaient revenus du bord de la Vonne, Marie pleurait toujours, assise au pied de l'arbre. Adélaïde s'était agenouillée près d'elle, l'air étonné de la retrouver là. La jeune fille semblait émue, les joues rosies, les yeux brillants.

— Pourquoi pleures-tu, follasse, n'as-tu pas passé une bonne journée ?

Marie avait senti une honte à dire son désarroi, elle avait menti.

— Ce sont les souliers. Tu avais raison, ce matin, ils me sont beaucoup trop petits.

Adélaïde avait paru soulagée et s'était redressée en tirant Marie par la main.

— Tu n'y croiras plus, hein, François, qu'elle se soit battue avec un loup, maintenant que tu la vois pleurer d'un mal aux pieds !

François n'avait pas répondu tout de suite.

— Si fait, j'y crois toujours. Et de la tournure qu'elle est, je suis sûr qu'un autre loup la croquera un jour !

Adélaïde avait fait mine de se fâcher.

— Ne dis pas de ces bêtises, voyons ! Elle n'a que neuf ans, tu vas l'effrayer. C'est des jolis garçons, qu'il parle, et ce genre de loups, il suffit de leur tirer les oreilles, et de les décoiffer, comme ça, tu vois ?

Marie s'était sentie troublée, jusqu'à en éprouver un malaise, par les deux images ainsi rapprochées : le jeune homme qui riait en secouant la tête, la gueule de la louve tenaillée de faim, et qui voulait tuer. Les deux fiancés étaient l'image du bonheur, leurs paroles insensées mêlaient la joie avec la peur, la mort avec l'amour. Ils étaient fous, les amoureux étaient toujours fous, dans les chansons, ces deux-là en portaient la preuve et Marie se promit d'oublier leur déraison. François avait repris le bras d'Adélaïde, ils étaient revenus tous trois vers la maison, en s'arrêtant souvent. Adélaïde s'était mise à pleurer, son fiancé lui parlait tout bas à l'oreille, elle secouait la tête, non, non, sans lâcher la main de Marie. En arrivant dans la cour de la Colombière, ils s'étaient arrêtés un moment. La mère d'Adélaïde les regardait depuis le seuil de la porte, l'air malcontent ; elle avait crié à Marie :

— Te voilà enfin ! Va quitter cette robe, et vite, tu dois traire, les chèvres ne s'occupent pas de fête, elles !

Le cabriolet des Rousseau était attelé, Louis Chantecaille tenait à la bride le cheval de François. Tous les valets étaient rentrés, les bruits habituels venaient par les portes ouvertes des écuries. La voix de Mousin, sur le ton des mauvais jours, disait assez, sans que Marie saisisse les paroles, que la vie de tous les jours reprenait ; le travail commandait, ainsi que le répétait toujours le patron.

Elle était vite montée dans la chambre d'Adélaïde, pour reprendre ses vêtements, un pauvre tas sur la courtepointe à ramages qui semblait dire les paroles mêmes de son père : « Va, la vie est bien triste, ma pauvre enfant... » En descendant l'escalier, elle avait pensé à une histoire qu'Adélaïde aimait à raconter : Cendrillon, qui retournait à sa pierre de foyer après le bal. Elle aussi, elle était redevenue Marie Therville, gagée bergère à la Colombière pour sa nourriture et une paire de sabots. Si elle en perdait un, pas de danger qu'un prince le ramasse ! « Va, la vie est bien triste... »

Dès le lendemain, Marie avait retrouvé l'ardeur à vivre qui était le fond de sa nature, ardeur si forte en elle que n'avaient pu l'abattre ni la haine de la mémé Gâtard, ni l'abandon de son père, ni la bête de Champ-Cornu. Au soir des longs jours de juin, en attendant les hommes qui rentraient les foins jusqu'à la nuit tombée, Marie se retrouvait dans l'ouche avec Adélaïde, et la tristesse de la jeune fille cédait pour un temps, elle revenait toujours à décrire la robe blanche qu'elle voulait pour son mariage.

— Du blanc, c'est ce qui se fait en ville, avec de la dentelle de Calais, on ne trouve pas plus fin, la jupe en moire, c'est moins blanc, un peu crème, tu vois ce que je veux dire ?

Non, Marie ne voyait pas, pourtant elle ne se lassait jamais à l'évocation de la robe de mariée, elle y avait plaisir, tout comme elle aimait à regarder, étalé sur ses genoux, le taffetas « vieux rose » de la robe de cérémonie qu'Adélaïde avait mise aujourd'hui, pour aller à cette danse qui — soi-disant — l'ennuyait si fort.

Lorsque Mousin arrêta la voiture pour lui montrer le château du Theuil, elle resta muette. Elle n'avait jamais vu cette grande demeure dans sa splendeur de verdures et ressentait pourtant la certitude de la connaître déjà : le château était, dans la simplicité de sa façade, comme un grand frère majestueux de la Colombière. L'ardoise remplaçait la tuile sur le toit à quatre pans ; les fenêtres, plus hautes et plus nombreuses, encadraient pareillement l'unique porte d'entrée, et faisaient à l'étage le même alignement. Au lieu des trois œils-de-bœuf des greniers de la ferme, sept croisées à fronton pointu se détachaient sur le toit : celle du milieu, plus élevée, donnait juste le même effet que la lucarne en hauteur de la Colombière, à l'aplomb de la porte.

— Il ressemble à la Colombière, vous ne trouvez pas ?

La réflexion les fit tous rire, sauf Louis Chantecaille. Julien, tourné vers elle, se frappait la tempe de son index replié.

— Mais si, je vous dis ! On enlève les deux bouts, regardez, entre vos mains, je vous acertaine que ça ressemble !

Louis Chantecaille ne parlait pas souvent, il riait moins encore, et contrairement aux autres valets, il semblait ignorer la présence de Marie, dont il ne faisait pas plus de cas que d'un objet. Elle fut surprise de sa réaction, personne ne riait plus dans la charrette.

— Enlevez les deux bouts ! Prenez-y votre temps, sciez le Theuil avec un passe-partout et vous aurez les visions de Marie Therville ! Un château, une ferme, c'est du pareil au même pour cette drôlesse... J'ai vu dire qu'elle avait un grand-père un peu fou, et de ces idées, justement !

Marie fut étonnée, plus encore que blessée, par le ton du jeune homme, la rage de sa voix, et pressentit, comme autrefois avec la mémé Gâtard, de n'être qu'un dérivatif à une autre colère. Elle devinait de façon confuse l'ambiguïté des rapports entre les êtres et comprenait vaguement que Louis, au travers d'elle, exprimait des rancœurs dont elle n'était pas cause.

Le Grand Mousin se tourna vers Chantecaille, l'air mauvais qu'il pouvait avoir, à de certains moments ! Il y eut un instant de silence, Adélaïde prit la main de Marie. Mousin respira un grand coup.

— Cette drôlesse, elle dit ça dans l'innocence, tu as tort de lui porter insulte, je vais...

Adélaïde interrompit le va-devant.

— Nous sommes tous contrariés, aujourd'hui, sauf les deux petits, ils ne voient que la nouveauté d'une sortie. Ne commencez pas, vous autres, ça n'est pas le jour à s'expliquer de vos graisses de cœur ! Tu dois en convenir Louis, et toi aussi Mousin, qui en as ri d'abord. Marie a raison, il y aurait de la ressemblance, et ce n'est guère étonnant, puisque c'est Guérineau qui a fait bâtir les deux. Va, repartons, Mousin, nous arriverons les derniers, et pépé sera mécontent s'il vient à le savoir.

La charrette anglaise s'engagea dans l'allée du Theuil ; on ne voyait plus le château, à présent, il était caché par les ormes et les tilleuls dont l'ombre épaisse, après le soleil du chemin, les saisit de fraîcheur et de calme. Chantecaille ne répondit pas, d'abord, à Adélaïde. Marie, serrée entre eux deux, regardait par en dessous le jeune homme, encore surprise qu'on lui ait fait injure de ce grand-père Jean Therville, mort depuis si longtemps que son père lui-même en conservait peu le souvenir, tout ce qu'il en savait lui venait d'un frère beaucoup plus âgé, Louis, que Marie n'avait pas connu. Chantecaille baissait la tête ; ses cheveux, qu'il portait longs à l'ancienne mode, lui cachaient le visage. Au bout d'un moment, il se redressa.

— Rassure-toi, Adélaïde, je n'en ai plus pour longtemps, avec le Limousin. Le patron le sait déjà, et je vous l'annonce à tous : à la Saint-Michel, je pars à la Sapinière. Les Pougnard n'ont plus de va-devant depuis que Pavageau s'est cassé le rateau d'échine en tombant de l'orme qu'il élaguait. Ton grand-père s'y attendait de longtemps, il n'a pas eu de surprise. A dix-huit ans, lui, il était grand valet. Moi, j'en ai sept de plus, et si je restais, je deviendrais comme Jean et Jacquet, à ne connaître que d'obéir toute ma vie.

Mousin arrêta la charrette et se tourna de nouveau, l'air aimable cette fois, ou peut-être était-ce la feuille mâchonnée entre les dents qui lui faisait comme un sourire ?

— C'est très bien, parfait bien, mon valet ! Te voilà va-devant, et à la Sapinière, encore... Tout y va bari-bara, à ce qu'on sait, tu auras de l'ouvrage pour redresser. Tu verras, c'est du tout bon, de commander les uns en étant mené par un autre. On est benaise, entre le marteau et l'enclume, il y faut la couenne solide, tu me remercieras de te l'avoir durcie. Hue, Breton ! Charles, l'année prochaine, c'est toi qui mèneras ces belles demoiselles au bal à Guérineau. Je te connais bon gars, Marie Therville pourra rire sans que tu trouves à reprendre. Hue donc, ma carne ! Avance ! Deux grands valets, c'est un de trop pour toi, sans doute ? Avance, fé dé Di ! Pour le moment, tu n'en tires encore qu'un, d'ici la Saint-Michel, il y a de l'ouvrage à tourner.

A présent, le Grand Mousin faisait à Chantecaille un bon franc sourire.

— Tu vois, Louis, j'aurais autant aimé ne pas savoir...

Marie fut soulagée de l'humeur de Mousin, et se demanda pourquoi Adélaïde le regardait d'un air inquiet.

Adélaïde descendit la première, lorsque Mousin eut arrêté la charrette sur le terre-plein du château. Sa robe n'était pas trop froissée, et elle vérifia de la main si ses cheveux étaient restés coiffés. Elle avait roulé ses anglaises à l'eau sucrée, pour qu'elles ne se défassent ni à la chaleur ni à la danse. Même un jour comme aujourd'hui, il lui plaisait de se sentir belle et admirée. Mousin fut le dernier à terre, il rappela Chantecaille qui s'éloignait déjà.

— Emmène Breton jusqu'aux écuries. Tu dételleras et tu le bouchonneras à fond, il est en écume. Attends un bon moment avant de le faire boire, il est sujet aux coliques, tu le sais. Prends garde...

Louis prit les rênes et partit vers les communs, sans répondre. Il y avait une menace dans le « prends garde » jeté par Mousin, et dont Breton n'était pas cause. Adélaïde était en inquiétude : presque trois mois avant la Saint-Michel, un long souci à se faire avec eux deux. Quelle rage avait saisi Louis, et sur un si mince prétexte ? Et voilà qu'en plus il annonçait son départ, comme un défi au grand valet, lui qui d'habitude ne sonnait mot ! Dès ce soir, elle en parlerait à son grand-père, lui seul pourrait les mettre à raison, pour que l'ouvrage n'en souffre pas. La violence, les cris, les colères du Limousin, tout le monde y était habitué, il n'y avait guère que Charles à ne pas savoir s'en garer à temps, même Julien avait fini par s'y faire. Elle se méfiait davantage de Louis, de cet enfermement où il se tenait, de ce visage où ne venait jamais le moindre sourire. En cinq ans, elle à qui tout pliait, elle n'avait pu forcer la plus petite brèche dans le caractère d'ombre et de silence du jeune homme. En même temps qu'elle s'en effrayait, la jeune fille ressentait à les avoir se heurter, lui et le Grand Mousin, un trouble qui la mettait mal à l'aise et lui faisait un goût de péché. Adélaïde prit la main de Marie, la petite était restée près d'elle.

— Charles et Julien, partez devant avec Mousin, nous vous rejoindrons au labyrinthe. Je dois saluer maître Guérinière, je garde Marie avec moi.

Joseph Guérinière se tenait devant la porte ouverte de sa demeure, l'intendant Dieulengard à son côté.

— Avec un nom pareil, disait toujours Mousin, le Bon Dieu aurait quand même pu le garder d'être au service d'un mécréant !

Adélaïde s'avançait, elle sentit la main de Marie qui la tirait en arrière.

— Regarde donc, il ressemble au vieux jars quand il lève le cou pour pincer !

La jeune fille n'avait guère envie de rire, elle fut quand même obligée de s'arrêter pour être sûre de faire bonne figure devant le châtelain du Theuil, et non pas lui pouffer au nez. Ah ! Marichette, Margoton ! Chaque jour, depuis un an bientôt, Adélaïde se réjouissait d'avoir près d'elle cette fillette, vivante et fine d'esprit, qui l'avait sortie de sa solitude d'enfant unique, lourde à supporter depuis son séjour aux Ursulines. Elle sentait qu'on lui passait cette amitié comme un caprice, n'importe, elle en profitait, et Marie aussi, qui avait changé de mine depuis son arrivée ! La belle petite que c'était, à présent, peignée, lavée, habillée propre. Le soleil lui hâlait le teint, malheureusement, mais ses cheveux châtains y prenaient des reflets dorés, et ses yeux en paraissaient plus bleus. Et toujours ce goût à rire, alors qu'elle en avait tant vu, pauvre petite, et que son père, finalement, l'avait abandonnée... Elle ignorait encore, Dieu merci ! Adélaïde se pencha, fit semblant de lui arranger son mouchoir de cou, et l'embrassa.

— Tais-toi, espèce de folle, ou c'est moi qui vais te pincer, comme le jars.

Guérinière les regardait approcher, redressé de sa petite taille, le cou maigre sur le jabot de soie blanche. Le vieux jars... Adélaïde se mordit les lèvres. Quel âge pouvait-il avoir ? Dans les quarante, assurait le pépé. Il en paraissait cinquante et plus. Il était resté célibataire. Adélaïde arrangea son écharpe de gaze sur son décolleté. Elle aimait plaire, mais le regard de maître Guérinière sur sa poitrine la dérangeait chaque fois jusqu'au dégoût, de même que les mains qui s'attardaient volontiers sur les bras, les épaules, en gestes qu'on aurait pu croire d'amitié...

— Bonjour, ma chère enfant, je suis, comme d'habitude, honoré de votre présence.

Adélaïde fit la révérence apprise aux Ursulines, elle reprit la main de Marie et s'assura d'un coup d'œil de l'effet produit sur la petite par d'aussi jolies manières. Elle tourna vite la tête, le regard de Marie disait : « En voilà, des singeries ! »

— Nous n'attendions plus que la Colombière, tout le monde est arrivé. Entrez, je vous prie, Adélaïde, avant de rejoindre les autres autour de la stèle. Rose a préparé de l'orgeat qui vous conviendra mieux que la frênette * ou le vin servis dans le labyrinthe. Vous avez dû avoir si chaud... Dieulengard, allez dire qu'on se tienne prêt. Va aussi, petite.

François s'était mis en rage quand Adélaïde lui avait parlé des façons de maître Guérinière.

— Ne reste jamais seule avec ce vieux cochon, tu m'entends ?

Elle attira Marie plus près d'elle, et fit son air très demoiselle.

— Si vous le permettez, maître, je vais garder Marie Therville auprès de moi. Elle a un peu peur, voyez-vous, elle n'a encore jamais dansé, et je redouterais qu'on ne se moquât d'elle, hors de ma présence.

Adélaïde s'écoutait parler avec un vif contentement d'elle-même. Elle craignit un instant une réaction de Marie qui l'aurait mise en embarras, avec elle savait-on ? Elle aurait pu répondre que non, elle n'avait pas peur, quelle idée tout d'un coup, elle était contente au contraire ! Adélaïde lui serra la main plusieurs fois, en avertissement. La petite, heureusement, resta silencieuse.

La jeune fille prit place sur un canapé de velours vert, admirant l'effet qu'y produisait sa robe rose. Elle s'éventa du bout de son écharpe, et chercha le regard de Marie. Marie Therville ne voyait plus personne. Debout au milieu de l'immense vestibule, elle regardait les animaux empaillés qui en garnissaient les meubles et les murs. Sur une console de bois noir, une louve allaitait ses deux petits, entre des chandeliers d'argent.

Marie n'avait pas la notion de l'heure qu'il pouvait être, dans l'ombre verte des buis du labyrinthe, lui-même enfoncé au profond d'une futaie de hêtres et de trembles ; elle ne s'était pas non plus rendu compte du temps écoulé, pendant qu'Adélaïde et maître Guérinière faisaient conversation, dans le grand corridor du Theuil qu'ils appelaient le « billard ». La jeune fille l'avait rappelée au bout d'un moment.

— Viens près de moi, Marie, et tiens-toi bien. Excusez-la, maître, elle ne peut connaître les usages. Assieds-toi, et cesse de regarder partout.

Adélaïde s'était un peu poussée, et l'avait fait asseoir entre elle et maître Guérinière. Elle lui avait donné un petit coup de coude, Marie y avait senti une complicité qui démentait le ton de la réprimande. Elle en avait été un peu soulagée de l'angoisse où la mettaient toutes ces bêtes immobiles, ces cornes, ces sabots, ces griffes, ces têtes aux yeux fixes qui sortaient des murs, les oiseaux même faisaient menace, becs crochus, pattes agrippées à des branches torses. Et surtout, des loups... Loups gris, noirs ou fauves, les uns assis, tête levée, d'autres qui semblaient courir, fichés sur un bâton, la gueule ouverte et troussée sur les crocs. Enfin, sur un grand meuble noir, à la meilleure place, comme la pendulette sur la cheminée d'Adélaïde, la louve, celle de Champ-Cornu, elle la reconnaissait, malgré la douceur de l'attitude, qui la rendait pareille à Papette, du temps qu'on lui avait laissé des chiots.

Adélaïde s'était arrêtée de parler et de faire ses mines avec le vieux bonhomme, elle aussi regardait la bête.

— C'est une pièce exceptionnelle que vous voyez ici, mon père a eu la chance de la tuer, avec ses deux louvarts, en 1812, après l'hiver terrible. Pour moi, vous le savez, je n'aime guère la chasse et...

Marie n'avait pas écouté la fin. Ainsi donc cette bête allongée dans le repos, ses petits au ventre, la seule ici à ne pas montrer les crocs, n'était pas le démon de Champ-

Cornu. Elle en fut soulagée, d'ailleurs l'autre était beaucoup plus grande, Marie en ressentit, à travers la peur soudain revenue, l'étonnement et la fierté qu'elle éprouvait toujours lorsqu'elle repensait à cette matinée du mois de mars : elle s'était battue avec un loup, peut-être qu'on en parlerait encore dans des temps et des temps...

Adélaïde n'avait pas répondu à maître Guérinière, il avait eu l'air pressé tout à coup, et ils étaient sortis pour se diriger vers la stèle. On allait danser, enfin ! Marie, en arrivant au labyrinthe, avait oublié le cauchemar de loups qui l'avait accueillie à son entrée au Theuil. Adélaïde était allée embrasser ses amies, Rose et Violette Picot. Les jeunes filles avaient paru surprises de voir Marie.

— Toi aussi, tu viens au bal à Guérineau ? Saurais-tu danser, déjà ?

Fort contente d'elle-même, Marie avait répondu que oui vraiment, depuis hier au soir elle savait danser. La veille, en effet, les hommes étaient rentrés très tard, l'orage menaçait et il fallait rentrer le sec. Dans l'ouche, jusqu'au grand noir, Adélaïde avait expliqué et montré les pas.

— C'est très simple, tu verras, la musique te bouge les pieds toute seule.

Fredonnant, frappant dans ses mains, moitié chantant moitié parlant, la jeune fille lui avait appris le pas tourné, le pas chassé, le pas de limousine et le pas de gavotte. Elle avait décrit les figures, donné des conseils.

— Attention, regarde-moi toujours, je te ferai signe. Méfie-toi à “ farinez ” et “ aiguisez ”, ça veut dire : embrassez vos cavalières. Tourne la tête, tu es grande pour ton âge, il y a toujours des dégoûtants. Ne t'inquiète pas si tu te trompes, pour ce que c'est, ce bal à Guérineau, tu feras toujours assez bien ! Et si Mousin est dans ses bonnes, ou s'il a un peu bu, tiens, comme l'année passée, tu verras ça, comme il mène à la goule *, il ferait danser les pierres !

Marie était moins sûre d'elle, à présent que les musiciens étaient en place. Quelle heure était-il donc ? Ah ! qu'on commence vite ! Elle devait reconnaître qu'elle avait quand même un peu peur, surtout que Julien refusait de danser maintenant, il paraissait prêt à pleurer, tout le monde en riait. Mousin, à l'étonnement de Marie, arrêta les moqueries.

— Laissez le drôle en paix, que justement on est dix-sept, il serait de trop. En avant donc, et à la chasse à quatre...

Marie faillit rester sur place, saisie par le chant de la veuze, par l'ampleur du son qui montait comme un cri. Adélaïde lui tenait la main et la jeune fille l'entraîna.

— Danse, Marie, vite ! Les pas chassés, rappelle-toi !

Adélaïde avait raison, hier soir. La musique remuait les pieds, il n'y avait qu'à suivre. La pibole montait derrière la veuze et le violon arrivait à son tour, Marie y reconnut les « Tsinn et tsinn et tra la la » qu'Adélaïde lui avait chantés la veille. Quand la musique s'arrêta, il lui parut que la danse venait juste de commencer, jamais la fillette n'avait connu un aussi vif plaisir. Juste le temps de respirer un peu, et le vezou repartait :

— La limousine ! Prenez vos femmes là-d'dans !

Adélaïde lâcha la main de Marie. La joie de danser se lisait sur son visage. Voilà qu'elle s'amusait, elle aussi, malgré tous les rapiamus qu'elle en avait fait les jours d'avant.

— Je danse avec Mousin. Va avec Charles, il est un peu empoté et si tu te trompes, il ne le verra pas.

C'était une danse compliquée, Marie eut conscience de manquer plusieurs pas, Adélaïde oubliait de la regarder, quoiqu'elle ait promis, et Charles en effet ne lui était guère de secours. Elle fut soulagée quand la musique s'arrêta. Savait-elle vraiment danser ? Après la limousine, elle en était moins sûre ! Des danses rondes suivirent, qui la remirent en confiance, et des avant-deux, des vries, des branles. Un des musiciens, avant de jouer, lançait la cadence à la voix :

— En avant deux et tra-versez ! Mou-vante ! Et ba-lancez !

Le temps lui parut court, et le bal tout juste commencé, quand le violon en annonça la fin, sur une chaîne alternée de garçons et de filles, autour de la stèle que Marie avait fini par oublier. Maître Guérinière s'avança vers les danseurs. Il était donc resté ? Marie ne s'en était pas aperçue.

— Je vous remercie, mes braves enfants, d'être venus danser ce dimanche, en respect de la volonté d'un disparu. Je vous laisse, à présent, mangez et rafraîchissez-vous, avant que de repartir.

Pour ce qui était de boire, il n'avait pas été besoin de sa permission. Marie avait remarqué que tous les garçons étaient venus, pour ainsi dire après chaque danse, tirer au fût posé sur des tréteaux. A présent que c'était fini, elle se rendit compte qu'elle avait soif elle aussi, et but coup sur coup deux verres de frênette. C'était frais, piquant, à la fois amer et un peu sucré. Adélaïde l'arrêta avant le troisième verre.

— Attention, Marie, ne bois pas trop, après ce chaud que tu as eu !

La jeune fille s'éloigna entre Rose et Violette, Marie resta près de la table avec Julien, qui, pour une fois, la laissa en paix. Sans doute qu'il avait honte de sa comédie de tout à l'heure... Toutes sortes de pâtisseries avaient été préparées pour les danseurs — du bourratif : des fouaces, des craquelins, des galettes, des biscuits présentés sur des assiettes en couches entrecroisées. Marie en mangea quelques-uns, attirée par la nouveauté, ils laissaient à la bouche un goût de poussière, elle revint aux galettes, beaucoup moins bonnes qu'à la Colombière, le beurre y avait été épargné ! Tous les jeunes étaient joyeux, à boire et à manger, et paraissaient regretter le départ des musiques qui avaient suivi maître Guérinière. Ce fut Violette Picot qui réclama la première.

— Si on dansait encore, puisqu'on est là ? Il n'est pas tard. Oh ! Mousin, mène, s'il te plaît...

Le Grand Mousin ne répondit pas tout de suite, il mangeait de gros bouts de fouace et buvait quasiment sur chaque bouchée. Ils se mirent tous après lui, sauf Chantecaille qui s'éloigna en disant :

— Je m'en vais atteler, j'attendrai aux écuries.

Adélaïde insistait davantage que tous les autres.

— Si, je t'en prie, Mousin ! Mène à la goule, j'avais dit à Marie que tu le ferais.

Mousin prit encore un verre de vin, avant de répondre.

— Je croyais que c'était une corvée, pour toi, le bal à Guérineau ? Va, rassure-toi, tu y danseras encore la prochaine année ! Pour moi, et que ça tourne de pique ou de carreau, c'est le dernier pas que j'y fais ! Alors, « mes braves enfants » comme dit Monsieur notre Maître, voilà ce que je propose : c'est vous qui mènerez, et moi, je danserai avec lui.

Mousin fit un salut à la stèle.

— Allons-y hardiment, à nous deux ! Tu aimais t'amuser, je crois, à ce qu'on dit. Écoute et regarde, Joseph Guérineau, tu vas rire !

Marie était inquiète des paroles de Mousin, devenait-il fou ? Lui qui parlait de rire, ses yeux étaient à la rage, plutôt qu'à l'amusement. Elle remarqua le regard d'Adélaïde, elle non plus n'était pas tranquille. Tous les autres en revanche applaudissaient et se rangeaient en demi-cercle avec un air de plaisir et d'excitation. On va rire, on va rire. Mousin but encore un grand coup, puis il posa à terre une bouteille, pleine ras-bord, à quelques pas de la stèle. Ses yeux noirs se promenèrent un instant sur le groupe de gars et de filles, il frappa dans ses mains et commença à siffler. Un cri de joie monta, il couvrit quelques oh ! là ! là ! effrayés. Le Grand Mousin chantait :

Voici le Mardi-Gras venu,
Mon Dieu, que ferai-je ?
Tous les péchés que j'ai commis
Où les mettrai-je ?

Il s'arrêta de chanter, et tous les autres continuèrent les paroles de dérision. Adélaïde tira Marie à l'écart.

— Il est saoul perdu, Mousin ! Pépé sera furieux, quand il apprendra.

Et pourtant, même en ribote, il dansait si bien, le grand, autour de sa bouteille, que peu à peu elles s'approchèrent. Bientôt, elles frappaient aussi la cadence, tout au plaisir de voir ces sauts toujours plus hauts, plus compliqués, qui frôlaient la bouteille sans jamais la toucher... La chanson était finie depuis longtemps, les garçons continuaient en sifflant, les filles tapaient des mains et poussaient des Iio... ô... ô !... qui devaient s'entendre depuis le château. Brusquement, Mousin s'arrêta. Il ramassa la bouteille — pas une goutte n'en était tombée —, se tourna vers la stèle et fit le geste de trinquer avec la colonne de marbre.

— A ta santé, Joseph Guérineau ! Cela fait-il ton compte, à présent ?

Appuyé contre la stèle, il but au goulot en promenant son regard sur le groupe de jeunes gens. Il reprit son chapeau tombé dans l'herbe et dit en souriant :

— Partons, à présent, ma jeune patronne. Le vieux sera content, je pense, de mon dernier bal à Guérineau. Des fois, vois-tu, Adélaïde Rougier, on a besoin d'être saoul pour se sentir encore un homme, et non pas une bête qui va où on lui commande d'aller...

Juste avant d'arriver à la Colombière, Adélaïde jeta d'une voix qui n'appelait pas de réplique :

— Que personne ne parle de rien, entendez-moi tous.

Mousin se retourna vers elle en riant et fit un grand geste, comme pour dire : tant pis ! Marie pensa qu'il devait être dérangé de tête, et qu'un jour, dans les temps à venir, on en ferait peut-être injure à ses petits-enfants, comme Louis, ce matin, à elle-même, quand il lui avait jeté à la face la folie de son grand-père, Jean Therville.

La Grande Révolution à Chaussauvent

Louise Gâtard n'osait plus passer, au fond du pâtis, devant les granges autrefois les plus vastes de Chaussauvent, aujourd'hui à demi écroulées, et peu à peu mangées de ronces et d'orties. Les belles récoltes du temps qu'elle était fille et l'orgueil des Gâtard devant leur foin, leurs grains et leur paille ! Tout cela à présent réduit à quelques charretées, qui se trouvaient encore au large dans les toits et leurs crenins *, proches de la maison.

Maintenant, les granges étaient vides, du moins pour les récoltes de la terre, et voilà que c'était le vide, justement, et le silence qui rassuraient les Gâtard. Lorsqu'il en montait des bruits et des voix, des remuements d'hommes et de bêtes, ils savaient que Jean Therville était de retour, qu'il s'arrêtait un moment de courir un pays devenu fou, pour porter à Chaussauvent le danger et la peur, dont les Gâtard ne savaient même plus de quel côté ils surgiraient. Seraient-ce des Vendéens, ainsi qu'il en était venu après le passage de Westermann, et qui avaient emmené deux vaches, en menaçant de leurs fourches ? Ou des Bleus, qui parlaient de guillotine, comme ceux qui cherchaient Circé de la Réate, après que Jean Therville l'eut cachée trois jours dans la grange ? Tout était devenu possible, et quand Therville engrangeait, à Chaussauvent, le malheur criait aussi bien « Dieu et le Roi ! » que « Vive la République ! ».

Il y avait eu un moment de calme, au tout début, en 1789, comme on dit, à l'approche de l'orage. « Le temps écoute. » Le temps écoutait, immobile, en attente du tonnerre. Jean Therville était parti, avec le seigneur de la Rousselière, porter à Poitiers le cahier de doléances de la paroisse de Vasles. Joseph Guérineau et Louis Gillard s'étaient joints à eux, pour Vausseroux. Tout l'équipage était revenu en moins d'une semaine, Jean Therville ne les accompagnait pas. Ils racontèrent l'avoir laissé à Poitiers, où il avait retrouvé, établis en bourgeoisie, deux anciens officiers de la *Surveillante,* ce bateau qui l'avait débarqué à Brest, huit ans plus tôt, à ce qu'il prétendait. Son absence avait duré. Louise Gâtard et son père lui-même, si longtemps aveuglé, s'étaient pris de l'espoir qu'il ne revînt pas. Ils faisaient à nouveau des projets à leur mesure, et peu leur importait le bruit des bouleversements proches.

— Nous referons du seigle aux Sablières, c'était folie de prétendre y récolter du froment !

Il était revenu, un soir d'hiver, après huit mois d'absence. Jean Gâtard s'était relevé, aux coups frappés à la porte. Il le savait avant d'ouvrir : l'espoir que Jean Therville disparaisse un jour comme il était venu, cet espoir enfin ressenti, reconnu, avoué, cet espoir avait été vain. Au moins son éloignement avait-il tiré Gâtard de la fascination où si longtemps il s'était aveuglé.

Durant les jours qu'il resta à Chaussauvent, Jean Therville jeta quelques conseils, de ce ton d'enthousiasme qui autrefois faisait perdre raison et prudence à son beau-père.

— Il faudra des vivres, pour l'armée, aux temps qui viennent. Cette racine de Monsieur Parmentier, dont il se mangeait des quantités aux Amériques, vous devriez...

Gâtard avait haussé les épaules. Elles étaient terminées, les entreprises de Jean Therville à la ferme de Chaussauvent ! Jean Gâtard, et sa fille, et les enfants de ses enfants, vivraient-ils chacun dix vies que les ruines n'en seraient pas encore relevées. Mais il était l'époux de Louise, le curé les avait bénis, il fallait donc le supporter, toujours éclatant de vie et de paroles, et subir ses discours, que Gâtard et sa fille entendaient sans les écouter, attachés seulement au souci de survivre, indifférents à ce qui se passait là-bas, si loin... La Bastille en flammes et le roi ramené à Paris dans les cris et les chants étaient pour eux des contes d'un autre monde, autrefois Jean Therville les avait ensorcelés à ses histoires d'Amérique, à ses châteaux de toile qui flottaient sur des eaux sans fin, ils ne se laisseraient plus prendre.

Seuls, les jumeaux s'intéressaient encore, ne se lassaient pas de questionner leur père.

— S'il vous plaît, racontez, racontez ! La tête, sur une pique, au soir du 14 juillet, ouvrait-elle les yeux, dites-nous ?

Dites-nous ! C'était encore une autre extravagance de Jean Therville, ce vouvoiement qu'il imposait à tous. Quoiqu'il fût bon catholique — de cela au moins on ne pouvait lui faire reproche — il fallait dire « vous », comme chez les parpaillots. Il avait tôt fait de rappeler à l'ordre, si quelque tutoiement échappait aux enfants.

— On voussoie, chez les Therville.

Il repartit au bout de deux mois, au soulagement de son beau-père, et de sa femme, surtout ! Ces longues nuits de l'hiver, et ce qu'elle en subissait... La plus mauvaise putain avait-elle jamais été traitée de la sorte ? Elle se sentait salie de tout son corps, autant que les tonneaux de Suffren dont il lui avait conté l'histoire, et de partout forcée, ouverte, déchirée, oh ! Dieu, jusqu'à sa bouche... Elle n'osait même plus s'en confesser, et fit ses Pâques dans la certitude d'être damnée.

Il revint un soir de juillet, en 1790, au plus fort des travaux et de la fatigue de l'été. La poussière soulevée au galop des chevaux fut longue à retomber ; Louise Gâtard et son père, quand le nuage en fut dispersé, virent les cavaliers, dans la cour, les uniformes rouges et les tricornes à galons d'argent. Jean Therville s'avançait en souriant.

— J'ai retrouvé, à la fête de la Fédération, des compagnons de ma jeunesse. Voyez où le destin nous mène : c'est le régiment Royal-Lorraine qui s'est porté à Niort, au Champ de Mars, pour y célébrer la Nation et le Roi. J'amène ici quelques officiers, ils rejoindront sous peu leur troupe, à course forcée.

Ils étaient en fait une douzaine, et furent, pendant huit

longs jours, les premiers hôtes de la grange. Le peu de foin et de paille qui y restait encore servit de couche et de litière. Les messieurs du Royal-Lorraine eurent peu goût au cidre et à la piquette des Gâtard. Jean Therville fit porter, dès le lendemain, une barrique de vin que l'aubergiste de Saint-Martin-du-Fouilloux céda à grand prix, après qu'on l'eut quelque peu menacé ; il s'agissait de sa dernière barrique, et les vendanges, à Mirebeau, seraient de plus mauvaise année. Jean Therville avait annoncé dès l'abord :

— Pour les repas, n'ayez crainte, ce jeune homme est dans l'habitude de cantiner, il n'est pas officier. Vous n'aurez en rien, ma chère Louise, à vous faire du tracas.

Ce jeune homme, en effet, savait saigner les volailles et les rôtir, tuer un cochon à peine à moitié de son poids, et brûler, pour en faire cuisine, plus de bois que Louise n'en mettait de tout un hiver dans la cheminée. Et les œufs, les fromages, le pain dont il fallut faire deux fournées ! Il se mangea, en une semaine, la subsistance pour six mois.

Quand Jean Therville repartit, pour faire avec ses amis, disait-il, un bout de chemin, Jean Gâtard ne se contint plus :

— Méfie-toi, Therville, de me pousser à bout...

Le tutoiement, à lui seul, était une menace. Jean Therville sembla n'en pas tenir compte et répondit en riant :

— Père, dans un avenir proche, on ne vivra plus replié sur soi, comme une taupe en son trou. Et soyez-en sûr, je reviendrai. N'oubliez pas, je suis ici chez moi, comme le sont les enfants que Dieu m'a donnés, et ma femme, Louise Therville.

Il ne souriait plus lorsqu'il ajouta, en montant en selle :

— Souviens-toi, Gâtard, laisse la grange ouverte ! Il se peut que j'en aie encore besoin, pour y tenir d'autres amis...

De trois ans, rien ne se passa, on ne vit plus Jean Therville à Chaussauvent. On apprenait son passage, ici ou là, au service de la jeune République. « Rappelez-vous qu'il l'avait annoncé : plus de seigneurs, plus de roi, comme au pays d'où il venait. » On le dit un moment à Parthenay, sur son idée la Grand-Rue s'appelait à présent rue de la Liberté, et la rue des Trois-Rois était devenue la rue Tricolore. Il avait quitté Parthenay, pour n'avoir pu s'opposer à ce qu'on débaptisât aussi la Porte Saint-Jacques, la vieille porte des pèlerins de Compostelle, maintenant dénommée Porte Révolutionnaire. « La liberté ne va pas sans la tolérance, citoyens ! » Il ne fut pas entendu. On était alors en l'an I, puisque le temps lui-même avait changé de maître. Était-ce à la fin du mois de juin, ou au début de messidor ? Les Gâtard ne s'en souciaient guère, on pouvait enlever les saints du calendrier, bouleverser les jours, les mois et les années, les travaux et les saisons étaient demeurés. Harassés d'un jour de fenaison, Jean Gâtard et sa fille venaient juste de s'endormir quand ils furent tirés du sommeil par de grands bruits, des cris et des hennissements. Levés à la hâte, ils virent, aux lueurs de la lune, une masse d'hommes et de chevaux, et, au milieu de la troupe, la haute stature qu'ils ne pourraient oublier, l'éternité même n'y suffirait pas...

Il était de retour, comme il l'avait promis. Et cette fois, autour de la grange, il y avait des hommes en nombre bien plus grand que n'avaient été, en 1790, les Royal-Lorraine... Ils aperçurent aussi des chevaux attelés, et les Gâtard, qui s'attendaient à tout de Jean Therville, restèrent pourtant incrédules de voir, dans le clair de lune, huit canons qui brillaient sur le pâtis de Chaussauvent.

Le matin où Marie Therville partit pour la foire

27 octobre 1845

Comme chaque matin, après avoir tiré les chèvres, Marie avait pris son pochon et sa quenouille ; elle avait laissé la brocherie pour un temps, elle filait du lin en surveillant ses bêtes.

— Elle fera vite aussi beau que toi, Madeleine, avait prédit Adélaïde. Je lui apprendrais bien à broder, peut-être...

Madeleine avait levé les yeux au ciel.

— Réfléchis à ce que tu dis ! Pourquoi pas à lire, tant que tu y es ?

Depuis une semaine, Marie menait les moutons à Beausoleil. En ces journées de fin octobre, jamais le champ n'avait autant mérité son nom. Elle posait souvent des questions, aux uns ou aux autres, sur l'appellation des terres.

— Pourquoi Buffageasse [1] ? Et pourquoi la Greux des Francs ?

Seul le Grand Mousin tâchait à lui répondre.

— Le patron m'a dit un jour qu'à l'endroit de la Greux

1. Buffe-ageasse : souffle-pie.

des Francs, il y aurait eu grande forte bataille, je te parle de longtemps... Pour Buffageasse, va savoir, je n'ai jamais vu dire que les ageasses y buffaient, ni plus ni moins qu'ailleurs !

Le plus souvent, il ne trouvait que dire :

— Oh ! c'était dans le temps, tout ça !

Si Marie insistait trop, il finissait par s'énerver :

— Et pourquoi de ci, et pourquoi de là ? Et à Chaussauvent, les chausses s'envolaient-elles de bise, ou de galerne ? Et pourquoi Therville, peut-être ? Tu es pour garder les moutons et plus tard, au moins je te le souhaite, pour tenir un ménage. Alors, arrête un peu de demander sur tout, et laisse le Bon Dieu tourner la lune et les étoiles !

Pour Beausoleil, Marie comprenait à l'évidence pourquoi les anciens l'avaient ainsi baptisé : le champ chauffait tout entier à l'été de la Saint-Martin, dans une douceur de l'air et de la lumière.

— C'est l'été des noix, disait le patron, ça ne durera pas !

Les récoltes d'automne avaient été d'abondance. La chaleur des journées, après l'humidité des nuits, favorisait aussi toutes les pousses sauvages, celles que Marie avait pris habitude de chercher, dans la misère de Chaussauvent. Chaque soir, elle revenait à la Colombière la dorne pleine de ses cueillettes. Elles n'étaient guère appréciées par la Néné.

— C'est presque tout bon à donner aux cochons, ma pauvre fille ! Des noisettes véreuses, les nèfles encore en vert, et les prunelles, tu devrais savoir, tant que la gelée n'est pas passée deux fois dessus, il faut avoir tué père et mère pour en manger ! Enfin... Je garde ça, porte le reste dans les auges.

Pour les champignons, la vieille était intraitable.

— C'est de la poison, tu m'entends ? Jette tout au fumier ! Jamais nous autres, ici, on n'a eu besoin de ça saloperie pour manger !

Seules les morilles échappaient au fumier, elles n'avaient pas formance de champignon, la Néné en était même friande et les fricassait en omelette.

— Surtout, aie garde de dire où tu les trouves, ce serait vivement à saccage !

Ce qui annonçait la mauvaise saison, c'était le jour qui diminuait. Marie devait partir à la prime, afin que les bêtes profitent au mieux de la repousse de l'herbe. C'était autant de fourrage épargné, si les ouailles s'engraissaient encore avant l'hiver. Les granges étaient pleines de foin jusqu'à débord, le pailler montait plus haut que la vieille maison, n'importe ! Madeleine bousculait Marie chaque matin afin qu'elle parte le plus tôt possible, et le soir , pour ramener le troupeau, elle devait attendre l'angélus de Chantecorps, le plus tardif.

— Ne t'occupe pas du soleil. Tant que dure cette embellie, il faut mener pacage au plus long qu'on peut. Et puisque tu files aussi bien que moi, seigneur, ce qu'il faut entendre, tu peux continuer ton ouvrage jusqu'à la brune. Méfie-toi de me gâcher ma filasse. Du lin ! A neuf ans !

Il faisait à peu près nuit, lorsque Marie quittait le champ. Si les journées étaient de beau temps, le matin, et le soir surtout, il montait de la terre une haleine de fraîcheur et de brume, où l'on sentait l'automne, et déjà l'approche de l'hiver. En partant avec ses bêtes, et plus encore au retour, Marie y trouvait une mélancolie dont elle ne savait démêler les raisons. Était-ce d'avoir tant attendu son père, aux alentours de la fin septembre ? Il avait fallu deux semaines pour qu'elle abandonne l'espoir de le voir venir. A présent, elle se prenait à penser qu'elle ne le verrait plus. Le patron ne lui avait rien dit, ni à Saint-Jean, ni à Saint-Michel. Elle était restée, voilà, comme si c'était fait accompli, et qu'il ne soit plus besoin d'en conclure accord avec son père. « Tu es gagée bergère à la Colombière... C'est d'amitié pour ton grand-père qu'il te prend... Une paire de sabots, et ta nourriture... »

Oh ! mon Dieu ! Elle avait eu tant de bon manger, à la Colombière... Elle avait cassé trois paires de sabots. Et les jupons, l'un d'eux était même en son neuf, et la cape, et la robe à volants. Adélaïde l'avait remise dans son cabinet, mais avait assuré qu'elle lui appartenait, à présent. Vierge Marie ! Sans doute avait-elle gaspillé en une seule année tous ses gages pour dix ans, et son père, qui demandait toujours pardon à Dieu et tous ses saints, ne pouvait porter tort au patron de tout ce qu'elle lui avait coûté. Oui, pour sûr, c'était la raison.

Elle essayait à s'en persuader, sans arriver d'y croire. Il était tout de même impensable de questionner le vieux. Marie s'entendait souvent traiter d'effrontée, malgré tout elle aurait préféré se retrouver face à la bête de Champ-Cornu, plutôt que de demander à Aimé Lhoumeau s'il avait fait affaire avec son père pour la gager à nouveau. Elle s'était d'abord adressée au Grand Mousin. Le va-devant avait si forte importance à la Colombière qu'il savait peut-être quelque chose. Mousin avait tourné sa réponse en faribole, faisant mille singeries.

— Je ne suis qu'un pauvre valet, ma belle demoiselle, et en plus venant de Limousin, pays de rien...

Pour une fois, Marie n'avait pas ri aux grimaces de Mousin, qui s'était vite arrêté, et avait posé sa main sur l'épaule de la petite.

— Tout ce que je vois, ma drôlesse, c'est que tu es là encore, et que si tu n'y étais plus, je te trouverais de manque.

Le lendemain — c'était un dimanche — Marie égrenait des mojettes, assise sur le banc de pierre, devant la maison. C'était un travail propre et peu fatigant, un travail du dimanche. Adélaïde était venue la rejoindre, vers les quatre heures.

— J'ai la tête perdue à force de lire, je viens faire conversation avec toi, ce sera plus gai...

A la jeune fille, Marie avait reposé les questions que Mousin avait laissées en suspens. Adélaïde avait paru gênée, était restée un moment sans rien dire. Elle avait enfin répondu, par une autre interrogation.

— Voyons, n'es-tu pas de la Colombière, à présent, gagée ou non ? Moi qui croyais que tu nous portais amitié, je suis déçue, sois certaine !

Dans l'air à fâcherie d'Adélaïde, comme la veille dans les rigourdaines du Grand Mousin, Marie avait deviné une comédie. Elle avait fait mine d'y croire, baissé la tête en tortillant le lien de sa corselette.

— Si fait, je t'aime, Adélaïde, n'aie pas de peine. Et

j'aime Mousin, aussi. Mais mon père, il devrait venir, pour me voir, au moins, s'il ne veut pas m'emmener...

Adélaïde lui avait relevé le menton, l'avait forcée à regarder en face.

— Voudrais-tu, réellement, retourner à Chaussauvent ? Ne réponds pas tout de suite, réfléchis...

Elles avaient continué en silence à dégousser les haricots, un silence à ce point inhabituel entre elles qu'il soulignait pour Marie l'importance de ce qu'elle allait dire. Voilà qu'elle avait presque oublié la figure de son père, par instants son image se confondait avec celle du Grand Mousin, puis s'en éloignait pour ne laisser qu'une impression de tristesse et de malheur. Le visage de sa petite sœur, pareillement, devenait incertain, émergeait un moment, puis s'évanouissait avec l'expression figée de la poupée d'Adélaïde. Comment se pouvait-il qu'elle ait ainsi perdu les traits de ceux qu'elle aimait, alors que lui étaient présentes et proches jusqu'à les toucher la face de violence de sa mère, et celle de la mémé Gâtard quand elle frappait et criait :

— Mauvaise garce, il fallait en plus que tu lui ressembles ! Il sera donc toujours sous mes yeux, jusqu'à ma mort ?

Elle s'était arrêtée d'écosser. Le soleil en descente allongeait les ombres, mettait sur la cour de la Colombière une tendresse de couleur, comme au loin sur l'herbe de l'ouche, et sur les ormes dont les feuilles jaunissaient déjà. Par la porte ouverte du corridor arrivaient les bruits et les senteurs de la maison : la Néné soufflait le feu, levait le couvercle du pot ; il en venait des odeurs de soupe, de fumée. Il y avait ici, pour Marie, une douceur à vivre, malgré la sévérité du patron, la brusquerie de sa fille, les humeurs de Madeleine. D'avoir ainsi pensé à la grand-mère Gâtard, elle avait presque senti la douleur des coups, et surtout, le poids incompréhensible de cette haine dont son père se désespérait. Tout était mieux ainsi. A présent, sans elle, il devait être moins malheureux.

— Non, je ne voudrais pas revenir à Chaussauvent...

Adélaïde s'était relevée en secouant sa jupe pour en

faire tomber les feuilles et les brindilles, elle avait embrassé Marie.

— Tu vois bien, follasse, nulle part ailleurs tu ne serais mieux qu'ici, et pour moi, en vérité, tu es comme une petite sœur. Porte vite les fanes de mojettes sous le hangar, pour les lapins. En causant, on s'est retardées. Dépêche-toi de traire, que Néné n'attende pas, pour mettre à cailler. Moi, je vais broder un peu, ça me changera de lire !

Depuis ce jour, Marie s'était faite à l'idée que son père ne viendrait pas. Il lui en restait comme une angoisse, le soir surtout, dans la journée cela disparaissait.

— C'est l'automne qui rend triste, Marichette, moi je ressens tout pareil !

Marie ouvrit la porte de la bergerie. Elle était peut-être une « petite sœur » pour Adélaïde, elle voyait quand même la différence ! Aujourd'hui, Mademoiselle Rougier se rendait à Saint-Maixent avec son grand-père, pour la grande foire du dernier samedi d'octobre et elle, Marie Therville, la bergère, elle allait à longueur de jour filer du lin, jusqu'à n'en plus avoir de salive, tout en veillant aux musses !

Les moutons coururent jusqu'à la barrière. Ils s'y pressaient, toujours avec la même imbécillité, empêchant Marie d'atteindre le loquet. Elle levait son bâton pour les écarter, quand elle entendit la voix d'Adélaïde. La jeune fille se tenait au coin de la grande écurie et criait :

— Rentre vite les moutons, Marie, tu n'iras pas au champ aujourd'hui ! Dépêche-toi, surtout, et viens me rejoindre dans ma chambre !

Aimé Lhoumeau l'avait compris dès qu'il s'était réveillé : ce n'était pas sa douleur ordinaire qui le tenait à la jambe. La vieille venait de mettre les pieds à bas et enfilait ses chausses, assise sur le coffre. Elle se releva en s'accrochant à la colonne du lit. Pour la première fois, Aimé Lhoumeau remarqua combien elle avait vieilli ; même debout elle semblait minuscule, courbée vers la terre, comme penchée déjà sur la tombe...

— Seras-tu capable de m'aider ? Si j'arrivais à m'asseoir, je pourrais peut-être me tirer tout seul, ensuite...

Il n'attendait pas de réponse. Aline Lhoumeau vint tout de suite auprès de lui, sans avoir mis ses effets, ni ses sabots.

— Ce n'est pas à cette façon de t'y prendre que tu vas y arriver ! C'est trop demander, sans doute, de me relever, juste un petit peu, ce serait suffisant...

Il sentait les efforts qu'elle faisait pour le redresser, il restait encore de l'énergie dans cette petite femme, elle soufflait du mal qu'elle se donnait. Il aurait suffi qu'il s'aide, qu'il puisse donner le coup de reins au bon moment ; il s'enrageait d'en être incapable.

— J'étais sûr que tu n'arriverais pas. Va chercher Madeleine, elle est pour se lever, à cette heure.

— Je vais voir à Zélia et Simon, ils seront plus vite rendus, je les ai entendus parler...

Il ne manquerait plus que de ça ! Simon Rougier levant son beau-père du lit, il n'aurait pas fini d'en faire revanche. Et les jérémiades de Zélia ! « Je te l'avais bien dit, mon pauvre père, à ton âge, tu veux en faire trop ! » Et patati et patala...

— Madeleine, je te dis !

La vieille essaya encore une fois à le soulever. Il se sentait aussi inerte qu'une pierre. Elle abandonna.

— J'y vais. Au moins, je m'habille, avant...

Il y avait une interrogation dans sa voix. S'il lui disait : « Va comme ça ! » elle irait, en chemise et camisole. Il resta silencieux et ferma les yeux. Il entendait à son respire qu'elle se pressait. Quand il rouvrit l'œil, elle quittait la pièce presque en courant. Se pouvait-il qu'il en soit réduit à ce point ? Depuis que l'âge était venu, il ne passait guère de jour sans que sa jambe ne le fasse souffrir. Quand même, il était dur au mal, et il marchait, en s'appuyant parfois fort au bâton, mais il marchait, nom de dieu ! Encore, s'il avait pu traîner cette patte comme une gloire, ainsi que faisait le vieux Lussault, de la Robelière, blessé à Valmy, en se battant, et de grand courage, à ce qu'on savait ! Cela forçait respect, même à tous ces culs-bénits de royalistes, et devait adoucir la souffrance et l'infirmité.

Lui ? Misère de misère ! Il s'était engagé au recrutement de Chantecorps, sans doute un des rares à partir de bon gré. Il se rappelait encore cette bande de jeunes gens qui arrachaient les cocardes tricolores, prêchaient les recrues à ne pas partir, se battaient de pied et de poing contre les gendarmes. Enfin, il était parti de Chantecorps un matin de l'an II, dans toute son ardeur pour la République, en vue de joindre Angers avec une petite troupe, en tout peut-être une cinquantaine de gars. On devait les y instruire un peu dans le militaire, avant de les incorporer à l'armée du Rhin. Joseph Guérineau lui avait donné l'accolade, au moment du départ.

— Je suis fier de toi, mon valet, et je saurai m'en souvenir à ton retour.

En ce temps, Lhoumeau était son va-devant à la Rinchardière, depuis trois ans : autant dire maître et compagnon, Joseph ayant d'autres chats à fouetter. Il n'avait nul besoin des encouragements de son patron, il lui tardait trop à se battre ! Les Blancs se levaient de partout, tous les rois de l'Europe poussaient leurs régiments sur la France, comme des corbeaux autour d'une bête crevée.

On les avait armés dès le départ. Les chemins de la Gâtine, du Bocage, des Mauges, étaient autant de pièges à embuscades, ils auraient peut-être à défendre leur peau. Il n'y avait pas eu d'attaque ; une bousculade, derrière lui, en arrivant aux Ponts-de-Cé... Un gars qui avait mis baïonnette au canon, et la cocarde au bout, pour parader devant un groupe de femmes. Et cette douleur qui lui avait transpercé la cuisse.

Il était revenu au bout de trois mois, sans avoir dépassé Angers, où des bonnes sœurs l'avaient soigné de grand dévouement. Pauvres femmes, on les avait obligées à quitter leurs cornettes et leurs habits de religion. Fallait-il donc qu'une tyrannie remplace l'autre ? Aimé Lhoumeau avait perdu la foi, durant ses années de pension chez les frères, il savait cependant que toute sa vie il entendrait Jean Therville : « La liberté ne va pas sans la tolérance, citoyens ! » Six mois après, il ne se sentait plus de rien. Et puis le temps avait coulé, chaque année pesait davantage, et voilà qu'aujourd'hui la douleur montait du jarret jusqu'aux reins, ramenant ces idées qui le taraudaient depuis trente ans : sans cette blessure, aurait-il poussé

Adrien aussi fort à l'engagement ? N'avait-il pas voulu prendre ainsi revanche de sa guerre ratée : son fils soldat, la Grande Armée, le drapeau tricolore... « Tu verras, père, comme nous les rosserons tous... » Comment était-il mort, là-bas, dans la fleur de sa jeunesse ? Sabré par la cavalerie ? Éventré de mitraille ? Était-il passé d'un coup, ou avait-il souffert d'une interminable agonie ? Aimé Lhoumeau fit un nouvel effort pour se redresser, il réussit à se tourner un peu, appuyé sur un coude. La douleur lui tordait les nerfs, mais l'obligeait de penser à autre chose...

Fallait-il donc que ce soit aujourd'hui ? Il devait se rendre à Saint-Maixent. Guérinière voulait monter plusieurs de ses métairies en juments mulassières, Aimé Lhoumeau était chargé du marché. Date avait été prise, avec Rousseau-le fils, et sa femme en avait profité pour inviter Adélaïde, elles feraient ensemble, à la foire ou aux boutiques, des achats pour le futur ménage. Toujours à se mêler de tout, sacrée fumelle, c'en était d'une plaie, celle-là ! N'importe, Adélaïde s'en faisait une grande joie. Il était inutile de penser à Simon, pour traiter l'affaire. Connaissait-il seulement un bardot d'un mulet ? Il n'était que le Grand Mousin à pouvoir le remplacer, une chance encore, dans le malheur, d'avoir un va-devant aussi capable. Maître Guérinière n'y redirait pas : après ce qui s'était passé au labyrinthe du Theuil, on avait pu voir qu'il tenait Mousin à la bonne.

— C'est la chaleur, père Lhoumeau, la fatigue aussi peut-être, et le manque d'habitude au vin... Non, croyez-moi, je n'en veux nullement à votre Limousin.

C'était plutôt de Zélia, que Lhoumeau craignait, elle allait encore se mettre en fantaisie * ! Pas à cause de Simon, elle aussi le tenait pour un insignifiant, mais par le fait qu'Adélaïde s'en aille avec Mousin. « On va encore faire causer ! » C'était son refrain, à Zélia, on va faire causer... D'un côté, cette fois, elle n'aurait peut-être pas tort. On pouvait faire fiance au va-devant sur les manières et la tenue, avec la petite. Quand même, ça ne se faisait pas, de laisser partir une fille avec un gars dans la force de l'âge, et encore célibataire. Les Rousseau seraient en droit d'y voir à mal. Si Zélia les accompagnait, et le voudrait-elle, ce ne serait guère mieux, les deux belles-mères n'étaient pas trop de la bonne affaire, entre elles. On voyait le résultat, quand les femmes prenaient le dessus, tout garce et compagnie ! Il y aurait peut-être moyen de tout arranger, ce serait d'envoyer la bergère avec eux autres, en prétexte qu'elle l'avait mérité : de bonne justice, c'était un peu la vérité. Cette petite Therville, se battre avec un loup ! Quand même, il faudrait attendre le dernier moment pour donner la décision, quand tous les gars auraient quitté la table, sinon Zélia ne se gênerait pas devant eux pour mener le diable et son train.

Ainsi, tout serait sauf, et sans doute qu'Adélaïde, avec Mousin et Marie, s'éjouirait plus qu'avec son grand-père : la jeunesse va à la jeunesse. Allaient-elles revenir, à la fin, la vieille et Madeleine ? Avec tout ce qui lui avait riboulé dans la tête, il semblait à Lhoumeau qu'il attendait depuis une heure... Cinq minutes, disait la pendule. « Ce que c'est que de nous ! Me voilà à attendre que deux femmes me sortent du lit... Je les connais, toujours par en dessous, jamais un mot, toutes les deux pareilles, finalement. Dans leur fond, elles auront revanche à me tirer de là ! » A cette idée, Lhoumeau fit un effort qui lui arracha un cri. Quand la Néné et la servante entrèrent dans la maison, il était debout.

— En avez-vous mis, un temps ! Qu'avez-vous à me regarder ? Va à ton ouvrage, Madeleine. Et toi, viens tourner ma ceinture. Ah ! je pourrais crever !

Tout s'était fait en même temps. Mousin avait entendu Adélaïde héler Marie, au moment exact où Zélia Rougier criait, en bas de l'escalier de la vieille maison.

— Laisse le froment, Mousin, tu n'iras pas faire moudre aujourd'hui. Le patron a besoin de toi pour ailleurs

Il était descendu, pas trop vite : ce ton qu'elle avait, Zélia, une vraie Génie-pisse-tout-dret ! Dire que c'était elle qui commanderait, quand le vieux n'y serait plus... Il s'était dirigé vers la remise, pensant y trouver le patron fin prêt à partir. Zélia l'avait rappelé.

— Va à la maison, c'est là qu'il t'attend. Ah ! mon

pauvre Limousin, je ne sais pas où on arrivera, de ce coup...

Les airs et les tons plaintifs n'étaient pas dans son genre, au grand cheval. Mousin, cette fois, avait pressé le pas. Le vieux était assis dans son fauteuil, sa mauvaise jambe enveloppée de laine brute et allongée sur la chaise bonne-femme. C'était la première fois que Mousin le voyait ainsi. Il avait compris l'inquiétude de Zélia : le bout du rouleau n'était pas loin pour que Lhoumeau accepte à jour grand levé ce coin de feu. Il tisonnait là-dedans comme un diable et enfumait à malheur sous le fricot de la Néné, qui se tenait debout, bec cousu fermé, comme à l'habitude devant son homme.

— Mon cadet, comme tu vois, je me ressens un peu de ma jambe. Tu vas te mettre propre et aller à ma place. Tu t'y connais aux bêtes autant que moi, ou peu s'en manque, et tu es à nous depuis assez longtemps pour que Rousseau n'y voie pas offense. Tu mèneras Adélaïde, deux mois qu'elle attend ce jour, elle serait trop en déception ; et aussi Marie, de la même occasion. Il y a longtemps que je voulais marquer ce qu'elle a fait, tu vois ce que je veux dire.

Mousin avait compris le chemin de détour, il aurait fait de même s'il avait été en charge d'une fille en sa fleur, l'honneur d'une drôlesse, ce n'était pas rien ! Il avait été flatté, aussi : trente-huit ans, c'était loin d'être à la jeunesse, n'importe, il fallait encore le compter au rang des coqs. Et du coup, Marie allait profiter. Ils avaient discuté encore un moment sur les conditions du marché, Mousin s'appliquant à ne pas montrer sa joie, alors que ça mouillait si bien dans ses choux !

— Mon valet, dépêche-toi, et quand tu seras prêt, viens chercher la bourse de Guérinière. J'y mettrai une pièce de ma poche, pour le picotin de Sultane, ton manger et celui de Marie. Adélaïde fera collation avec les Rousseau, aux Trois-Pigeons. Adresse-toi à l'auberge du Bœuf-Couronné, avec Marie, c'est là que les valets mangent, pour les accueillages *. On y donne beaucoup et pour pas cher. Prends garde au vin, bois plutôt du cidre : n'oublie pas que tu vas représenter la Colombière et le Theuil en conséquence. Si tout n'est pas dans mes idées, là-bas, ce n'est pas une raison pour lui porter tort...

Le vieux s'était arrêté de parler, au soulagement de Mousin. Quand il commençait le discours sur « ses idées », avec des tours et des viratours, on ne savait jamais le temps qu'il y mettrait. Ça tirait de loin et ça arrivait de même. Avec l'instruction qu'il avait, il pouvait dire sur tout : la sage-femme qui lui avait coupé le filet de la langue n'avait pas volé ses cinq sous. Il était le patron, pas vrai, le va-devant devait l'écouter sans broncher impatience. Le meilleur de l'affaire, c'était qu'il avait ajouté :

— Ne perds pas ton temps, vous devriez déjà être partis.

Mousin était monté dans son grenier, aussi pressé content qu'un dimanche. Le coup valait qu'il se mette sur son trente et un ! Il s'était rasé de près. Depuis qu'il fréquentait Céline, il avait à côté de son lit un seau posé sur une planche, et un bout de miroir calé à une pierre du mur. Il avait réfléchi sur sa tenue tout en se rasant : même en pensant ailleurs, il y faisait autrement mieux que le perruquier de Vautebis. Le cochon l'avait estafilé de première, voilà deux semaines, il n'était pas près d'y remettre les pieds. Il avait fini par se décider. La blouse bleue du dimanche, qui était de mode depuis quelques années, lui avait paru trop commune, l'occasion demandait le fin du beau. Il avait tiré de son coffre le costume que feue Julie Fichet , tailleuse à Vautebis, lui avait confectionné sur ses indications, avec son premier gage de va-devant. C'était, à quelques minces détails, la tenue de fête des paysans à l'aise, à Saint-Léger : ils étaient rares. Toujours Landry Rebeyrolles, habillé de peu et de misère, avait rêvé de ce vêtement. A vingt ans, il avait pu se l'offrir, sur une année de gages, on était gros payé, à la Colombière. Julie Fichet n'avait pas cédé sans discuter : et que c'était l'étoffe où elle coupait les habits du docteur, du notaire, même ceux de Guérineau. Et qu'avec cette culotte, dès qu'il se remuerait, on lui verrait, sauf respect, la nature que le Bon Dieu lui avait faite au jour de sa naissance. Il avait fini par la persuader à sourires, paroles, et embijôleries. Toutes les femmes se laissaient prendre au beau parler, même les ratatinées vieilles comme la tailleuse. Quand il avait enfilé, pour le dernier essayage, le costume encore chaud d'avoir été écrasé au fer, Mousin s'était senti aussi à l'aise que dans ses hardes d'habitude. Le vêtement était en serge noire : la culotte à jambes longues, le pont serré au plus juste ; le gilet à dix boutons, ouvert sur une chemise à petits plis ; la veste courte laissant voir la ceinture de laine rouge, large de deux mains.

— Il tombe bien, il te va juste. Tu avais raison, mon petit gars, tu mènes un bel effet, habillé de même...

Et lui, il avait entendu sa mère, attristé soudain dans son contentement. « Landry, mon beau garçon... »

Il n'avait pas pris une once de gras, depuis ce temps. La ceinture rouge faisait toujours le même nombre de tours, la culotte à pont moulait ni plus ni moins qu'à ses vingt ans, sans que rien n'y choque la vue ni l'honnêteté, tant Julie Fichet l'avait su tailler et coudre à la perfection. Et voilà que cet habit, où il avait mis son rêve de jeunesse, il le prenait aujourd'hui, à l'inattendu, et conduisait le cabriolet, avec Sultane, s'il vous plaît excuse ! Le patron y tenait comme aux yeux de sa tête, à cette jument. Fallait-il qu'il ait son va-devant en estime pour lui confier du même coup Adélaïde et Sultane !

Il faisait beau, et le soleil était déjà vif. On devait quand même laisser la capote, ainsi que le tablier qui gardait les jambes de la fraîcheur. Marie, aussi saisie que lui par l'événement, se taisait depuis le départ.

— Qu'as-tu donc, ma bellotte ? A l'habitude, quand on est nous trois ensemble, il ne passe pas minute avant que la goule te pète !

Il la vit enfin se tourner vers lui en fronçant le nez.

— Mousin, tu sens l'enrhumure, je trouve.

Adélaïde, assise de l'autre bord, éclata de rire.

— Elle a raison. Cette Marie ! Elle trouve toujours juste à dire.

— Elle trouve peut-être juste à dire, mais si tu veux savoir, Adélaïde Rougier...

Il remarqua avec plaisir que la jeune fille se renfrognait.

Elle n'aimait pas quand il lui disait « Adélaïde Rougier ». Il continua en appuyant.

— Si tu veux savoir, Adélaïde Rougier, c'est que je n'ai pas eu, moi, deux semaines pour me déguiser. C'est qu'il m'a fallu faire au plus vite, ton grand-père étant comme toi malpatient, un vrai salpêtre. C'est que d'habitude, quand je mets le costume, je le pends deux jours d'avance sur la perche. C'est que la pierre de camphre, Mademoiselle Adélaïde Rougier, ça ne tue pas seulement le rhume et la fluxion de poitrine. Tu devrais connaître que ça tue aussi les papillons de mites, et qu'un pauvre valet ne peut se permettre de voir à la charpie ce qui lui a coûté une année de travail !

Il faisait grosse mine d'être fâché et elles, les drôlettes, prenaient l'air de s'en effrayer. Ah ! le bon temps qu'il se donnait avec ces deux fillettes ! Céline en avait dépit, quand il le lui racontait. C'était bien à elle, la belle bougresse ! Il arrêta le cabriolet. L'odeur, de vrai, était gênante. L'air la chasserait, une fois la capote baissée.

— Cramponne ta Malvina, ma belle. Vois-tu qu'elle s'envolerait, pour la première fois que tu la mets ? Ça t'apprendrait à faire tes manières. Tu t'habilles à la demoiselle dans nos campagnes, et juste il suffit qu'on aille chez les vialirou [1] pour que tu te saques dans des habits de paysanne. Qu'en dis-tu, toi, Marie, puisque tu trouves toujours juste à dire ?

La petite se tortillait de rire. Qu'elle était belle, la mignonne, et de franc caractère ! Il venait à Mousin des regrets d'être resté garçon, il aurait eu bonheur à être le père d'une fille comme celle-là, il se sentait souvent envie de l'embrasser sur les deux joues, il n'en était pas question, naturellement. « Dire que son père, ce Pierre Therville, l'avait ainsi laissée, autant dire comme à la tourelle, sous prétexte de l'éloigner des fureurs de la grand-mère Gâtard, et aussi, à ce qu'on savait, de celles de la mère, Marie-Madeleine la bien nommée ! Un homme avec des couilles au cul ne peut-il être maître chez lui, et faire la loi à deux garces de fumelles ? Pauvre enfant... Heureusement,

1. Les vialirou sont les gens des villes (oc).

le Bon Dieu t'a menée ici, et le vieux n'a pas fait une mauvaise affaire, lui non plus : plus fine et vive que toi, il n'y a pas, à ma connaissance. »

— Réponds, Marie, au lieu de glousser comme une poule couasse * !

Il jeta un regard vers Adélaïde : elle tenait sa coiffe, les deux bras levés, l'air moitié content moitié fâché qu'elle prenait lorsque Mousin se moquait d'elle, heureuse du fait qu'on s'occupe de sa personne, un peu vexée qu'on en rie. Les yeux brillaient de plaisir, seules les lèvres, un rien pincées, lui donnaient par instants l'expression qu'elle aurait peut-être dans la maturité de son âge, comme un brouillard sur sa beauté, une marque — vite effacée — des traits de Zélia, et de son caractère. Pour l'heure, c'était une belle fille au rire facile, à qui la vie n'était que sucre et miel, et Mousin, quoiqu'il en plaisante, était fier de l'avoir à son côté. S'il l'avait menée comme pour la messe, avec le chapeau et la robe à volants, il aurait eu l'air, dans son costume noir, du cocher qui conduit la demoiselle du château. Tous les deux, ainsi vêtus et tirés par Sultane, ils ressemblaient un couple allant à la foire, avec des sous derrière. Était-ce bête, un valet, avoir de ces vanités !

Qu'elle était belle, la fiérotte, et parée à merveille ! Depuis deux mois, on ne l'entendait parler qu'à ce sujet : elle avait décidé, pour ce jour, de s'habiller en Gâtinelle, afin de s'assortir, à ce qu'elle prétendait, avec sa future belle-mère. Irma Rousseau en effet, malgré le gros de fortune qu'ils avaient, était toujours restée vêtue en paysanne mothaise, sans doute pour inspirer confiance à la pratique de son homme. Adélaïde, c'était une autre affaire, un caprice de fille aux yeux jaunes *, un amusement de mascarade. Lhoumeau, bien entendu, avait grand ouvert la bourse pour sa « chère mignonne ». Aujourd'hui, Mousin s'en réjouissait : à Saint-Maixent, on regardait de haut les gens de Gâtine, on les tenait pour des sans-le-sou, des crève-la-faim, gueux comme des rats ! Il l'avait ressenti, aux rares voyages qu'il y avait faits, et s'en était trouvé mortifié. Toujours la misère lui aboierait donc aux trousses, le Limousin d'abord , ensuite la Gâtine ? Un dicton prétendait même, là-bas : « La Gâtinelle a son droguet, si ce n'était sa chemise, son cul paraîtrait. » Aujourd'hui, les Saint-Maixentais ne verraient pas le cul d'Adélaïde au travers de son cotillon — encore que, Dieu pardonne, la vue n'en serait pas à détourner la tête. Demain, il dirait à sa bonne amie son contentement d'avoir mené cette jolie fille de Gâtine chez les méprisants du val de Sèvre. Elle en serait piquée à double, Céline, étant native de Sainte-Néomaye, à une lieue et demie de Saint-Maixent. Il aimait la tourmenter de petites jalousies, elle qui l'enrageait de si grandes !

— Alors, Marie, l'odeur d'enrhumure t'aurait-elle levé la langue ? Ou peut-être que tu la trouves vilaine, Adélaïde, avec son coiffi fin * ?

— Non ! Oh non ! Je la trouve... tiens, encore plus belle qu'avec le chapeau violet. Plus tard, avec mes premières pièces, c'est une Malvina toute pareille que j'aurai : les mêmes broderies, les mêmes dentelles, tout...

Adélaïde prit la main de Marie.

— Je vais te dire : dans trois ans, tu seras grande fille, et c'est moi qui te l'offrirai, la Malvina, avec des sous que j'ai à moi propre, et une robe, aussi, pour mon mariage, la couleur que tu voudras.

Mousin eut un peu regret d'avoir moqué Adélaïde. Cette fille riche gâtée était de grand cœur et de bonne amitié pour Marie. La petite en restait au silence. Aurait-il pu penser qu'elle rêvait d'une coiffe, cette drôlesse aussi forte et courageuse qu'un gars, jusqu'à recevoir une fourche à loup ! C'était une petite femme, avec des envies de parure. Il s'en ressentait tout ensemble attendri, et dans son fond un peu blessé. « Te voilà donc comme un vrai père, le Limousin, tout juste comme ceux-là qui se détournent à la naissance d'une fille, puis se trouvent à la désolation quand ils la voient au bras d'un homme, à la sortie d'église. Et qui donc es-tu, Landry Rebeyrolles, pour juger ainsi sur la coquetterie des femmes, toi qui fouilles des mains, de la figure, de toute ta personne, dans les jupons et les dentelles et les dessous de Céline, et que leur douceur, leur odeur et le bruit qu'ils mènent te montent à la chaleur d'amour ? Va, sois belle, Marie, et pense aux toilettes que tu auras, pour plaire à un homme, et Dieu préserve que ce ne soit à plusieurs, comme celle qui me tracasse. »

Pour le mariage d'Adélaïde, il tâcherait moyen, lui aussi, de faire un cadeau à Marie, un colifichet, ou un petit bijou, une croix par exemple. Le vieux avait ça de bon, dans ses idées de mécréant : il laissait ses valets et ses femmes à la pratique de la religion ; la croix d'or brillait, sur la guimpe d'Adélaïde. Celle de Marie, naturellement, serait d'argent. Pour Céline, il avait aussi des projets, et c'était la raison première qui lui donnait tant de goût à ce voyage.

— Dis-moi, Adélaïde, puisqu'on est sur la parure, je voudrais faire un cadeau à une personne. Du beau, ce qui se fait de mieux, qu'est-ce qui pourrait plaire, à ton idée ?

Adélaïde prit l'air à réflexion.

— Oh ! cela dépend à qui on offre. Est-ce à un poupon ? Une jeune fille ? Une femme d'âge ?

— Arrête un peu, veux-tu ? Je te pose question qui me soucie.

— Je comprends, Mousin, pardonne-moi, je vais tâcher de t'y aider. Voyons... Je lui connais la croix Jeannette, comme la mienne, et le sautoir, plus long encore que celui-ci, je crois. Y a-t-il la montre, au bout ?

Adélaïde tira de sa ceinture la petite montre en or ciselé. Mousin haussa les épaules, que croyait-elle ? Céline avait du bien et ne mettait pas une breloque au bout de sa chaîne, comme celles qui voulaient paraître sans avoir de quoi.

— Naturellement, elle a la montre, et aussi belle que la tienne, tu peux croire !

Adélaïde continua l'énumération, elle avait tout vu, au long des dimanches, à l'église, sur les bijoux de Céline. Il n'en revenait pas, lui qui croyait connaître aux femmes, elles le surprenaient toujours !

— Elle a aussi les pendants d'oreilles, de toute beauté, avec les pierres noires, et deux épingles à tête, en or, pour la coiffe. Elle a des bagues, au moins quatre. Encore que des bagues, on n'en ait jamais trop, qu'en penserais-tu ?

Et allez donc, il s'était mis dans le cas que la coquine lui rende ses piques de tout à l'heure, elle n'allait pas s'en priver ! Il répondit en essayant d'y faire une voix indifférente :

— Non, pas de bague, je voudrais du plus conséquent.

Adélaïde réfléchit un moment, cette fois sans sourire ni moquer.

— Si c'était dans tes prix, alors, je ne vois que ça à lui manquer...

— Pour le prix, ne t'occupe ! Tu penses, va-devant depuis dix-huit ans avec ton grand-père, j'ai mis de côté !

La jeune fille parut soulagée.

— Dans ce cas, Mousin, n'hésite pas, offre un esclavage ! Il n'y a pas plus beau. Je t'aiderai à choisir, si tu veux. J'ai déjà idée sur celui que François me paiera, quand nous serons mariés.

Mousin siffla un coup. Mazette ! Un esclavage ! Il n'aurait pas pensé aller jusqu'à telle dépense. N'importe, il avait compté large dans sa bourse. Adélaïde avait raison, la beauté de Céline valait ce sacrifice. Ce serait donc un esclavage, qu'avait-il à faire d'entasser les pièces dans un creux de mur, derrière son lit ? Il faisait beau, il se mit à chantonner d'aise, en pensant à la joie qu'il ferait à Céline. La vie était tendre, à des fois.

Entre Adélaïde et lui, Marie baissait la tête, depuis un moment. Pauvre petite drôlesse ! Ils étaient là tous deux à parler de sous, de bijoux plus chers qu'une paire de bœufs, alors qu'elle venait du fond d'une borderie de misère, où son père, Pierre Therville, s'attelait lui-même à la charrue, à ce qu'on disait.

La naissance de Pierre Therville

« Dieu de miséricorde ! Pour moi seule, vous serez donc à jamais sans pardon ? Cette épreuve m'attendait encore, vous n'aurez donc jamais pitié ? » A Chaussauvent, Louise Gâtard filait en remuant du pied la vieille berce où s'endormait un poupon. Il était né six mois plus tôt, dix-huit ans après les jumeaux, alors que pour elle la vieillesse était presque arrivée. Elle avait trente-six ans, et se sentait usée de toutes les hontes et de tous les désespoirs, plus chargée d'ans que les pierres des chemins. Et voilà que cet enfant était venu. Jean Therville en avait fait prêche et discours, lui que l'âge n'avait en rien changé.

— Ma chère, je n'aurais pas cru que vous en fussiez capable encore. Voyez le beau présage, ce garçon né un 20 messidor : n'est-ce pas belle moisson ? Nous le nommerons Pierre, à votre accord, bien entendu. Et sur cette pierre, ainsi que l'a dit Notre-Seigneur, je bâtirai non pas mon église, mais ma descendance. Car pour les autres, laissez-moi vous dire que vous n'y avez guère réussi.

Jean Therville tenait négligeables tous les bâtards qu'il avait faits, même lorsqu'ils portaient un nom aussi sonnant que Lusignan de la Réate. On disait d'ailleurs, pour ce cas, que l'époux de la belle Circé, le cocu, s'appelait plus modestement Beugnon, dans la vérité de ses origines. Il n'était de descendance que celle conçue dans le lit du mariage, et les enfants de Jean Therville, jusqu'à la naissance de Pierre, ne lui donnaient fierté ni espérance de transmettre un jour son nom.

Jean, le fils aîné — que l'on appelait Jeantet, pour distinguer de son père et son grand-père —, Jean, à vingt ans passés, avait moins de raison et d'esprit qu'un enfant dans les langes. Il suivait partout son grand-père, qui le traitait bien, et exécutait sans les comprendre les travaux que Jean Gâtard lui ordonnait de faire : sa force était celle d'une bête de somme, il rendait d'appréciables services dans les tâches les plus dures. Il ne s'exprimait qu'à grondements et cris, sans articulation. On pouvait tenir certain qu'il ne se marierait pas.

Louis, le fils cadet, était au contraire de vive intelligence. Son père lui avait appris à lire dans l'Évangile, sans que l'enfant y semblât mettre le moindre effort. Il avait eu ses premières convulsions vers l'âge de sept ans, les jumeaux étaient toujours sentis comme diablerie, et depuis ce jour il tombait du haut mal en crises de plus en plus fréquentes. Quelle fille accepterait jamais un époux tel que lui, au risque de mettre au monde des enfants portant la malédiction ? Jean Therville s'était détourné du fils que la maladie jetait soudain à terre, dans son écume et ses déjections.

Louisette, sa sœur jumelle, si elle ne pouvait en temps que fille porter les espoirs de Jean Therville, aurait pu au moins flatter son père d'une joliesse de traits, d'un charme de tournure : elle était, hélas, tout à la semblance de sa mère et Jean Therville, en la regardant, s'étonnait toujours d'avoir eu désir de Louise Gâtard au point d'en venir au mariage. Il avait laissé faire, lorsque Jean Gâtard avait trouvé pour Louisette un époux à sa convenance, un Pierre Gâtard, de très long cousinage. Le vieux poursuivait lui aussi ce même désir : la survivance de son nom. Avec le mariage de Louisette, il semblait que Jean Gâtard y eût réussi. Jean Therville, lui, en perdait tout espoir.

Pierre alors était né : un mâle, et de forte corpulence, comme son père, encore que son visage tirât sur les Gâtard. C'était un enfant aussi calme et facile que les jumeaux avaient été agités et nerveux. A six mois, il promenait déjà sur les gens et les choses un regard d'intérêt et de compréhension. Sa mère le dodelinait dans la berce, un matin de frimaire, et le regardait, doublement désespérée : le nom de Therville, qu'elle rejetait de toute sa haine, cet enfant allait le perpétuer. Et, pour la première fois de son existence, Louise Gâtard sentait monter en elle la violence de l'amour et de la possession. Les trois autres, elle les avait subis : celui-ci tirait de son cœur et de son corps une passion dont elle pressentait, avec la clairvoyance donnée par le malheur, qu'elle lui porterait encore d'autres tourments et d'autres larmes. Louise Gâtard aimait Pierre, son petit enfant, d'un amour de démesure, et loin d'adoucir ses peines, ce sentiment nouveau la ravageait chaque jour un peu plus, et la brûlait aux angoisses de l'avenir.

Le soir où la belle Céline accepta l'esclavage

27 octobre 1845

Marie avait hâte d'arriver à Saint-Maixent. Depuis un moment, le Grand Mousin et Adélaïde tenaient conversation, au-dessus de sa tête, et ce qu'ils racontaient lui était à ce point étranger qu'elle renonçait même de se mêler à leur conversation. Tant d'argent en dépense, et pour des affaires si petites ! A quoi bon une montre d'or, pour la cacher dans sa ceinture ? Les bijoux de Céline Paget, qu'elle aussi avait observés à la messe, ajoutaient assurément un peu de brillant à son jabot, mais un de plus n'y changerait pas grand-chose. Marie devinait qu'il y avait, à les recevoir et les posséder, d'autres raisons que d'en être parée et embellie. Une robe, large de bas et ajustée de haut, un mouchoir de cou à franges de soie, des rubans brochés, une coiffe de cérémonie, voilà ce qui donnait tournure à une femme, même à une servante. Madeleine, le dimanche matin, quand elle s'habillait pour la messe, avait meilleure allure que Zélia Rougier, et pourtant elle n'avait pas de bijoux, juste les boucles de sa grand'coiffe *, et sa chaîne de ciseaux, alors que la patronne portait le sautoir en or — celui-là même dont Adélaïde se pavanait aujourd'hui — et qui ne rendait pas pour autant sa figure plus avenante ! Un sautoir ! Avait-on idée, des noms pareils ? Zélia Rougier sautait-elle à la corde, avec son collier, comme faisaient les enfants, en se servant de vieux bouts de longe ? Il faudrait qu'elle demande à Mousin, il n'aurait pas fini d'en rire.

A y bien réfléchir, Adélaïde portait seulement deux bijoux qu'il lui aurait plu de posséder. La croix, d'abord : si elle en avait une, elle n'oublierait peut-être pas de dire sa prière, comme il lui arrivait souvent malgré les recommandations de son père. A la Colombière, le vieux ne voulait pas de prières tous ensemble, pas de croix sur le pain, chacun devait se débrouiller tout seul à Notre Père et Je vous salue Marie. Ensuite, la bague d'accordailles : Adélaïde lui avait expliqué que les deux branches serrant un cœur, c'était une lettre, un V, et qu'une telle bague voulait dire : « Mon cœur est à vous. »

— Montre-moi ta bague, Adélaïde.

La jeune fille tendit la main, le petit cœur brillait, mon cœur est à vous...

Le Grand Mousin lui lança un coup de coude.

— Alors, Marie, je te croyais bouquée *, à nous entendre parler de toutes ces affaires, je vois que ça te flatte, au contraire !

— Pas trop, non, et puis ça coûte si gros de sous ! D'ailleurs, un esclavage, je ne sais même pas ce que c'est, ni où on le met...

— « Ni où on le met » ! Ah cette Marie ! Adélaïde va te raconter, moi je n'y connais pas assez pour bien expliquer.

C'est qu'ils l'agaçaient, tous les deux ! Elle n'en avait que faire, de cet esclavage dont ils s'emplissaient la bouche : et on ne fait pas mieux... et il n'y a pas plus beau... et celui que François m'offrira... Elle s'agenouilla sur le siège pour regarder en arrière, et saisit l'occasion de tourner la conversation.

— Il y a une grosse voiture à deux chevaux qui arrive, là-bas. Elle va vite, elle va vouloir passer...

Elle eut plaisir à constater que Mousin se retournait aussitôt.

— C'est le coupé du château de la Barre. Je connais bien le cocher du vieux Chastenet, et ses bourriques aussi. Ils ne sont pas encore à nous rattraper, crois-moi !

Adélaïde, elle aussi, avait jeté un regard.

— Marie n'a pas tort, Mousin, tu devrais te ranger au bord, je t'assure.

Il y avait un éclat, dans les yeux de la jeune fille, qui démentait le raisonnable des paroles. Allons, ils avaient trouvé à s'occuper, tous les deux, et du plus excitant que les bijoux de Céline Paget, à l'avis de Marie ! Mousin fit un grand sourire à Adélaïde, ses yeux noirs étrécis jusqu'à n'être plus qu'une fente, d'où pétaient la joie et la malice. Qu'allait-il inventer encore ?

— Je vais me ranger, oui, ma jolie, juste le temps de lever la capote. Ils sont encore loin, heureusement !

Le grand avait déjà sauté à terre et trouillait la manivelle tout en parlant.

— Tu vois, bestiasse que tu es, si tu avais écouté ta mère et porté ton coiffi dans une boîte, nous aurions pu continuer. Il est vrai que Mademoiselle Rougier n'est pas à l'habitude de mettre une Malvina, et moi, n'est-ce pas, comme chambrère, je n'ai pas trop la main pour rapiloter les chignons. Enfin, pas vrai, je ne veux quand même pas t'amener à Saint-Maixent, dépeignée à perdre face !

Il riait en parlant, le Limousin, il n'était pas fâché, tout le contraire, et « Mademoiselle Rougier » non plus, qui trépignait d'impatience.

— Vite, Mousin, plus vite ! Ils nous approchent !

Mousin remonta sur le siège. Son fouet toucha Sultane à la croupe, un coup de toute légèreté, il avait claqué fort en l'air, et juste effleuré la jument qui partit au galop. Mousin cligna de l'œil vers Adélaïde, et se mit à chanter :

— *Tiens-toi bien, y'allons galoper, si tu te tiens pas, tu cherras, Délaïde. Tiens-toi bien, y'allons galoper, si tu te tiens pas, tu cherras dans le fossé.*

Marie était au comble du bonheur. Adélaïde avait lâché sa coiffe, que la capote à présent protégeait de la course, elle se tenait à la ridelle, et avait passé son bras autour des épaules de la petite. Bien serrée entre le grand valet et la jeune fille, Marie Therville se sentait à l'unisson de leur joie de vivre.

Mousin jeta un regard à travers la lunette ovale, au fond du cabriolet. Les salauds ! C'est qu'ils se rapprochaient, et vite ! Quoiqu'il les eût traités tout à l'heure de bourriques, les chevaux du vieux comte de Chastenet étaient de belles bêtes, qui tiraient de vaillance, et Coutineau, l'homme à tout faire du château, s'y entendait à les mener. Heureusement, le coupé n'était pas de prime jeunesse et mal entretenu sans doute, comme le reste, dans cette maison où tout allait à décadence. Si les Chastenet s'efforçaient encore de garder leur rang, ils ne pouvaient, à bout de fortune, empêcher que tout s'effondre et se dégrade au fil du temps : les toits, les tours et les murailles battaient misère un peu plus chaque année. On pouvait entendre, à présent, les cris de Coutineau : un cocher de grande maison savait donner de la voix, et connaissait toutes les voitures de dix lieues à la ronde.

— Oh ! Oh ! La Colombière ! Père Lhoumeau ! Laissez passer, voyons ! Place ! La place !

Cause toujours mon bonhomme et viens voir si j'y suis... C'était le bouquet : Coutineau imaginait le vieux patron de la Colombière en train de mener cette cavalcade ! Plus jeune, il en aurait été capable, assurément, et pour d'autres raisons que celles de son valet : Aimé Lhoumeau mettait son acharnement et sa fierté à ne jamais baisser culotte devant ceux qu'il appelait les « beaux messieurs ». Mousin, lui, s'en foutait comme de son premier sifflet : le coupé du château de la Barre ou la mue d'un marchand de gorets pouvaient lui japper au derrière, c'était pour lui du pareil au même, il tirait à la longe *, c'était la voiture qu'il ne voulait pas laisser passer. Il lança plus fort Sultane. La brave, la superbe ! Elle accéléra encore le train. Le cabriolet était dans son neuf, fait de deux ans à peine chez Clotaire Rouvreau, charron à Vausseroux : un homme qui tâtait à son métier, Dieu merci ! Les roues tournaient rond, sans un à-coup, et même à cette allure l'équilibre en était si juste qu'on ne risquait pas de verser ! Le coupé, malgré tout, s'était encore rapproché. Adélaïde ne riait plus depuis un moment.

— Attention, Mousin, il faut cesser. Je crois qu'ils vont nous accrocher, si on continue. Imagine-toi si on cassait ou si Sultane était blessée !

Elle avait raison, il devait l'admettre à grand regret. Il ralentit l'allure, resta quand même un bout de temps droit au milieu de route, puis mit Sultane au pas sur le bas-côté. Coutineau se retourna en les passant, et arrêta presque son attelage.

— C'était donc toi, grand con, sacré fi de putain ! J'aurais dû me douter, tu es capable de tout !

Mousin cracha par terre avant de répondre.

— Oui, c'était moi, vieux singe, moi, le Limousin de la Colombière ! Et si le Bon Dieu t'aime autant que je t'emmerde, tu seras vite au Paradis !

Le coupé s'éloignait, Mousin cria encore, pour mieux se soulager la rate, des insultes qui lui remontaient de sa jeunesse.

— Foumareï ! Façа à biça lou cu do chi ! Mingeo-merda [1] !

Adélaïde et Marie pleuraient de rire. Qu'on soit de Poitou ou de Limousin, pas vrai, il y avait des mots qui restaient dans leur même figure, et Marie répétait :

— Mingeo-merda ! Mingeo-merda !

Mousin la fit taire : quand même, une drôlesse ! Il tira sur les guides et Sultane repartit au petit trot. Il se mit à siffloter. Il verrait Coutineau à la foire, du moins il l'espérait. Le sacré fi de garce, c'était un vrai bon gars, et, s'ils en avaient le temps, ils trinqueraient un coup en se répétant la course, ce n'était pas tous les jours qu'on avait occasion de s'amuser autant ! Le comte de Chastenet, dans son coupé, il avait dû être baratté là-dedans comme le beurre de la Chapeleau ! Si Lhoumeau venait à l'apprendre , il ne rirait pas — il ne riait quasiment jamais — tout de même, dans son fond de vieux républicain, il en serait sûrement aise.

Bon, ce n'était pas le tout de se distraire un brin, les affaires de la journée étaient assez sérieuses pour qu'il y

1. Fumier ! Face à embrasser le cul du chien ! Mange-merde ! (oc).

réfléchisse avant d'arriver, il y avait encore petite demi-heure de trajet.

— Discutez ensemble, mes drôlesses, laissez-moi en paix, à présent.

Six juments mulassières à acheter, excusez du peu, même avec un gars franc honnête comme Rousseau-le fils, il y fallait du nez et de la connaissance. Mousin aurait eu goût pour le commerce des bêtes, il y pensait parfois, s'il venait à quitter la Colombière. Après la mort du vieux, savait-on ? En commençant petit, bien entendu ! Il se sentait de force, avec du flair et du bagoût, et n'ignorait rien de ce qui pouvait transformer — pour un temps — une carne moitié crevée en bête de passable apparence. Qu'on mette une gousse d'ail dans le fondement d'un vieux bidet, et il galopera comme un poulain au bout de sa longe... Ces trompe-couillon, on ne les faisait pas à Charles Rousseau, et il n'en usait pas non plus : il n'achetait que du plus beau, et vendait de même. Pour sûr que dans les fins fonds de l'Espagne, on n'avait jamais trouvé à redire sur les mules de Rousseau-le fils. Cette droiture plaisait à Mousin, il méritait ses sous, le futur beau-père d'Adélaïde. Enfin, même en confiance, il ne s'agissait pas d'acheter chat en poche : Rousseau en aurait perdu estime pour la Colombière, si le représentant de Lhoumeau, et de ricochet celui du Theuil, avait pris sans discuter ni marchander.

« Le représentant du Theuil ! Vois-tu où ça peut mener un homme, la vanité de son état, Landry Rebeyrolles ? A rouler dans ce cabriolet, avec cette jument, une belle fille et la bourse de Guérinière, te voilà à faire le fanfaron, pauvre mangeur de châtaignes ! Redescends sur terre, et dans ta condition, Limousin ! Le vieux te l'a dit : " Adélaïde et les Rousseau à l'hôtellerie des Trois-Pigeons, Marie et toi au Bœuf-Couronné, c'est là que mangent les valets. " »

Eh oui, chacun sa place, même avec les idées de Lhoumeau, on ne mélangeait pas le froment et la baillarge ! Mousin y entendait moins que miette à la politique, il savait seulement que ce n'était pas de demain la veille le changement et le brassement de tout ça ! Quand même : amener cette mignonne au Bœuf-Couronné, avec tout ce qu'on y entendait, à faire rougir la pelle et les pincettes ! Bah ! Il verrait le moment venu. Sous la promenade des Allées Vertes, il se vendait des grillades d'anguilles, des bouillitures de cochon, des gaufres et des fouaces. Comme disait l'autre, tout fait ventre pourvu que ça rentre, et pour une fois on pourrait se passer de soupe.

Saint-Maixent apparaissait au loin. Ils en avaient encore pour un moment avant d'atteindre le faubourg Châlon. Ici, les gens disaient : « Qui voit Saint-Maixent n'est pas dedans. » On croyait toujours être arrivé, l'église avait un si haut clocher qu'il se voyait longtemps d'avance. Une brume coulait sur la vallée de la Sèvre, la matinée était chaude : croyait-on être à quatre jours de Toussaint ? Le vieux le répétait souvent, il n'y avait plus de saisons.

— Je te préviens, Adélaïde, je ne vais pas attendre à Saint-Glinglin. Ce n'est pas pour dire, ta belle-mère, elle n'a peut-être pas assez de sous et de personnel pour se faire conduire ? Enfin, c'est comme ça qu'on vient riche, pas vrai ?

Adélaïde n'était pas loin de partager l'énervement du Grand Mousin. Ils attendaient devant l'auberge de la Tête-Noire où s'arrêtait la diligence de la Mothe. Madame Rousseau-le fils n'était pas venue avec son mari, qui devait, lui, se trouver dès patron-minette sur le champ de foire.

— Je n'y peux rien, mon pauvre, et ce n'est pas moi qui te demande de rester. Tu as des façons de vieux bonhomme, à des moments, on jurerait pépé : que veux-tu qui m'arrive, si tu t'en vas ?

Le va-devant parut soulagé.

— Au moins, je vous emmène jusqu'à la porte Châlon. Vous verrez arriver la patache, et c'est de meilleure fréquentation pour y attendre, que le devant de ce cabaret.

Il continuait à parler, tout en marchant de si grand compas qu'elles devaient courir à le suivre.

— Je compte sur toi pour tenir ta langue devant ton grand-père, qu'il ne sache pas que je t'ai laissée... Comprends bien : les plus belles bêtes ne seront pas pour moi, si je tarde encore.

« Ne seront pas pour moi... » Il se poussait du col, le Limousin ! Tout à fait agacée, Adélaïde lui répondit en faisant son « ton de patronne », comme il disait.

— Va donc, Mousin, et vite, aux juments de Guérinière. D'ailleurs, je ne suis pas seule, Marie est avec moi.

Tout aussitôt le grand se relança, sans paraître faire cas de la remise en place.

— Ah ! Marie, justement ! Quand la Rousseau... Quand madame Rousseau arrivera, lâche Marie, puisque je dois faire la bonne d'enfant. Ah ! je te jure...

Il souriait à Marie tout en parlant. Le bon gars ! Adélaïde eut regret de lui avoir causé dur. Encore heureux, il n'y avait pas porté attention. Ils étaient arrivés devant la porte de ville, et Mousin ajouta :

— Je serai là-bas, au fond de la place du vieux château. Tiens, regarde, Adélaïde : toutes ces mules pomponnées de rouge, c'est la cavalerie de Rousseau-le fils. C'est tenu impeccable, tout ça, une belle affaire ! Marie, il faudra que tu trouves à t'occuper toute seule, je ne veux pas te voir autour des bêtes, et entends-moi du premier coup ! Reste sous la promenade, une fouildre est vite venue. Toi qui as réchappé d'un loup, manquerait plus que tu sois infirme le restant de tes jours. Allez, adieu mes bellottes. Marie, je te trouve à midi, et toi, Adélaïde, vers les quatre heures, devant Leroy, place du Marché.

Elles le regardèrent descendre en courant vers la place, rendu plus long et plus maigre par le noir de son costume. Marie tira la main d'Adélaïde.

— Moi, je l'aime mieux avec sa blouse. Vois-le : on dirait une grande ageasse qui court dans le guéret ! Et c'est quoi, sa fouildre ? Une bête ? Comme un rat-fouin, peut-être ? Tu penses, si ça peut me faire peur et m'estropier ! Il ne veut pas de moi, c'est tout !

Adélaïde la secoua par le bras.

— Ah oui, vraiment ! Tu peux faire ta fière, voilà ce que c'est une fouildre, petite sotte !

Et elle se mit à raconter que parfois, sans qu'on sache ni quoi ni comme, toutes les bêtes d'un foirail, les mules surtout, semblent prises de folie, brisent leurs longes, galopent, ruent, renversent et piétinent, à désolation sur leur passage.

— On dit que ce serait une mouche, la mouche des foires, comme on l'appelle. Beaucoup prétendent, et je les crois, que ce sont des vauriens, des bandits, des baladins, qui jettent cette rage aux mules, avec des poudres sorcières. Quand la fouildre est passée, on ramasse les blessés, les morts quelquefois, et toujours on s'aperçoit qu'il manque des bêtes, et des bourses aussi, même des montres...

Adélaïde prenait grand plaisir aux évocations de peurs, massacres et tragédies. « Dis-moi la fouildre de Champdeniers, pépé, quand tu étais jeune. Et celle de Sainte-Néomaye, quand tu étais monté à un arbre, avec Joseph Guérineau... » Elle se les était tant fait raconter, ces sauteries de mules et de bétail — avec les taureaux, surtout, c'était l'horreur — qu'il lui semblait les avoir vécues.

— Alors tu vois, obéis à Mousin, et pour une fois ne réplique pas.

Marie, de fait, ne disait plus rien, et baissait la tête. Au bout d'un temps, elle demanda :

— Et Mousin, alors, vois-tu que ça lui arrive ?

— Sois rassurée. Il t'a mise en garde, de prudence, parce qu'il te sait risque-tout, tu l'as montré. Une fouildre, ça n'arrive pas à toutes les foires, et jamais encore aux mules de Rousseau-le fils, elles sont gardées en conséquence !

Elle ajouta, pour finir de consoler Marie :

— D'ailleurs, le Limousin, avec ses grandes jambes, il s'arracherait vite, au cas ! Toi, tu seras sous les allées, beaucoup mieux, il y a plus à voir. Au champ de foire, tu n'aurais que des bestiaux, des bouses et des crottins, des hommes qui crachent partout : si c'est ce qui t'intéresse...

Marie riait, à présent.

— Et je te donnerai cinq sous, tu pourras t'acheter un bâton de sucre brûlé. Si ce n'était que de moi, tu resterais avec nous, mais tu comprends, ma future belle-mère...

— Tu sais, Adélaïde, je suis déjà si contente d'être venue ! De ce moment, je serais à Beausoleil, à cracher sur ma filasse. Quelle heure est-il ? Ici, avec les maisons partout, je ne vois pas bien la hauteur du soleil.

La jeune fille tira la montre de sa ceinture : neuf heures et demie, déjà ! Mousin n'avait pas tout à fait tort, quand il parlait sur sa belle-mère. Quelle idée, de prendre la diligence, quand on avait en remise deux cabriolets et un coupé ! Adélaïde, lorsqu'elle serait Madame Rousseau-le jeune, saurait leur faire voir l'air, aux voitures ! François lui avait d'ailleurs promis qu'ils auraient aussi une victoria, c'était tout nouveau ; d'après lui, on ne faisait pas mieux pour mettre en valeur la toilette des dames. On commençait d'en voir à Paris, c'était une mode d'Angleterre. Pour le moment, l'attente ne pesait pas trop à Adélaïde. L'animation était grande à la porte de ville, et dans la rue Châlon, qui lui faisait suite. La jeune fille sentait sur elle le regard des passants ; que ce soit homme, femme ou fille, tous portaient les yeux sur elle, elle n'avait pas raté son coup ! Elle se sentait grandie par la coiffe, dont le fond haut levé, tout en dentelle, se montait encore d'un pouf à rubans flottants. En vérité, c'était une coiffe riche et flatteuse à la mine avec ses pantines à trois rangs de tulle, brodé et tuyauté, qui encadraient le visage. Elle saisissait des réflexions.

— Tu as vu la Malvina ?

— Et sa tenue, regarde-moi ça ! On ne se mouche pas avec un dail *, en Gâtine !

— Ils ne sont pas tous à chercher leur pain, on dirait !

Elle était satisfaite de sa robe tout autant que de sa coiffe : quand il s'agissait de la parer, son grand-père ne comptait pas les sous ! Elle avait choisi un tissu mauve qui lui avivait le teint : elle se trouvait trop pâle et se pinçait souvent les joues pour les faire rougir, de même qu'elle se mordillait les lèvres. Pour relever encore l'ensemble, elle portait un châle autrichien violine, semé de bouquets de roses : une folie ! Sa mère s'en était récriée, heureusement son pépé l'avait soutenue.

— Ce n'est pas à trente ans, quand elle sera vieille, que la mignonne aura goût à la toilette. Qu'elle profite de sa jeunesse !

— Je ne dis pas, mon pauvre père, avoue quand même que c'est une ruine, et pour mettre une seule fois.

Sa mère avait encore grogné sur les passementeries de soie — presque aussi chères que l'étoffe — dont la couturière avait orné l'encolure, le bas des manches et le tour de la jupe. Cousues à festons compliqués, les soutaches roses et violettes soulignaient la finesse de la guimpe, et paraient comme un bijou. Léa Jamin, la couturière de Menigoute, avait passé deux semaines à la Colombière, le résultat valait la peine !

Le trafic augmentait dans la rue, et l'attente commençait à se faire longue. Adélaïde et Marie repassèrent à nouveau la porte Châlon : la diligence était arrêtée devant la Tête-Noire, sans qu'elles l'aient vu arriver. Madame Rousseau-le fils traversa la route, elle parut à Adélaïde grosse comme une tour, dans le large de son jupon. Elle marchait vite, pour une femme aussi corpulente et arriva bientôt devant la jeune fille, dans un déversement de paroles que ses bras semblaient mouliner, pour que tout le monde profite.

— Et que vous êtes belle, ma chère petite, avec cette Malvina !

— Où votre mère trouve-t-elle une lingère pour tuyauter aussi fin ? A la Mothe, c'est qu'on a mille peines, les gens ne veulent plus travailler. Êtes-vous sûre qu'elle est posée d'aplomb ?

— Heureusement que François, depuis quatre ans à Paris, pensez donc, il vous préfère à la mode de ville et que vous n'aurez pas ce tintouin des coiffes !

— Ah ! je dis toujours quel crève-cœur, un fils unique, et tout ce qu'il faut pour un remplaçant, vouloir à toute force faire son service !

— Et savez-vous la meilleure, c'est qu'on a failli verser, c'est fini pour moi, plus de diligence, remarquez je le regrette, pour la conversation, enfin, pas vrai, que voulez-vous...

Adélaïde n'arrivait pas à couler un mot entre ces questions et ces exclamations qui sonnaient dans la rue comme une trompe de chasse. Elle secouait la tête, oui... non... oui... non... Elle regrettait mille fois d'avoir pris la coiffe et le costume qui l'apparentaient à cette grosse bonne femme ; il lui semblait qu'un mantelet, un chapeau, des gants, l'auraient posée dans le comme il faut de la bourgeoisie, et mise hors d'atteinte de la gêne et de la honte que lui apportait le comportement de la mère Rousseau, vieille harpie ! Elle se rongeait d'impatience et de rage, et se calait dans l'idée qu'il lui fallait dès ce jour réagir, ne pas se laisser mener par la mère de François. Elle était assez sûre de son emprise sur le jeune homme pour se décider à rompre cette tyrannie des femmes sur leur bru, qui était tradition dans la famille Rousseau, à ce qu'elle savait. Irma Rousseau avait été dressée dur, quinze années, par sa belle-mère, et semblait prête à agir tout comme, avec Adélaïde : tel qu'elle avait reçu, elle donnerait. Elle ne connaissait pas encore à qui elle allait se mesurer.

Madame Rousseau, tout en parlant, se baissa pour reprendre le panier qu'elle avait posé à terre. Il fallait encore qu'elle ait un panier ! Pourquoi pas des canards à y tendre le cou ?

— Et votre grand-père ? Il est à ses affaires, comme de juste. Soyez tranquille, il aura le plus beau, la fine fleur des mulassières. Si je ne l'ai pas dit cent fois à Rousseau, je ne lui ai pas dit une fois : ce qu'il y a de mieux pour le père Lhoumeau !

Adélaïde saisit l'occasion, coupa la parole, interrompit le flot.

— Non, justement, grand-père est souffrant, c'est le Grand Mousin...

Elle s'entendit crier, honte et étonnement, et baissa la voix, en prenant garde de n'y laisser paraître le moindre accent du parler de Gâtine.

— C'est notre grand valet, le Limousin, qui est venu.

— Un valet ? Mais enfin, ma pauvre enfant...

De nouveau Adélaïde brisa la suite des réflexions qu'elle sentait venir, avec un ton d'aisance et de certitude, sa voix de patronne, comme disait Mousin justement.

— Il est des plus capables, soyez-en certaine, et porte toute la confiance de mon grand-père et celle de maître Guérinière. Marie Therville nous a accompagnés, et elle va le rejoindre : ils prendront leur repas au Bœuf-Couronné, naturellement.

Madame Rousseau reposa son panier.

— Et comment, la petite Therville est avec vous ? Imaginez : je ne m'en étais pas aperçue ! Quelle bonne idée ! Si, si ! Figurez-vous qu'on a toujours peine à me croire quand je raconte cette histoire. Quelle histoire ! Et que c'est arrivé à la Colombière ! Il s'en trouve toujours à penser que j'invente ou que j'exagère, voyez si c'est mon genre ! Qu'elle reste avec nous, surtout. Je l'ai vue servir à la Colombière, elle saura se tenir aux Trois-Pigeons. Nous y rencontrerons deux ou trois personnes de ma connaissance à qui je pourrai de même clouer le bec, et comment ! Et voyez si elle est nippée ! Ma petite, vous l'habillez riche, votre bergère... A mon goût, et ce que je vous en dis c'est façon de parler, vous devriez lui tirer les cheveux, sous son bonnet. Peignée comme elle l'est, je lui trouverais un peu le genre galopine.

Adélaïde avait elle-même habillé et coiffé Marie, le matin, quand la petite l'avait suivie dans sa chambre.

— Comme une poupée ! avait prétendu sa mère. Tu t'amuses à la poupée, avec cette drôlesse, et je sais ce que ça nous coûte, on viendrait à la ruine, de tes caprices !

Adélaïde avait fait confectionner, pour offrir à Marie au moment des étrennes, un jupon bleu bordé de velours noir et le Caraco assorti. Elle avait elle-même brodé à festons un béguin de piqué, qui nouait sous le menton. Puisque l'occasion arrivait de les mettre, elle les avait sortis de son cabinet, à la joie de Marie : tout à neuf, et d'un seul coup. Elle lui avait laissé les cheveux flottants sous le béguin : c'était un peu vrai, elle en avait conscience, elle jouait à la poupée.

— Regarde, tu ressembles aux images du feuilleton que je lis. Et tu sais comme elle s'appelle ? Fleur de Marie...

Le genre galopine ! Vieille teigne... Adélaïde arrangea les cheveux de Marie, les étalant à plaisir sur les épaules.

— Oh ! vous savez, moi qui lis beaucoup, je suis tenue au courant, je peux vous dire que c'est la mode, de laisser les petites filles en cheveux. Ils s'abîment si vite, à toujours les tirer, sous les coiffes et les bonnets ! Un jour, si j'ai une fille...

Il en aurait fallu davantage pour que madame Rousseau comprenne l'allusion. Les voyait-elle, seulement, les crans de sa coiffure, si menus de cheveux que la peau paraissait au travers ?

— Une fille ? Ah ! ne parlez pas de malheur... Enfin, pas vrai, la tignasse de votre bergère, si c'est votre goût.

Madame Rousseau reprit son panier. Adélaïde, d'avoir tenu tête, se sentait remontée. Il fallait continuer, son avenir, elle le sentait, dépendait de ces premières victoires. Avec toutes les façons et les politesses apprises aux Ursulines, elle s'apprêtait à tenir l'assaut et mieux encore à le mener. Marie la regardait, avec dans les yeux une lueur de rire et d'admiration. Elle comprenait tout, cette jolie. Le genre galopine ! Adélaïde lui prit la main, fit à madame Rousseau une petite révérence.

— Il me faut prévenir notre valet, et j'ai aussi oublié de lui donner quelques ordres, pour notre retour. Je ne vous demande pas de nous accompagner, ne prenez pas cette peine. Juste quelques minutes, nous serons de retour.

Sa future belle-mère resta un instant bouche ouverte, sembla hésiter.

— Allez donc, ma mignonne. Ah ! c'est beau la jeunesse ! Moi, d'être restée piquée debout, avec mes varices, les jambes me rentrent dans le corps. Vous me trouverez assise chez Boinôt, le bourrelier. Rousseau me dit toujours : « Il n'y a que toi pour... »

La jeune fille n'écoutait plus, elle s'éloignait avec Marie. Elle avait eu le dessus, Adélaïde Rougier, et cette fois à partie difficile ! Elle en aurait chanté.

Marie avait la tête tournée par la succession des événements. Depuis le matin elle avait connu plus de nouveautés et d'agitations que dans toute sa vie : même le bal à Guérineau était peu de chose, en comparaison. Elle était assise sur une borne, devant la boutique de Leroy l'horloger ; la place du Marché était l'endroit qu'elle préférait : les auberges y étaient à touche-touche, et bien que le marché soit depuis longtemps terminé, ça grouillait de sorties et de circulations, et Marie se disait qu'elle pourrait ainsi rester des heures à regarder marcher les gens, sans que le temps lui dure. Un jeune monsieur bourgeois était déjà passé quatre fois, jetant chaque coup un clin d'œil vers Adélaïde.

Toujours la jeune fille détournait la tête, l'air malcontent, comme elle avait tort ! Marie, elle, à chacune de ses allées-venues, le détaillait de pied en tête, ravie de ce qu'elle voyait : le chapeau, surtout ! Haut du fond, brillant comme ciré, il en sortait deux touffes de cheveux qui pendaient au long des joues comme des pattes de lapin. Il venait encore de repasser, plus lentement cette fois, comme s'il allait parler. Juste à cet instant, Adélaïde appela.

— Viens près de moi, Marie, viens voir !

Marie se leva de sa borne, à regret. Adélaïde tournait le dos à la place et regardait à l'intérieur de l'horlogerie. Le jeune homme s'était éloigné, il avait pressé le pas et disparu derrière la petite halle. Adélaïde se retourna et reprit sa marche de long de large, une fois de plus elle s'impatientait.

— On arrivera à grand noir, il faut quand même le temps de voir et choisir. J'espère qu'il se décidera vite, il n'y connaît rien et moi j'ai déjà mon idée. Quand même, il faut réfléchir avant...

Marie commençait à être lassée de tant de manières, bonjour mesdames et qu'est-ce que ce sera, et montrez-nous le plus beau, n'est-ce pas ? Avec la Rousseau, depuis le matin, elles étaient entrées dans une bonne vingtaine de boutiques. Tout y était nouveauté, pour Marie, jusqu'aux odeurs, ah ! le parfum de cette graine, chez l'épicier, comment disait-il ? Du café, oui, c'était le nom. Adélaïde en avait acheté, en faisant plein de manières, sentant d'un sac, puis de l'autre, comme si elle y connaissait. Cet aplomb qu'elle avait ! le café, on n'en avait jamais vu à la Colombière.

— Vous faites porter chez Morisson, le maréchal, il a notre attelage en remise...

Tout plaisait à Marie dans les boutiques, elle regrettait seulement qu'il faille autant de façons pour acheter ce qui faisait envie, quand on avait un tas de sous dans sa bourse. Chez l'apprêteur de bas :

— Vous pourriez peut-être rabattre un peu, sur cette douzaine, voyez, il y aurait une maille manquée, ici...

Chez le galonnier :

— Si vous aviez les mêmes, en bleu prussien, avec un peu de rose...

A chaque fois des mines pas possibles, et madame Rousseau la bouche en cul de poule. Le mieux avait encore été chez le tapissier. Marie ignorait jusqu'à l'existence de ce métier : ainsi, on pouvait faire des sièges autrement qu'avec du bon bois et de la paille ? Il leur en avait fallu, un temps, à choisir le « salon » pour le futur ménage d'Adélaïde ! Le tapissier leur montrait des images, ce n'était jamais ça ! Au bout d'une éternité :

— Regarde, Marie, ce que j'ai choisi, c'est superbe, qu'en dis-tu ?

Rien. Marie n'en disait rien, elle sentait que c'était préférable : des pieds torses, de l'étoffe rouge effrangée du bas en noir et doré, les fauteuils lui semblaient des bonnes femmes accroupies à leurs besoins. Il valait mieux secouer la tête, oui oui, l'air de trouver si beau qu'on en avait la parole levée !

Enfin, il y avait eu la saboterie. Elle évitait d'y penser, depuis le matin. Qu'elle y songe un bon coup, qu'elle le tourne et retourne dans sa tête, que ça la soulage comme de vomir, et puis qu'elle oublie ce noir sur sa journée, cette impuissance, ce dégoût, cette horreur qu'elle n'oserait raconter à personne. Elle se rassit sur la borne, Adélaïde continuait à aller venir sans plus s'occuper d'elle.

Quand elles étaient revenues de parler à Mousin Madame Rousseau avait déclaré :

— Ma petite, il ne sera pas dit que je ne marque pas ce que tu as fait. Je vais te payer des sabots vernis. Il y en a toujours un beau choix chez Pironneau.

Elles étaient entrées dans une petite échoppe, un bonhomme était assis au fond, à gosser *. Il s'était levé, tout vieux, tout difforme.

— Vous la faites essayer, père Pironneau, du beau, et vous ferrerez de première qualité. Nous revenons la chercher dans un moment, parce que nous avons tant à faire, pas vrai...

Le vieux avait fait asseoir Marie sur un banc. Des sabots étaient accrochés par taille, tout au long d'un mur. Il en avait pris plusieurs paires et s'était agenouillé devant Marie.

— C'est que tu as le pied fort, ma jolie mignonne, il faut forcer...

Et les mains montaient de la cheville au genou, pinçaient les cuisses, essayaient de les écarter. Elle n'avait rien dit, perdue de honte, comme si elle était coupable d'un impensable péché, tendue sur l'effort qu'elle faisait pour garder les jambes serrées. Pire que Julien ! Lui, elle te l'avirait d'une gifle ou d'un coup de pied quand il lui troussait les cotillons, il riait, il avait douze ans... Mais ce vieil homme ! Elle s'était mise à pleurer. Le sabotier l'avait regardée, ses mains s'étaient arrêtées de fouiller, de pincer et de pétrir. Marie, honteuse aussi de ses larmes, avait rabattu son jupon, puis s'était mouchée.

— Ceux-là te vont. Tâche de t'arrêter : si elles te voyaient de même...

Sa voix menaçait d'une autre horreur, elle avait essuyé ses yeux. Il finissait de ferrer les sabots quand Adélaïde et sa belle-mère étaient revenues.

— Eh bien j'espère ! Vous avez eu bon goût, père Pironneau ! Et voyez, Adélaïde, comme la petite est contente, et comme ses yeux brillent !

Marie avait dit merci, en baissant la tête. Adélaïde l'avait regardée avec étonnement, comme à deviner sans dire, et Marie dans sa tête suppliait la jeune fille de n'en jamais parler, jamais...

— C'est la surprise, et la joie sans doute : pensez, un tel cadeau !

— Mais enfin, Marie, où es-tu rendue ? N'entends-tu pas que je te cause, depuis un bout de temps ?

— Oui, j'ai entendu... Je regardais si Mousin arrivait. Tiens, c'est lui, là-bas, je reconnais Sultane. C'est parce qu'il a voulu atteler avant de venir, qu'il est en retard.

Mousin sauta à terre. Marie s'était levée, il attacha Sultane à l'anneau de la borne. De voir le grand valet, sa bonne figure et sa chaleur d'amitié, la petite se sentait délivrée du vieux qui soufflait à ses pieds comme à s'étouffer. Non, jamais plus elle n'y repenserait.

— Eh bien, mes jolies, il va falloir faire vivement. On entre et tu te décides vite, Adélaïde. Je me fie en toi pour tout, et ne t'occupe pas de la coûte. Bien entendu, si on peut faire rabattre un petit... Et toi, la Marie-drôlesse, tu es contente, j'espère ?

— Oui, je suis contente. Et tu vois, Madame Rousseau m'a payé des sabots : il y a une fleur, dessus...

Adélaïde l'interrompit.

— Ne perdons pas de temps en parlottes, maintenant. Le plus important reste à faire. Tu es toujours décidé, Mousin, un esclavage ?

Elle n'attendit même pas la réponse et poussa la porte. La boutique était petite. Un homme était penché sous une lampe, tout au fond, avec une drôle de lunette vissée à un œil. Marie resta un instant à ne savoir où regarder : partout, aux murs, sur les tables, des horloges, des pendules, des pendulettes, des montres. La lumière bougeait sur les balanciers, toute la boutique semblait vivante, comme si partout des cœurs battaient. Tant de mécaniques, pour mesurer le temps et sonner l'heure, tant de roues à dents menues pour bouger deux aiguilles... Marie eut soudain conscience de tout ce qu'elle ignorait. Une jeune dame s'avança vers eux, habillée brillant, moitié bourgeoise, moitié paysanne. Elle souriait. Vraiment, les gens de commerce était de grande avenance, jamais Marie n'avait vu en un jour tant de sourires et figures d'amabilité.

— Messieurs-dames, vous désirez ?

Le Grand Mousin restait près de la porte, comme intimidé. Leroy l'horloger avait enlevé sa lunette.

— Tiens, je vous reconnais, Rebeyrolles. La montre ne marche-t-elle plus ? Voyez, je n'ai pas oublié ma gravure, votre nom semble si peu à ceux d'ici !

Adélaïde prit la parole avant que Mousin ait pu répondre.

— Non non, il ne s'agit pas de la montre. Le Limousin... Monsieur Rebeyrolles... voudrait voir pour un cadeau : un esclavage. Je suis Adélaïde Rougier, de la Colombière, où il est va-devant, et je vais l'aider à choisir. Un homme, n'est-ce pas...

— Bien entendu. Nous allons vous montrer. Avez-vous

idée du prix que vous voulez mettre ? Asseyez-vous donc, Mademoiselle.

La jeune fille s'assit, étala sa jupe, tripota son sautoir, arrangea sa croix sur sa guimpe. Marie comprit que toutes ces singeries voulaient dire : « Voyez, j'ai de quoi, j'y connais aux bijoux et aux parures... » Ah ! cette Adélaïde !

Un trousseau de clés pendait à la ceinture de la bijoutière. Elle ouvrit une forte armoire en chêne, la porte en était plus épaisse que celle de la cave, à la Colombière. Elle posa sur la table une pile de boîtes noires, à fermure dorée. Elle ouvrit la première et la présenta à Adélaïde. Mousin s'était approché, Marie fit pareil, curieuse de cet esclavage. Un collier d'or brillait sur du velours blanc, trois rangs de chaînes ouvragées comme des broderies et réunies en festons par des plaques de couleur. Le pendant du milieu, aussi riche qu'un ostensoir, semblait comme une fleur, avec en son cœur une pierre rouge. Il en coulait encore une pendeloque, une dentelle d'or terminée par une perle blanche.

— Voici notre premier prix : quatre cent quatre-vingts plaques émaillées surchoix, voyez la finesse des bouquets, différents sur chaque plaque. Voulez-vous le passer, Mademoiselle, pour juger de l'effet, sur votre guimpe il serait en valeur...

Adélaïde eut un sourire qui la rendit soudain pareille à un tout petit enfant. Elle tendait déjà la main. Mousin l'arrêta, il parlait pour la première fois depuis leur entrée dans la boutique.

— Non pas, nous sommes à la presse, sortez un peu d'autres, qu'on voie.

Leroy était venu les rejoindre, à la petite table. Il ouvrit lui-même la boîte du dessous.

— Alors passons tout de suite à notre plus belle pièce. Voyez déjà l'écrin, chagrin véritable, et le travail du fermoir...

Écrin, chagrin, Marie ne s'étonnait plus de rien. Adélaïde avait la face tendue, presque douloureuse, en se penchant sur la boîte. Leroy l'horloger montrait, tout en parlant.

— Remarquez le travail de la chaîne principale, les mailles à deux fleurs chacune. Grenats et tourmalines montés à griffes, naturellement, c'est autre chose que l'émail. Neuf cent quarante. Voyez surtout la taille et l'éclat du grenat, sur le médaillon central, et la perle fine du pendentif. Ah ! C'est de toute beauté, et vous pouvez juger, puisque à ce que je vois vous vous y connaissez : on ne fait pas plus riche...

— Oui, c'est celui-là que je...

Elle s'arrêta, avec dans les yeux comme une rancune, une jalousie.

— C'est trop cher, montrez-nous entre les deux.

Mousin tendit le bras, referma l'écrin.

— Enlevez c'est pesé ! Je le prends !

Adélaïde s'était tournée, avec le mouvement de tête qu'elle avait lorsqu'elle était en contrariété.

— Enfin, Mousin ! Comme ça ? Tu avais dit que...

Il ne la laissa pas finir. Il tapotait la boîte en riant.

— A ce prix, au moins, vous donnez la gamelle avec le fricot ?

La voiture roulait dans la nuit, à présent plein tombée. Les deux lanternes éclairaient devant d'une lumière jaune, qui se perdait vite dans l'obscurité. Une lueur en venait sous la capote, et lorsque Mousin jetait un regard vers les deux fillettes, il voyait que le beau visage d'Adélaïde était revenu au sourire. Il en avait fallu des paroles, pour qu'elle se débouque, Mademoiselle Rougier ! Ne serait-elle pas jalouse un peu ? Non pas de Céline, bien entendu, mais de son esclavage : le collier, à ce qu'il en pouvait juger, était la merveille des merveilles, bon à parer une châsse. La future Madame Rousseau-le jeune devait se penser qu'elle ne pourrait en recevoir de plus beau : les femmes, entre elles ! Et surtout, la jeune patronne, ça l'avait vexée qu'il décide tout seul sans prendre compte de son avis, elle qui faisait ses manières devant le monde, je suis pour l'aider à choisir... notre grand valet... un homme, n'est-ce pas... Des fois, c'était pain bénit de lui rabattre le caquet. Rousseau-le jeune, il était fort, il était riche, beau garçon de plus, et il allait se faire brider mener par cette jolie petite bougresse.

En montant dans le cabriolet, elle avait parlé sur la voix pointue.

— Vraiment, je voudrais savoir pourquoi tu m'as demandé de t'aider. Aussi bien, tu aurais pu y suffire tout seul, et de quoi ai-je eu l'air ?

Heureusement, il savait faire à la retourner.

— Penses-tu ! Si fait, que j'avais besoin de toi ! Ils ont vu que tu y connaissais, que tu savais les noms, les prix et les façons de tout leur saint-frusquin. Monté à griffes, moi, que veux-tu que ça me fasse effet ? Ils auraient pu me mettre quinze cents, je n'aurais pas trouvé à redire. Un collier, on n'y peut lever la queue, sauf respect, comme à une jument, ni tâter le pis pour voir s'il est de bonne constitution !

Elle avait fini par rire, elle était bonne fille. A présent, ça javassait avec Marie. Lui, il aurait voulu penser en tranquillité, Céline, ma belle... Le moyen d'y faire, avec ces deux ageasses ?

— Et tu as entendu, quand je lui ai répondu que...

Enfin, elles semblaient si aise de leur journée, il n'allait pas leur couper le contentement en les faisant taire.

— Vous n'avez pas froid, drôlesses ? Le frais est vite tombé, dès que le soleil s'en va...

Depuis un moment, il les voyait se frotter les bras, les épaules, se serrer l'une l'autre. Leurs jambes étaient roulées d'une couverture, protégées du tablier de cuir, mais pour le haut, lui-même le ressentait dans son mince costume, ça commençait à pincer dur. Il arrêta le cabriolet, fouilla derrière le siège.

— Madeleine m'attendait, ce matin, au bas de mon échelle. Elle avait peur que tu te glaces les foies, Adélaïde, dans ta chétive étoffe en soie, une semaine de Toussaint, et m'a donné sa grand'coiffe, au cas où. Je l'ai fait bisquer en lui disant que je m'apprêtais à décrocher ma limousine * pour la même raison. Tenez, mes jolies, la grand'coiffe de la Chapeleau est assez grande pour vous y motter toutes les deux, et elle ne gâtera pas vos effets de parade, comme à coup sûr l'aurait fait ma limousine. Madeleine, elle ne comprend guère à la plaisanterie, ces cris qu'elle poussait ! Pensez : vingt ans que je la porte, cette limousine, et elle n'était pas neuve, s'en manque, quand le patron me l'a donnée. Et pour sûr, elle fera encore pour un autre valet, quand je n'y serai plus, avant d'être charpissée !

Elles s'enveloppèrent dans la cape de drap noir, sans pouvoir quand même en rabattre le capuchon sur leurs deux têtes rapprochées. C'était une superbe grand'coiffe, taillée sans ménager l'étoffe, et fermée à boucles d'argent. Elle marquait bien, la servante, quand elle la mettait pour la messe les dimanches d'hiver. Pas étonnant que la vieille Néné lui mène guerre sans fin ni cesse.

Ils roulèrent un moment, sans plus parler. Ils étaient seuls sur la route, le bruit des roues et le clac-clac du trot s'amplifiaient dans l'obscurité ; des oiseaux s'envolaient à leur passage, des chouettes surtout, déjà en chasse pour la nuit, bêtes de malheur que les lanternes dérangeaient. Le vieux Lhoumeau n'y croyait pas, à leur maufaisance, et s'était pris d'une grosse colère, un jour que Jean en avait cloué une à la porte de la grange, pour conjurer. Mousin, lui, ne savait trop qu'en penser : des oiseaux qui vous regardaient tout rond, avec l'air d'y voir jusqu'au fond de votre cervelle, et ne sortaient qu'à grand noir, comme les chauves-souris... Rien de bon tout ça !

Les deux fillettes ne parlaient plus, et lui qui tout à l'heure s'énervait à leur bavardage, voilà qu'il s'inquiétait de leur silence : leurs voix, leurs rires, auraient mené un bruit de jeunesse et de vie propre à chasser les mauvais présages. Il tâta l'écrin, qu'il avait passé dans sa ceinture.

— Je vous fais recommandation, vous deux, je vous le demande en grand service : pas une parole sur notre visite à Leroy. Tu peux comprendre, Adélaïde. Et toi, Marie, tu le fais d'amitié pour moi, sans demander ni quoi ni qu'est-ce.

Marie hocha la tête, avec une expression de pitié. Mon pauvre Mousin ! disait toute sa figure.

— Crois-tu que je sois demeurée ? Je n'aurais rien dit, de toute façon !

Neuf ans ! Tant de raison et de clairvoyance dans une

tête de drôlesse ! Était-ce d'avoir poussé de malheur, dans son petit âge ? Il lui en avait fallu, de la force, pour résister à vivre, et venir à ce qu'elle était ! Aimé Lhoumeau disait que les jeunes arbres qui se tordent au vent, se dépouillent, se croquevillent, s'ils réchappent de la tempête deviennent ensuite les plus vigoureux, et que tout leur profite après avoir autant mésaisé. C'était le cas pour Marie, assurément.

Adélaïde ne manqua pas de sauter sur l'occasion.

— Tu t'es fait river ton clou, le Limousin, c'est bien fait ! Est-ce nous qui avons parlé, après ta comédie au Theuil ? Je vais vous dire un secret, moi aussi, et sans vous faire d'abord sermon, je connais à qui je m'adresse, moi...

Elle s'arrêta un moment, elle aimait ses effets et attendait les questions. Mousin se mit à siffloter, et Marie resta sans rien dire : eux aussi, ils la connaissaient.

— Eh bien, voilà ! A la prochaine Saint-Jean, Marie ne sera plus bergère. Pépé m'a dit, je vous répète ses propres paroles : " Une fille aussi capable, c'est tout perte, à garder les moutons. Elle sera servante, tu sais si le besoin en est, dans la maison... " Ah ? Qu'est-ce que vous dites de ça ? Servante, dès dix ans, c'est beau, je crois ? A l'habitude, ce n'est guère avant douze, plutôt même treize !

Marie restait silencieuse, et ce n'était pas à Mousin de répondre.

— Enfin, Marie, tu m'étonnes ! Tu n'as pas l'air contente ! Ah ! je suis déçue ! Je croyais te faire autrement plaisir ! Réponds, voyons !

— Si fait, je suis contente. Quand même, je vais te dire, ce qui me soucie : je serai toujours avec Madeleine et elle ne m'aime pas. A des fois, elle me bute les yeux *, sans rien dire. J'aime encore mieux quand elle me crie après ! Elle fait de même, voyez...

Dans la lueur des lanternes, Mousin vit la petite crisper son visage, elle se tournait vers la jeune fille, puis vers lui, avec un air d'angoisse et de malheur, et c'était, l'espace d'un instant, oui, tout juste, les yeux de Madeleine posés sur Marie : Mousin avait saisi de ces regards. Adélaïde, heureusement, tourna à rire, elle ne connaissait que le bon de la vie.

— Arrête tes grimaces, veux-tu ? Ah ! tu es trop drôle ! Tu sais, Madeleine, elle est souvent de travers avec tout le monde. Des fois, elle répondrait même à Néné, alors tu vois... Rappelle-toi quand même, quand tu avais la robe bleue, pour mes accordailles, elle a dit qu'elle te trouvait belle. Enfin sois rassurée : c'est surtout à la maison que tu seras. Madeleine, elle est pour le dehors, la traite, la laiterie, les cochons, le gros travail, quoi... Toi, tu feras pour le dedans : la vaisselle, par exemple, Néné a manqué deux fois de s'ébouillanter, elle est trop vieille ! Tu verras aussi au ménage, à l'eau, même au fricot, peut-être, enfin à tout ce qu'il faut faire dans une maison. A dix ans, tu ne connais pas ta chance et la confiance qu'on te fait !

Mousin écoutait Adélaïde. Elle parlait de bonne franche amitié, sans avoir conscience de ce qu'elle exprimait, c'était l'ordre des choses : la vie faisait des demoiselles pour lire, broder, ranger du beau linge, une fois que d'autres l'avaient décrassé, et elle faisait aussi des petites drôlesses pour s'accroupir au chaudron à vaisselle, porter les seaux d'eau, cribler les cendres du foyer, torcher le cul des pots, et on leur disait encore : « C'est beau, je crois, à dix ans. »

— Oui, c'est vrai, j'ai de la chance : au champ mes moutons, je commençais que le temps me dure ! Et puis, je serai davantage avec toi ! Merci, Adélaïde.

Marie embrassa la jeune fille. Petite Marie Therville, habituée au dur de l'ouvrage, elle riait et disait merci. Il fallait être homme fait, comme lui, pour prendre conscience de l'injustice du sort. Ils roulèrent un moment en silence ; ils avaient passé la Bâtardière et la Courollée, ils étaient presque rendus. Ils se trouvaient à l'endroit où se joignaient quasiment la forêt de la Saisine à main gauche, et à main droite le bois de la Coudre. Marie se redressa soudain.

— Écoutez ! Entends-tu, Adélaïde ? Ce sont les loups ! Ils sont revenus, et pas loin on dirait !

Il fallut un bon moment pour qu'Adélaïde se calme et cesse de jeter des cris. Sultane trottait sans broncher, et

Mousin n'avait rien entendu ; un chat-huant, peut-être ? Tout comme Jean, il pensait : « Cette petite, quand même, cette petite ! » Plus futé qu'elle, pour sûr, il n'y avait pas. Adélaïde couinait encore quand ils passèrent la barrière. Mousin la fit taire.

— Ne dis rien, surtout, ton grand-père se rongerait de t'avoir mise en danger. Si l'occasion se représente, Marie, tu prendras ta fourche à loup !

La petite hochait la tête, oui, oui, sans un brin de rire sur sa figure. « C'était beau, ça, à neuf ans ! » Il raconterait le coup à Céline : elle tenait Adélaïde Rougier pour une fille fière et trop gâtée — sur ce dernier point elle n'avait pas tort — et accusait Mousin de lui rebattre les oreilles avec sa Marie Therville. Cette fois, l'histoire allait sûrement la contenter !

Jusqu'à huit heures, il y avait eu du monde au Cheval-Blanc, on ne pouvait quand même pas pousser la pratique dehors, et Céline Paget était venue tard à sa chambre. Elle avait d'abord mangé, comme ça, en allant et venant, un morceau de gâteau, une cuisse de poule, un bout de fromage, pendant que les deux servantes soupaient dans l'arrière-cuisine. Si Odette et Jeanne s'étaient faites aux manières de leur patronne, elles tenaient pour elles à s'asseoir à la table, après tout un jour sur leurs jambes ; elles n'étaient plus de jeunesse et voulaient manger tranquilles, la soupe devant et le dessert au bout, pour se sucrer le bec, et non pas tout à patatras, comme Céline Paget aimait à le faire, en parcourant l'auberge vide.

— Vous me fatiguez rien que de vous voir, à vous brasser de même, une fois la journée finie ! Qu'avez-vous besoin à fouiner partout, vous savez pourtant que l'ouvrage est faite, et que vous ne trouverez jamais à redire !

Elle était dans la vérité, Odette, la plus âgée des servantes, quand elle parlait ainsi : pas le moindre reproche à faire. Toujours tout en ordre, la place balayée, les tables frottées à miroir, les verres, les mogues, les cruches et les potets alignés sur les étagères, les volets fermés, les portes barrées : n'importe ! Chaque soir Céline Paget allait venait en mangeant sur le pouce, elle aimait tournicoter dans son domaine, tout ça à elle, à tout mener, à décider, à ordonner à sa convenance et sans prendre avis de personne.

Il faisait bon, dans sa chambre, elle aimait ses aises, Céline. Avant de souper, Jeanne avait allumé le feu dans la cheminée, la souche d'orme allait consumer longtemps, à grosses braises. Deux seaux d'eau étaient posés devant la cheminée, Odette les emplissait chaque soir à la bouillotte du fourneau : on avait ici tout ce qu'il fallait, « presque » aussi bien qu'au Theuil, prétendait cette vieille chipie de Pétraud, quand il lui arrivait de venir en extra. Céline éclaira la lampe, une grosse lampe à huile minérale, avec son globe d'opaline, une ruine, mais quelle lumière ! Elle essuya la vapeur qui avait brouillé la glace, au-dessus de la table de toilette. Vite, enlever la coiffe, défaire le serre-tête, tirer les épingles à cheveux, secouer tout ce harnais ! Céline ne gardait qu'à contrainte ses vêtements de paysanne. Elle aurait aimé des tenues bourgeoises, des robes, des chapeaux, et des cheveux à boucles anglaises, comme cette minaudière de fille Rougier ! Elle aurait eu de quoi se les payer, et l'allure pour les porter, tout autant que cette gamine ! Seulement voilà, c'était la limite à ne pas franchir. Avec ses coiffes, ses devantiers, les gros plis de ses jupons, elle se coulait dans le quotidien du village, « la Céline », « la Pagette », elle faisait partie des gens d'ici, et les femmes lui restaient de bon voisinage, malgré sa liberté, l'appelaient « la Rousse-chaude », et jamais « la putain ». Elle savait tout ce qu'on racontait, au lavoir, à la fontaine.

— Va, ma pauvre, ça me soulagerait un peu, que mon homme y aille lui aussi ! Toujours en peur et en doute, est-ce que c'est d'une vie ? Et qu'on en a déjà six, tu peux croire si j'ai goût à ça !

Céline s'était déshabillée et restait en chemise, debout devant la glace. Pour les dessous, elle se rattrapait : du beau, du fin, des dentelles, des entre-deux à trou-trou avec les rubans de soie. Elle brossa longtemps ses cheveux, elle était fière de leur blondeur, les lavait souvent à l'eau de camomille — c'était de jalousie qu'on la prétendait rousse. Elle se tourna, s'éloigna un peu de la glace et souleva sa chemise. Elle avait toujours été belle femme *, quand même, il faudrait qu'elle coule un peu, bientôt elle n'aurait plus besoin du bourrelet de crin sous ses jupons, ses fesses y suffiraient ! Elle revint vers sa toilette, ouvrit son encolure : pour le devant, rien à dire : la poitrine ferme, le cou sans griffures de rides, les épaules un peu grasses, peut-être, comme toute sa personne. Bah ! les hommes aimaient les femmes pleines de bonne chair, et elle avait la chance, à trente-trois ans, de paraître encore en fraîche jeunesse : tant d'autres semblaient vieillardes, au même âge !

« Pourquoi penses-tu " les hommes ", en te regardant, Céline Paget ? Depuis deux ans et demi, il n'y a plus que le Limousin, nul autre ne t'a touchée... » Après son veuvage, oui, elle en avait connu : beaucoup moins que l'on disait. Elle les choisissait et les laissait à sa fantaisie. Elle avait effacé, à ces aventures, le dégoût laissé par son mari : elle avait quinze ans trois mois à ses noces, et Dinand Paget en avait quarante-huit, vieux gars qui avait attendu la mort du vieux père pour faire ce qu'il voulait et avait profité de ses sous pour s'offrir une jeunette. Et il se secouait sur elle, et il bavait dans son cou, et il disait :

— Ah ! ma Céline ! Toi qui as un si beau petit cul...

La nuit, sauf à l'écœurer, il ne lui faisait pas grand mal, pas avantagé de ce côté, Ferdinand Paget ! Le jour, c'était une autre chanson, pour Céline au beau petit cul.

— Fais ci, ne te mêle pas de ça, et je te dresserai, garce de fumelle, pas même capable de porter fruit...

Elle avait vingt-trois ans quand il était mort, d'aimer un peu trop sa vinasse et sa goutte : plus de famille, pas d'héritier, tout à elle ! Elle n'avait pas, encore dix ans après, épuisé le goût que prenaient les choses les plus simples, se laver tranquillement, y prendre tout son temps en se faisant des mines à la glace et penser à ses affaires. « Lundi, il faut que je voie Castin, pour les commandes. Son dernier rosé, que je pense à lui dire, était de petite qualité... »

C'était pour se garder en cette liberté qu'elle laissait croire au Limousin qu'il n'était pas le seul. Elle se protégeait ainsi de la faiblesse d'amour où il la mettait et de l'envie qui la prenait parfois de le lui dire. Elle espérait lui donner le change assez longtemps pour que enfin il se lasse, et que, l'âge venu, elle soit pour toujours à l'abri de se remarier. Elle le poussait à bout, le malheureux, elle en avait conscience. Cet été, elle lui avait laissé entendre que Louis Chantecaille, pas vrai, de temps en temps... La seule vérité était que le jeune homme lui tournait autour, pas plus que d'autres ! Et à cause d'elle, les deux gars s'étaient écharpés comme chiens gâtés, aux batteries de Malépine, Guillot avait dû les séparer en les menaçant d'une fourche. Elle n'était pas trop fière d'elle-même : il était franc garçon, le Limousin, elle n'avait rien à lui faire reproche, et lui, il tenait en estime les femmes et les filles, il n'était que d'entendre les litanies qu'il faisait de cette petite Therville...

La vie n'était pas tendre aux femmes, tout de même, et les portait à ruse et mensonge. Choisir vers l'amour, ou vers la liberté ? Il venait parfois à Céline l'idée que, peut-être, mariée au Grand Mousin, Madame Landry Rebeyrolles, elle pourrait avoir l'un sans perdre l'autre. Va savoir avant d'essayer... Elle avait été trop échaudée, elle pensait vite à autre chose.

Depuis un moment, on frappait à la fenêtre, celle qui donnait sur la place. A l'habitude, c'étaient des ivrognes qui tapaient ainsi aux volets, ils menaient grand bruit et elle n'ouvrait jamais. Si ça durait trop longtemps, Jeanne les arrosait d'un potet d'eau froide, du haut de son grenier, en les menaçant de recevoir autre chose sur leurs têtes de saoûlots s'ils continuaient. Ce soir, le bruit ne disait pas : « Ouvre-nous, la Pagette, du vin encore, et vivement ! » On toquait doucement, comme à ne pas vouloir déranger, et les coups revenaient, avec patience et obstination.

Céline n'était pas peureuse. Elle referma sa chemise, passa une camisole et prit le châle des Indes qu'elle étalait dans la journée sur son édredon, pour faire beau. Elle entendit la voix, derrière les volets, dès qu'elle eut ouvert la fenêtre : c'était Mousin, il n'avait pas bu et parlait bas.

— Ouvre-moi, Céline, je te prie. Je partirai vite, je voudrais juste à te causer.

— Va au portail de la cour, par-derrière. Je viens tout de suite.

En traversant la grande cour, Céline se sentait tout en attendrissement : venir la voir ainsi, à la dérobée, après le dur du travail qu'il faisait du matin jusqu'au soir à la Colombière ! Mon Limousin...

A présent, il restait debout à la cheminée, sans plus rien dire ; elle était devant lui, en chemise et les cheveux défaits, et lui qui d'habitude se jetait sur elle à grande faim et bonheur, il était piqué là et la regardait.

— Mousin, voyons ! Parle, qu'est-ce que cette histoire ? Vois-tu qu'il est presque onze heures ?

Il ne répondit pas tout de suite, et tendit d'abord un paquet enveloppé d'un papier de soie.

— Tiens ! J'étais à Saint-Maixent, aujourd'hui, je t'expliquerai... Je n'ai pas pu attendre à demain, c'est pour toi.

Avant d'avoir ouvert l'écrin, Céline savait ce qu'il contenait. Le premier cadeau de Dinand Paget, après leur mariage, folle qu'elle était, elle en avait été si fière... Elle se demandait, depuis qu'elle était veuve, comment les femmes pouvaient porter ce collier, qui les mettait à leur place tout en les parant : un esclavage ! Elle allait lui dire tout ce qu'elle en pensait au Grand Mousin et levait la tête pour faire non. Et elle le vit, tout son visage marqué d'une expression de joie et d'angoisse en même temps, si fier de son cadeau, si inquiet déjà au silence qui durait. Innocent du nom de ce collier, pauvre homme ! Et ce prix qu'il avait dû y mettre !

— Limousin, tu ne peux savoir ! J'en reste à ne rien dire... Il ne fallait pas...

— Tu es contente, au moins, il te plaît ? Monté à griffes...

— S'il me plaît ? Regarde : et vois comme il me va, et comme je le porterai...

Elle ôta sa chemise, accrocha le collier — ce poids, à son cou, et l'éclat des pierres ! Les plaques étaient d'émail, à celui de Dinand Paget... Elle marcha jusqu'au fond de la chambre et revint vers Mousin, soulevant sa poitrine pour que le collier y repose.

— Ah ! folle que tu es ! Ma beauté... ma merveille...

Il était plus de minuit lorsqu'il se rhabilla. Dans le chaud de l'amour, elle lui avait dit que ce collier, elle ne pourrait le mettre aux yeux de tous, une veuve, il devait comprendre. Il serait pour son lit, toute nue, lorsqu'ils seraient ensemble.

— Si c'est ton idée, Céline, moi je veux comme toi. Ah ! tu es belle à faire damner...

Le pendentif du collier avait marqué la joue du Grand Mousin.

— Regarde-toi dans la glace : tu le remportes avec toi, mon esclavage.

Mousin parlait en remettant ses effets, il contait comme personne. Qu'elle avait plaisir à l'entendre ! Elle l'imaginait, la belle Adélaïde, à s'épirailler de peur, dans le cabriolet. Cette petite Therville, d'où lui venaient tant de vie et de finesse ? Céline entendait parfois, dans la salle de l'auberge, des hommes qui parlaient de son grand-père, mort depuis si longtemps. Comment s'appelait-il ? Jean ? Oui, Jean Therville. Il était défunt depuis quarante ans et on en racontait encore.

Le crâne fracassé de Jean Therville

Son cheval était rentré seul, la veille. Lui, on l'avait ramené dans un chariot, sur une civière de branches. Il vivait encore après cette nuit de grand gel au cœur de février, il n'était pas mort sur le coup de ce trou dans la tête ; le sang n'en coulait plus, on y voyait les débris des os fracassés, et sous les cheveux poissés de caillots noirs quelque chose battait, comme à la fontaine des enfants nouveau-nés. Des bûcherons l'avaient trouvé, étendu de son long au pied d'un arbre, dans le bois des Trois-Chênes. Le givre l'avait recouvert, et les deux hommes, à l'abord, crurent voir une statue de pierre s'écoulant de sang goutte à goutte, comme il arrivait parfois, à ce qu'on savait, en signe de miracle et pour la gloire de Dieu. Ils avaient vite reconnu Jean Therville. Qui ne le connaissait ? A leur étonnement, ils s'étaient aperçus qu'il restait de la vie sous cette glace et qu'à longs espaces et lents mouvements sa poitrine se soulevait encore. Les deux hommes étaient bons chrétiens, ils l'avaient porté à bras, sur une civière faite en grande hâte, jusqu'à la ferme de Vaubrune où on leur avait prêté une charrette.

Louise Gâtard attendait, depuis que le cheval était revenu à son écurie, les étriers ballants. Deux fois déjà la bête avait jeté bas son cavalier, et Therville arrivait quelque moment après, toujours à grand bruit et cris, comme lui seul le savait faire.

— Quelle bête superbe ! Je ne regrette pas le prix qu'il a coûté ! Et s'il est encore ombrageux, vous verrez, ma chère, comment je vais le dresser ! Un pareil étalon, ses montes nous vaudront de l'or.

Louise était restée en éveil toute la nuit. Vers le matin, elle s'était prise à espérer : vingt-cinq années qu'il était arrivé à Chaussauvent, et rien ni personne ne l'avait pu changer. L'achat de l'étalon avait emporté la moitié des récoltes de la saison, et un morceau de terre, un de plus, s'en était allé. La charrette était arrivée vers midi. Au bruit des roues sur la terre gelée, Louise Gâtard s'était jetée dans la cour, son père était sorti de la grange où il tirait la paille, sans hâte et comme à regret. A la voir ainsi courir, les deux hommes l'avaient rassurée :

— Il vit, bonne femme, à petit souffle, mais il vit ! Et qu'il n'y soit pas resté sur le coup doit vous monter en espoir, il lui a fallu l'âme chevillée au corps. La branche qu'il a heurtée était cassée, auprès de lui. Ma pauvre femme ! Une si mince branche pour un si grand malheur !

Les bûcherons avaient bu la piquette chaude, sucrée d'un peu de miel. Ils avaient hâte de repartir. Ce corps étendu sur le lit, dans le silence et l'immobilité, semblait prendre toute la place dans la maison, et leur faisait peur, à présent que le givre fondait. Jeantet l'innocent riait en les regardant, Louis se roulait à terre, son grand-père tâchant en vain à le calmer, et la femme Therville, Louise Gâtard ainsi qu'on l'appelait toujours, restait droite au pied du lit, sans plus s'occuper d'eux. En quittant la maison, ils avaient dit qu'ils préviendraient le curé.

Tout avait été fait en ordre et convenance. Le curé de Vasles était venu pour la prière aux agonisants. Il n'avait pas donné l'extrême-onction, le malheureux, avait-il dit, étant hors d'état de confesse. Que Dieu le prenne en sa grande pitié. Louisette et son mari Gâtard avaient fait le chemin depuis la Juderie, où ils étaient bordiers. Des voisins avaient recueilli Pierre. La nuit était arrivée, ils avaient mangé de la soupe et des châtaignes et s'étaient tous assis à la cheminée, sauf Louise Gâtard et Jeantet, le fils aîné. Lui, il s'était couché dans son coin, sur sa paillasse, on l'avait laissé faire, il était sans entendement. Louise Gâtard se tenait seule auprès du lit où son époux, Jean Therville, continuait à vivre, le crâne grand ouvert. Il n'en avait plus pour longtemps, elle en était certaine, et la mort l'allait emporter sans qu'il en puisse faire prônes et discours, Jean Therville était à jamais silencieux.

Elle avait pris son chapelet, comme on se devait de faire au chevet d'un agonisant. Elle ne priait pas : depuis si longtemps en enfer, qu'avait-elle à demander à Dieu ? Tout lui revenait, en cette dernière veille : le bien des Gâtard dépecé et à jamais perdu, l'horreur des nuits où cet homme se servait d'elle comme en sabbat de sorcières, le temps des angoisses et des terreurs où il les avait faits vivre, pendant la Révolution. « Je serai toujours, d'où qu'ils viennent, avec ceux que l'on poursuit et que l'on persécute... » Et de ses actions folles et contradictoires, c'était d'abord sa famille qui avait été en dangers et persécutions. Poursuivi par les Blancs après le sac de Châtillon, Westermann s'était caché deux jours à Chaussauvent avec l'arrière-garde de sa Légion Nord. Ils étaient restés à la ferme, hommes, chevaux et canons, avant de regagner Saint-Maixent, où ils étaient cantonnés. Alors les Vendéens étaient arrivés, Louise Gâtard sentait encore sur sa gorge le piquant de la faux redressée.

— Putain des Bleus ! Tu les as nourris et gobergés, les démons de Westermann ! Tu le paieras mille fois...

Un an plus tard, c'étaient les Gardes nationaux, qui éventraient les portes et plantaient les baïonnettes dans tout ce qui pouvait faire une cache. Ils cherchaient Circé Beugnon, « ci-devant Lusignan de la Réate », dont le mari avait émigré. Ils ne l'avaient pas trouvée, elle n'était restée que trois jours dans la grange, avec Jean Therville, et durant ces journées — et ces nuits — il venait jusqu'à la maison des rires, des cris et des gémissements :

— Putain des Blancs, elle était ici, la Circé ! Tu y passeras, et tous les tiens, à la guillotine !

Tout était à ruine, lorsque les soldats de la République avaient quitté Chaussauvent. Jean Therville, six mois plus tard, conduisait lui-même Circé devant ses juges : on ne la garda guère en prison, du fait qu'elle était grosse. Il fallut plus de temps pour relever un peu, rebâtir à petit, ce que son passage à Chaussauvent avait jeté bas. Le calme revenu, et les années remises enfin en l'ordre de la Nativité, Therville ne changea pas. Si leur vie n'était plus menacée, les Gâtard, au fil du temps, vinrent de pauvreté à misère : à nouveau Jean Therville vivait en maître à Chaussauvent.

La nuit s'avançait. Ils s'étaient arrêtés de parler, autour du feu, et paraissaient ensommeillés. Louise Gâtard regardait l'homme étendu, et la vie qui continuait à y battre, encore et encore... Alors Jean Therville ouvrit les yeux, et ce regard, elle en aurait pu jurer, riait en se posant sur elle. On ne put lui fermer les yeux, les paupières se levaient toujours ; et lorsqu'on l'eut enseveli, il semblait à Louise Gâtard que le regard bleu traversait le linceul et disait : « Soyez assurée, ma chère, là où je vais, je vous attends tous. »

Le cours des jours reprit, le travail, la peine à survivre. Jean Gâtard vieillissait, allait à son déclin. Louise, souvent, posait les yeux sur lui, et sur Jeantet : l'innocent obéissait en tout à son grand-père, tirait la charrue de même force qu'un bœuf et, sur un ordre de Jean Gâtard, savait fendre d'un coup de masse la roche qui gênait le sillon. « Frappe ! » La pierre se fracassait. Louise Gâtard les regardait, et jamais ne disait mot du trouble de ses pensées. Sa tête s'embrumait, sa raison s'effilochait et, n'osant poser de question, elle resta à jamais dans l'incertitude.

Elle embrassait Pierre, son amour, son beau petit de cinq ans, lorsqu'il lui demandait :

— Où est mon père, va-t-il revenir ?

Elle ne priait Dieu que pour cet enfant : « Celui-là, Seigneur, tenez-le innocent de nos péchés, épargnez-lui votre châtiment, je ne vous demande rien d'autre. »

Le jour où le colporteur cria Liberté !

29 février 1848

Marie descendait la cour, à grandes précautions. Il ne s'agissait pas de riper sur une plaque de glas, comme il lui était arrivé le matin, en portant aux lapins les épluchures de légumes. Si les feuilles de choux avaient vite été remises dans sa dorne, cette fois il en irait autrement : elle portait deux baquets de son brassé à l'eau chaude, une chute aurait tout fait perdre, ce n'était pas le moment.

Depuis que le froid était venu, la Néné ne sortait plus, sinon pour aller à ses besoins, dans le petit toit adossé à la maison, près de la porte du nord, et que l'on appelait « le lieu ». C'était pour Adélaïde, naturellement ; drôle d'idée de se poser sur ce siège en bois, avec son rond de paille tressée ! La porte était percée, en son haut, d'une ouverture en forme de cœur, parce que, prétendait le Grand Mousin, « c'était plus aisé à faire qu'un derrière, tout en y ayant ressemblance ». Heureusement, tout le monde aimait Adélaïde, et personne ne lui riait à la face de cette extravagance. Quoi qu'il en soit, la proximité du « lieu » profitait à présent à la pauvre Néné, ainsi elle n'avait plus à traverser la cour pour aller se soulager aux écuries.

Au début de la gelée, la vieille femme s'était obstinée à porter elle-même la nourriture à ses lapins. Elle était tombée, sans rien se démancher, Dieu merci, mais sa tête avait porté sur un caillou, et il avait fallu la ramener à bras jusqu'à la maison. Madeleine l'avait soignée, malgré les protestations que la vieille en faisait, et que ça guérirait bien tout seul, et qu'elle n'avait pas besoin par là-dessus des pourritures de la Chapelère ! Rien n'était meilleur pour guérir et cicatriser : des feuilles et des oignons de lis macérés dans l'eau-de-vie. Marie, qui se coupait et se brûlait souvent, en connaissait le bienfait ; Madeleine la pansait chaque fois, à grande douceur de geste, en contraste avec l'aigreur des paroles.

— Toujours trop vite, ma pauvre fille, toujours veurste-veurste ! Tu n'apprendras donc jamais...

Des pourritures ! La Néné se montrait d'injustice, avec Madeleine, pas étonnant que la servante soit toujours de travers, à se faire traiter pareillement ! Tout en grommelant après la Chapeleau, la Néné avait reçu pour son compte sa panerée de reproches de la part de son homme, et surtout de sa fille.

— Il ne manquerait plus que de t'avoir sur le lit au restant de tes jours, comme si on n'était pas assez en souci, de ce temps ! Que veux-tu que je te dise, ma pauvre mère, quand on est vieille, on n'est plus bonne à grand-chose, il faut supporter, et tâcher au moins de ne pas donner de peine aux autres !

Marie, depuis ce jour, s'occupait seule des lapins, et Aline Lhoumeau la harcelait sans fin ni cesse de questions et de recommandations. En se dirigeant vers les vieilles écuries — où les lapins avaient été abrités après que le froid en eut fait crever toute une portée —, Marie sentait sur elle le regard de la vieille femme, qui la surveillait, derrière la fenêtre de la maison. Distribuer le son chaud, tirer du foin à la grange, couper de la paille à litière : elle en aurait pour un bout de temps à rester dehors. Elle s'était encatinée d'un châle de tricot, qui la laissait plus libre en mouvements que sa cape, et Madeleine lui avait donné des mitaines, en grognassant qu'elle ne voulait pas passer son temps à lui soigner les gerces. Elle n'avait pas froid, à se remuer pour l'ouvrage, au visage seulement l'air mordait comme une brûlure ; il semblait à Marie que sa peau s'étrécissait, tirait ses joues, que toute sa figure venait en pierre, et que son nez allait geler et fendre, comme il était arrivé aux noyers de l'ouche, les plus jeunes. Les vieux avaient résisté ; quand même, le patron avait recommandé aux femmes d'y aller à la chichette, pour l'huile, on n'en aurait guère les prochaines années...

Le froid était arrivé d'un seul coup, dans la nuit du 3 janvier 1848. Au matin, la terre était gelée sur une main de profondeur, aux dires des hommes. Il avait été impossible de casser la glace dans la mare et dans les timbres *, toute l'eau y était prise d'un seul bloc.

— Avec la vitesse que c'est venu, et ce ciel clair, et pas un souffle de vent, c'est pour durer. Il faut voir à parer à tout, mes valets !

Comment le patron avait-il pu prévoir, dès le premier jour de gelée, que c'était le grand froid profond qui s'installait et pour si longtemps ? On arrivait à présent à la fin février, et chaque journée semblait plus glaciale que la précédente. Le Grand Mousin disait souvent :

— Ah ! ce nez qu'il a, le vieux. Sans lui, tout était perdu ! A la Vignauderie, c'est catastrophe, tout a gelé dans les bâtiments, et comme ils ne font guère de foin, les bêtes en sont à manger leur litière, ou ce qu'il en reste. Ils ont déjà un bœuf de crevé et leur vieux bidet...

Le va-devant, pendant quatre jours, avait veillé à ce que tout soit fait, « paré », selon les ordres de Lhoumeau et les gars n'avaient pas arrêté, jusqu'à travailler à la chandelle. Tout ce que le gel pouvait gâter avait été descendu aux caves, et le patron en avait profité pour répéter une fois de plus combien Guérineau avait été homme de raison et de prévoyance en les faisant creuser, alors qu'on l'en avait traité de fou. Le vieux avait même fait dégager, sur une bonne longueur, ce qu'il appelait « le souterrain », comme un boyau noir qui s'enfonçait dans le sol. Adélaïde — qui adorait ce genre d'histoires — avait raconté à Marie que c'était le reste d'un très ancien logis, du temps que les gens se battaient d'un oui d'un non. Par le souterrain, ceux de la maison pouvaient au besoin s'enfuir, et ressortir très loin, vers Saint-Martin, assurait la jeune fille : elle exagérait toujours !

Quel travail, pendant quatre jours ! Les betteraves, les topinambours, les raves, les choux, les patates, les carottes, tout avait été descendu à pleins paniers, grenottes, seaux, sacs et palissons. Simon Rougier lui-même avait été mis en demeure, par son beau-père, de s'émouver pour une fois : il chauffait l'eau à la poêloune pour dégeler les timbres et les vider, afin que la pierre n'éclate pas. Adélaïde avait participé au branle-bas, elle aussi : elle se tenait aux caves, avec son grand-père, et commandait à ses côtés pour l'organisation.

— Arrêtez un moment, pour les topines ; Jean, il faut une grande planche, le tas va crouler et déverser sur les raves, si on n'accote pas.

Elle s'y entendait à donner des ordres, Adélaïde, tout le monde filait. Heureusement, le grand était en haut, dans les bâtiments, avec lui elle aurait moins fait sa patronne ! Mousin avait charge de distribuer l'ouvrage et de veiller à ce que rien ne soit en commencement de pourriture, pour ne pas gâter le reste.

Malgré la fatigue, Marie avait pris plaisir à ce remue-ménage. Le plus dur, pour elle, avait été de descendre les pommes du grenier, sans l'aide de quiconque : si on manquait de fruits, ce serait mince dommage, on n'y pouvait mettre un homme, ils étaient plus utiles ailleurs. Trois étages à monter, descendre, et remonter, sans guère souffler.

— Heureusement que tu es forte, ma pauvre ! disait Adélaïde.

Quoiqu'elle ait fait au plus vite, Marie n'avait pu garer à temps toutes les pommes : il gelait à fendre, sous les lattes et les tuiles des greniers. Les sacs et les vieilles couvertes posées sur le murail n'y avaient rien épargné, la troisième nuit. Les derniers fruits, Mousin les avait ramassés à la pelle, pour les cochons, et il avait dit à Madeleine, toujours de son air à moquer le monde :

— Chapeleau, m'est avis qu'on devrait aussi descendre ton lit. Révérence parler, tu serais mieux au cul des vaches. Nous, dans les écuries, les bêtes nous gardent au chaud les pieds, mieux qu'une cheminée...

Madeleine avait haussé les épaules, sans répondre à

Mousin. Elle restait dans son grenier, et, de toute la maisonnée, était pour sûr la moins favorisée. Adélaïde, dont le lit était bassiné chaque soir, malgré le feu qui brûlait à longueur de temps dans sa chambre, s'était fait rebuffer pour avoir proposé à la servante de profiter aussi de la bassinoire.

— Et pour qui tu me prends ? J'ai vu assez de misère, moi, pour ne pas avoir la nature tendre...

Marie avait fini de soigner les lapins. Ce n'était pas des bêtes d'intérêt, elle ne comprenait pas que la Néné se lamente à ce point de ne plus les voir. Elle sortit de l'écurie, et repoussa devant la porte la botte de paille qui en calfeutrait le bas. Mousin sortait juste de la vieille maison, il portait deux grands pleins baquets de betteraves coupées.

— Rouvre-moi, Marie, j'ai les mains engourdies et pour un peu les betteraves gèleraient rien qu'à traverser ! Un hiver pareil, je n'ai jamais vu, même en Limousin, où c'est chaque année neige et glace. Et toi, ma bellotte, n'as-tu point trop froid ?

— Non, pas trop, à se remuer on échauffe. C'est le nez, qui m'éclaterait presque...

Tout en parlant, Marie avait ouvert la porte. Elle entra derrière Mousin, qui posa ses baquets à terre. Les bœufs l'avaient vu, ils sentaient la nourriture et tiraient sur leurs chaînes en meuglant.

— Paix, vous autres, patientez minute ! Vous êtes déjà gras comme pour faire Mi-Carême à Cholet... Fiez-vous que je vous ferai périr, quand je reprendrai au labour. Le vieux vous traite comme le monsieur *, on vous croirait pour le saloir.

Mousin gesticulait en parlant, montrait les bœufs, se tapait les mains, riait, avec toute une ardeur et une joie à vivre qui le faisaient si différent des autres : Marie se reconnaissait avec lui comme une parenté. A leur entente, à leur amitié, elle finissait presque par oublier son père, au terme de bientôt quatre années. En entendant Mousin injurier les bœufs en riant — il les aimait en bons compagnons — Marie se rappelait Pierre Therville, qui se lamentait toujours, priait Dieu, répétait que la vie était bien triste, et détournait les yeux aux coups de la mémé Gâtard. Aucune nouvelle n'était arrivée de Chaussauvent, elle n'en demandait plus, et se trouvait seulement un peu de mélancolie quand elle pensait à sa petite sœur.

— Ne t'attarde pas, Marie, la Néné attend le bonjour de ses lapins. Et puisque tu aides au fricot, veille à en adouber une suffisance, de ce temps, je mangerais une poule sans la plumer ! Ton nez ! Ne le frotte pas, il gercerait !

— Mais toi, le tien, tu y frottes !

— Oh ! moi, de la taille qu'il est, s'il me pète, il sera encore de passable importance. Le tien, c'est autre affaire, je ne veux pas que tu te gâtes la figure. Allez ouste ! Au feu la soupe ! Je vais voir aux chevaux, Sultane a les coliques, et le vieux en serait plus malade qu'elle...

Marie remonta la cour pour regagner la maison. Un homme frappait à la porte, elle le reconnut de loin, à sa balle et à sa bricole : c'était le colporteur qui passait chaque année. A l'habitude, il arrivait en mai. Pourquoi venait-il à la Colombière, au profond de l'hiver ? Marie pressa le pas, elle avait une petite pièce à dépenser, et se dirigea vers l'écurie où elle couchait toujours, bien qu'elle ne soit plus bergère.

Le vieux s'était débarrassé des moutons. Il n'avait jamais estimé les ouailles, qui perdaient selon lui les bonnes pâtures de la Colombière ; il avait démontré à Maître Guérinière qu'il avait sur ses autres métairies assez de landes et de brandes pour fournir à la laine de ses matelas, et que lui, Lhoumeau, il préférait acheter les toisons pour les quenouilles de ses femmes. Le profit serait meilleur à mettre d'autres vaches à la Colombière. Cinq jeunes bêtes occupaient à présent l'ancienne bergerie. Adélaïde avait obtenu qu'on entoure un coin pour Marie, et lui avait donné un vieux petit coffre où elle serrait ses affaires. Ce crenin était pour elle, à elle : son lit, son coffre, sa selle, et même son miroir. Les planches lui arrivaient à l'épaule, il n'y avait pas de porte, n'empêche : c'était presque une chambre. Madeleine était jalouse et en faisait souvent des piques. Elle devait penser que Marie Therville, la petite servante, finirait peut-être par avoir des rideaux à son lit, et pourquoi pas, une table et une armoire ? Visiblement, ça la contrariait, Madeleine Chapeleau...

Mousin était toujours heureux content de parler avec Marie, hors présence de la maisonnée. Il reconnaissait maintenant, sans retenue, combien il s'était attaché à elle, et craignait par-dessus tout que des cochons de salauds y voient à mal, il n'en aurait pas supporté la moindre allusion.

Parce que la maigriotte qui était arrivée à la Colombière — bientôt quatre ans, le temps nous pousse — elle était devenue une belle fille, déjà formée en femme, grande et proportionnée en conséquence. Mousin s'enrageait à la pensée des saloperies qui auraient pu venir à l'idée des malveillants : pour Marie, il n'avait que les sentiments et les soucis d'un père, et tenait à l'œil les jeunes valets. Dans peu, il aurait quarante et un ans. Il était vieux gars, à présent, toujours accroché à Céline, et ne ferait jamais famille. La chance et le Bon Dieu avaient voulu que cette mignonne vienne dans sa vie, et qu'elle soit aussi différente des autres que lui-même il se trouvait l'être. Jusqu'à leur nom, qui les unissait : Rebeyrolles, Therville, ça sonnait d'étrange, dans ces Gâtines, parmi les Lhoumeau et les Rougier, les Rossard et les Garandeau, les Picot, les Roulet, les Pétraud, qui se trouvaient en masse dans la région.

Par bribes et morceaux, à questions détournées, il avait fini par connaître un peu sur les Therville — pour les Gâtard, il connaissait assez, vieille pourriture, elle ne crèverait donc jamais ? Tout commençait à l'arrivée de ce grand-père Jean, soi-disant venu des Amériques. Il était mort d'accident, en sa pleine force, sans avoir vécu son droit d'âge. Ainsi, il n'avait jamais atteint le calme des vieux ans, où l'homme en face de sa mort laisse voir enfin la vérité de son être, et on ne saurait jamais, de certitude, ce qu'il était ni d'où il venait. Mousin tenait pour l'Amérique, l'idée lui convenait. Son grand étonnement avait été d'apprendre qu'Aimé Lhoumeau était berger à Chaussauvent, dans son petit âge, et que Jean Therville, homme d'instruction, avait payé gros pour l'envoyer aux écoles.

Ainsi, tout s'expliquait et s'éclairait : l'adoption de Marie à la Colombière, sauvée de la Gâtard par la reconnaissance du vieux envers Jean Therville ; et cette finesse, cette vivacité, dont la petite faisait preuve en toute occasion ; et la louve ! En cette affaire aussi, le grand-père Jean vivait, et ses batailles d'Amérique ! On en causerait longtemps : à neuf ans ! une fille ! avec un bâton !

En vérité, Mousin n'imaginait pas qu'il pût exister d'enfant aussi exceptionnel que Marie Therville et s'en ressentait de la fierté comme s'il l'avait engendrée. Le grand regret de la petite était de ne pas savoir lire : ça aussi lui venait de ce grand-père, instruit jusqu'à causer latin ! Mousin tâchait de la consoler en lui démontrant que les femmes n'avaient pas besoin de lire pour tenir un ménage ! En revanche, la mâtine, pour compter elle s'y était apprise, et sans pouvoir expliquer comme, posant par-ci par-là des questions à Adélaïde. « Dix cents, comment on appelle ? — Mille. — Et dix mille ? — Ah ! ça n'a pas de nom, on dit pareil. » Quelle tête elle avait, elle retenait tout ! Elle savait même compter à partage, « diviser », ainsi que disait Adélaïde, sans rien écrire, puisqu'elle ne savait pas, comme une mécanique qui aurait tourné dans sa cervelle ! Aux veillées, la jeune fille en faisait amusement, quand on était lassé des devinettes.

— Marie, ça ferait combien de douzaines, si une semaine on ramassait deux cent et quatre-vingt-six œufs ?

Marie réfléchissait un temps, pas long.

— Ah ! ça ne ferait pas juste, il y en aurait deux de manque, ou alors dix de trop. Mais si tu faisais treize à la douzaine, ça irait, tu en aurais vingt-deux.

Adélaïde prenait un papier, comptait et décomptait, et se récriait que c'était justement le résultat. Mousin se rappelait avec exactitude le coup des œufs, à d'autres fois c'étaient des nombres encore plus conséquents. Tout le monde en restait en admiration, même le vieux ; il n'y avait que Zélia pour prétendre que toutes ces babouineries poussaient Marie en vanité, et que ce n'était pas service lui rendre !

Mousin sortit de l'écurie aux bœufs. Il les avait étrillés à propre, tout en pensant à Marie. Le vieux, de ce temps, ne descendait pas souvent aux fonds de cour : tout de même, s'il y avait mis le nez et trouvé ses bœufs avec des maqueuilles de bouse, il aurait eu de quoi redire. Si l'on n'y passait pas tous les jours, les bêtes se faisaient de vraies culottes à leur pendre aux jarrets, et une fois sec, va te faire voir pour l'ôter ! Sauf Vermeil, qui restait impeccable, un grand mystère : il chiait comme les autres, pourtant, à croire qu'il prenait garde, en se couchant, et évitait les bouses. Bon ! le patron pouvait venir. Du bétail en état de propreté, c'était sa fierté et sa réputation, à Lhoumeau, comme ses palisses taillées à l'étiquette, pas une branche à dépasser, et ses bâtiments entretenus au moindre détail. Guérinière y verrait la différence, quand le vieux n'y serait plus ! « Dieu fasse que ce soit le plus tard possible : de là-haut, il doit se rendre compte que ce mécréant est homme de capacité, et qu'il a plus sa place sur terre qu'en enfer ! »

En remontant vers les bâtiments neufs pour voir à Sultane, Mousin fut saisi par l'âpreté du froid, plus vif encore qu'au matin, malgré le soleil. Ah ! on pouvait le dire, le temps était au dérangement, comme les affaires de politique qui souciaient si fort le patron, depuis un mois. Malheur, il se jetait sur son journal, qui arrivait tous les deux jours, et il valait mieux ne pas lui demander la monnaie de deux sous quand il était le nez dedans.

— Ça va venir, les enfants, je verrai ça avant de mourir !

Mousin, lui, c'était plutôt le retard pris dans les travaux qui le tracassait, par cette cochonnerie de temps. L'été avait été mouillassou, sans vraie chaleur, et voilà qu'était arrivée cette glace, telle qu'il n'avait pas souvenance d'en avoir connu, même à Saint-Léger-la-Montagne. On assurait que les vauriens de la prison à Parthenay avaient failli crever par le froid dans leurs cellules. C'étaient des pas-grand-chose, tout de même des créatures de Dieu, on avait dû voir à les échauffer deux ou trois fois le jour. Et dimanche dernier, au Cheval-Blanc, Mousin avait rencontré Monnereau, de la Robelière, dont le père avait fait la guerre de Russie, au temps de l'Empereur. Eh bien, le vieux

Monnereau assurait — et on le connaissait de juste parole — que c'était presque aussi pire que là-bas, quand la Grande Armée faisait retraite.

— Sinon, ajoutait-il, qu'on n'avait pas le vent de neige, ni ces cosaques du diable à vous pousser au cul.

De fait, depuis plus d'un mois, on n'avait pas senti le moindre souffle, Mousin s'en faisait réflexion en traversant la cour. L'air lui-même semblait pris en glace, toute la campagne endormie morte, seules les fumées portaient signe de vie, et se perdaient haut dans le ciel sans qu'une rabalée de vent les vire ou les éparpille. Heureux encore, ceux qui avaient largement de quoi, pour se chauffer ! Il ne restait plus, dans la Saisine, la plus menue brindille de bois mort, tout était ramassé jusqu'à miette par les malheureux, et on commençait à parler de vols dans les bûchers. Marauder du bois, misère ! Mousin se sentait prêt à courir à la fourche, pour les volailles : c'était arrivé, une nuit, et depuis le poulailler était barré à clé, chaque soir, comme le reste des bâtiments. Mais du bois ! A quel putain de malheur fallait-il venir, en Gâtine, pour se trouver à manquer de feu ? Les fumées qu'on apercevait, jusqu'à des lieues et des lieues, disaient au moins qu'à ces maisons on avait le pot à cuire, et des braises pour le chauffe-pieds des femmes. A penser à la soupe, Mousin se dit qu'il n'était pas loin de midi, et qu'il lui tardait grandement à s'attabler. En passant devant la maison, il y aperçut tout un mouvement et agitation, à travers la glace des carreaux, qui dégelait un peu, en milieu de journée. C'est que le froid rentrait par force à travailler dedans, une fois que les bêtes étaient soignées. Après, le temps se passait à quelques allées-venues : le bois, toujours le bois, pour les cheminées, pour le fournil, pour la poêloune. Et ma foi, entre deux chargements, chacun revenait dans la maison à gosser. Le vieux laissait couler, la saison à l'exception justifiait le changement des habitudes, et il faisait taire Zélia, ou du moins essayait, quand elle se plaignait comme une oie crevée du chantier qu'on lui mettait dans sa place, et qui était pour sûr de taille à la rebuffer, elle qui se posait si pointue sur l'ordre et les rangements.

Il avait fallu abandonner la laiterie, où la crème ne

montait plus : le lait y venait à bloc en quelques heures. C'était donc dans la maison, devant la fenêtre au nord, que Madeleine tenait ses pots et ses tarrasses, écrémait, moulinait son beurre. Pareil pour les fromages : le lait des chèvres caillait, sensément dans le foyer. Naturellement, la Zélia, au lieu d'être tranquille à ranger et frotter comme elle en avait goût, de voir autour d'elle ce fourbi d'affaires et de gens ne lui arrangeait pas le caractère ! Il y avait pis encore : la Néné avait réussi qu'on apporte dans un grand palisson toute une couvée de canets. Elle les tenait près de la cheminée : heureusement Papette et Florette n'en faisaient pas de cas. Elle les abecquait de mie de pain effrimée dans du lait, avec des œufs durs pilés menu, la verdure manquait, et pour cause ! Ça l'occupait, pauvre vieille, et la consolait de ses lapins. Pour une fois, Madeleine la soutenait et assurait que c'était la seule façon d'échapper les canets. Zélia, ça la rendait folle, quand ils sortaient de leur palisson et fientaient sur son pavé. Elle les suivait avec sa pelletée de cendre et son balai, et les remettait vivement en place ; la Néné fronçait le nez parce qu'elle les attrapait par le cou, à la n'importe comme et vas-y que je te pousse ! Malgré ce déportement dans le temps et les habitudes de travail, on se sentait aise dans la maison, serré protégé de quelque chose, le froid, la faim, la mort peut-être, tout ça au-dehors, à ravager les hommes et les bêtes : on n'entendait plus que les loups, on ne voyait plus que les corbeaux, bêtes à charogne qui avaient résisté. Et eux autres, de la Colombière, ils menaient le bruit et l'agitation de la vie, à virer dans la maison, aux chaleurs du feu et des fricots.

Mousin pissa un coup avant d'aller voir aux chevaux. Il fallait faire vite à se secouer et tout rentrer, un froid pareil, ça ratatinait les affaires du monde, on gelait aussi par ce bout... Et justement le temps de glace portait toujours à lâcher de l'eau ! Il ouvrit la porte de l'écurie.

— Seigneur Dieu ! Ce n'est pas vrai, dites ? Putain de merde, je vais lui annoncer comment ?

Sultane était renversée, le long du bat-flanc, elle était déjà raide, et les pattes croches par l'agonie. En refermant la porte, Mousin sentit qu'il suait de partout...

Aimé Lhoumeau ne tenait pas en place depuis le matin. Le facteur de poste n'était pas passé de trois jours, le courrier n'arrivait plus. Heureusement, Adélaïde avait eu une lettre de François juste la dernière journée, et comme Rousseau-le jeune n'était guère écrivassier, deux à trois coups le mois, la jeune fille n'était pas en inquiétude. Par une autre chance, elle n'avait pas lu la dernière *Revue de l'Ouest*, ayant reçu le même jour son *Écho de feuilletons* et sa *Mode illustrée*, qui la flattaient mieux, c'était normal. Assis au clair devant la fenêtre, Lhoumeau lisait, relisait à la savoir par cœur, sur le journal du 24, la proclamation du Préfet de l'Ouest à ses administrés. « Dans la matinée d'hier, 22 courant, quelques attroupements ont eu lieu à Paris. Dans la soirée, des barricades ont été élevées, elles ont été sur-le-champ détruites par la Garde Nationale et par la troupe de ligne. Depuis minuit, la tranquillité est entièrement rétablie... » Et ainsi de suite, et tout va au mieux, et chante ton conte...

Pourriture des rois ! La même chose qu'en 1830, rien ne leur apprenait leçon. Il y avait dix-huit ans que Charles X avait pris ses cliques et ses claques, juste au lendemain d'avoir prétendu que tout marchait à l'ordre. Cette fois, c'était la dernière, quand même ! Louis-Philippe, il tremblait dans ses culottes, tout comme en 1830 le cousin Charles... De plus, il savait qu'après lui c'en serait fini des rois : ce coup-ci, la République se levait aux barricades, et pour toujours ! Et malgré, les ministres, les préfets, tout faux-cul et faux-jeton, assuraient : « La tranquillité est entièrement rétablie. » Aimé Lhoumeau plia son journal, le mit dans sa poche de paletot, il ne voulait pas le laisser traîner sous l'œil d'Adélaïde. Le cœur lui battait comme en jeunesse. Sous les balles de quel roi était-il tombé, Adrien ? Celles du roi de Prusse ? d'Angleterre ? Ils s'étaient tous mis pour le tuer — et pour ramener les Bourbons à leur trône. Et lui, Aimé Lhoumeau, il mourrait en République, et cette fois le peuple ne se la laisserait pas tirer des mains... Parce que enfin : Napoléon, la différence avec un roi n'avait pas été trop conséquente ! Jusqu'à se faire sacrer par le pape !

Il fallait qu'il se calme un peu, il ne manquerait plus que

de crever par l'espoir et l'émotion ! Il se força à regarder autour de lui, à revenir à la Colombière. Toute cette agitation dans la maison n'était pas pour lui déplaire, l'attente où il se rongeait en était un peu soulagée. Tout le monde se trouvait en même temps, il n'était pas loin de midi, il ne manquait que le Grand Mousin, Marie Therville, et Adélaïde, qui se retirait souvent à sa chambre, chère mignonne, elle était vite fatiguée au bruit et aux odeurs. Zélia s'en énervait, que faire d'autre, de ce temps l'ouvrage des valets était mince, au-dehors.

Ce n'était pas Jean, qui menait bruit et dérangement. Vu le froid, il n'avait pu retourner en Vendée pour ses deux mois d'hiver, le malheur se lisait sur sa figure, pauvre gars ! Il était ici, où rien ne manquait, ni feu ni soupe ni viande au charnier, et devait penser à toute sa grouée de drôles qui miséraient de froid et de faim à la Daunière. Dès que le temps permettrait, et même si Guérinière y voyait obstacle, Lhoumeau avait promis à Jean de le laisser partir. Il dépocherait lui-même pour un journalier, si le beau monsieur du Theuil n'en voulait pas partager la dépense : c'est qu'il était près de ses sous à n'y pas croire, Joseph Guérinière, toujours à tatillonner sur les comptes jusqu'au centime ! Lhoumeau avait fini par trouver, dans cette pingrerie, le pourquoi et le comment de son attitude, après l'affaire du labyrinthe, en 1845. Mousin avait dansé et trinqué avec la stèle ?

— Bah ! c'est moins que rien, père Lhoumeau, pas de quoi fouetter un chat !

Ce n'était pas l'avis du « père Lhoumeau », et il avait savonné les oreilles de son va-devant, après que Chantecaille lui eut conté l'histoire. Un mois après, la stèle disparaissait [1] ?

— Mais que voulez-vous, père Lhoumeau, cela choquait le monde, et d'autres sont allés plus loin que votre Limousin, il faut comprendre...

Sacré Guérinière ! Lhoumeau tenait pour certain qu'il avait lui-même détruit l'urne et la colonne, ou plutôt fait détruire, lui n'aurait pas risqué s'y abîmer les mains : Dieu-

1. Cette disparition mystérieuse est elle aussi un fait réel.

lengard, sans doute, qui s'en était chargé ; l'intendant était toujours à courber l'échine devant le maître, et à gripper les sous comme s'ils étaient siens ! Plus de stèle, plus de danse, et de ce fait, plus rien à verser aux pauvres de Vausseroux. Tout bénéfice.

Lhoumeau hocha la tête en regardant Jean, oui, pour sûr, il l'enverrait en Vendée, et sur sa propre bourse, un brave homme, un bon travailleur ; Lhoumeau l'appréciait, malgré qu'il soit dans la religion jusqu'au cou et qu'il n'y ait pas plus Blanc que lui ! Camille Bruneteau non plus ne faisait pas dérangement. Il avait remplacé Louis Chantecaille, on n'était pas volé au change ! Parce qu'il travaillait d'aussi grande main que Louis, encore qu'il soit dans la cinquantaine, et lui, au moins, était un caractère en or, tout le monde n'avait qu'à s'en louer, même Zélia, c'était tout dire ! « J'ai fini mon ouvrage, patronne, allez, je vous aide à tirer les vaches... » ou encore « Madeleine, je regarderai à votre moulin, m'est avis qu'il forcerait... » C'est qu'il s'y entendait comme pas deux à la gosserie fine, il était venu avec son bissac d'outils, et depuis que le gel tenait au-dedans, il voyait tout à faire et à rabistoquer sans qu'on ait à lui dire. De ce moment, il était à repailler des chaises, il savait tout sortir de ses mains.

Non, ni Jean ni Camille ne portaient à désordre, les deux jeunes étaient plus lassants, et Zélia n'avait pas tort quand elle leur criait dessus. Charles, encore, depuis le temps on était habitué, il n'avait pas de malice, là où il était il brassait de l'air rien que de sa taille et de sa corpulence. Madeleine prétendait que sa crème montait mal du seul fait qu'il se remue près de ses pots :

— Ah ! si seulement tu avais tiré un mauvais numéro, au derrière d'un canon tu aurais été mieux en place que dans une maison !

Charles riait son plein ventre, il était bon gars, quoique pas trop avantagé d'esprit.

— René, va à la cave. En prenant des patates, ce matin, j'ai vu qu'il y avait à trier partout. On t'appellera pour manger...

Elle n'y pouvait plus tenir, Zélia, et venait de faire débarrasser la place à René Robineau. Il avait dix-huit ans, on l'avait gagé l'an dernier après la mort du père Jacquet : un rhumatisme monté au cœur, d'un seul coup le nez par terre, une belle mort qui lui avait évité l'hospice. Le grand ne se louait pas trop de René pour le travail. A la maison, c'était encore pire, il ne tenait pas plus en place qu'une souris dans une grenotte, toujours à gêner qui ou quel, à asticoter Charles, à attigner * Marie, à se lever-rasseoir dix fois de rang : une calamité ! Au prochain accueillage, on veillerait à trouver mieux, c'était la mort de Jacquet Rossard qui les avait pris de court.

Encore heureux : on était débarrassé de Julien. A treize ans, il n'était plus question qu'il soit berger, et il était trop insignifiant pour être valet. Sa mère était venue en faire le diable à quatre, elle avait failli graffigner Mousin ! Depuis, on n'avait plus de berger à demeure ; au temps de mettre les vaches en pâture, le drôle d'un journalier venait tous les jours de Vautebis et repartait au soir chez lui ; on lui donnait une petite pièce en fin de saison, et tout le monde y trouvait son compte ; personne n'avait regretté Julien, sauf Papette, aurait-on pu croire ? Depuis, elle restait à la maison, et Florette suivait aux vaches.

Est-ce qu'on n'avait pas rabâté, à la porte du corridor ? Les chiennes grondaient. Sans doute des besaciers, des cherche-pain, il en passait chaque jour, à la Colombière. Pauvres gens, pauvres misères ! Ils savaient qu'on ne leur demandait pas ici leur certificat de mendicité et qu'ils repartaient toujours avec un bout de pain : on fourneyait à double, depuis un mois. Oui... c'était ça, sûrement, et non pas le facteur de poste, lui serait déjà entré !

— Va ouvrir, Madeleine, qu'ils se chauffent un peu. Le froid tenaille aussi dur que la faim...

Lhoumeau allait se remettre à son journal, pour relire, une fois de plus : « Dans la soirée, des barricades ont été élevées... » Il reconnut la voix, et l'accent, dans le corridor : Livolsi, le colporteur de Savoie, qui passait depuis trente et quelques années, jamais vieilli, et toujours en mai. Qu'est-ce que... Lhoumeau vit le colporteur pousser la porte, bousculer presque Madeleine, et se jeter sur lui à l'accolade :

— C'est arrivé, Aimé Lhoumeau, c'est fait : Liberté ! Égalité ! Fraternité !

La veillée durerait, à n'en pas douter, et sans que personne ne surveille la pendule ! Le vieux avait fait rentrer des bûches aussi grosses que pour chauffer Noël, donné ordre aux femmes de démêler la pâte à crêpes et monté lui-même de la cave des bouteilles de vin cacheté.

Mousin, de son bout de table, voyait toute la compagnie, et morigénait en son dedans d'avoir à ne pas se saouler, d'aller petit-petit avec le vin : par le délabrement d'émotions qu'il avait eues ce jour, il sentait que d'un rien la tête lui tournerait, et qu'il se mettrait à déparler. Il se leva et but coup sur coup deux grandes coussottes * d'eau. Il saisit le regard du vieux, en se rasseyant, et crut y voir comme un air de rire. En une journée, il avait rajeuni à n'y pas croire, le père Lhoumeau !

Les femmes se relayaient à tourner les crêpes, une seule n'y aurait pu accoter : les brassées de fournille qu'on jetait sur les souches montaient un feu d'enfer. Chacune son tour : Zélia, Madeleine, Marie. Elle y faisait aussi vivement, la petite, que les deux femmes d'âge et d'expérience. La Néné avait été écartée de la poêle, sa fille lui ayant dit que tout ce qu'elle risquait, c'était de tomber au foyer d'une congestion de chaleur, et qu'elle n'était plus assez vivace en mouvements pour fournir. Aline Lhoumeau restait assise sur sa chaise basse, pas à la table avec les hommes, pas au travail avec les femmes. Sur sa chaise, devant le potager, pour ne pas gêner à la cheminée. Une pauvre vieille. Du coup, elle avait refusé de manger des crêpes.

Naturellement, Adélaïde, elle, avait pris place à la tablée. Ce soir, le bruit et le graillon ne la dérangeaient pas, la « chère mignonne » ! Elle était en bout, à la gauche de son grand-père. En face d'elle, à la droite du vieux par le fait, Sergio Livolsi, le colporteur. Quoi donc le gardait ainsi en santé et jeunesse ? Sans doute d'être toujours par les routes et chemins, à marcher comme un chat maigre. Mousin l'avait vu chaque mai, à la Colombière, depuis vingt-trois années et déjà avant il y passait !

— Le Limousin, j'ai votre couteau de Nontron, comme

à l'habitude. Per favoré, veuillez me croire un jour, essayez donc oun poco à ceux de Thiers, vous en useriez moins, comé questo, tenez, trois lames et le poinçon...

C'était chaque fois même chanson, toujours il offrait les couteaux de Thiers et il apportait le couteau de Nontron. Il devinait, en homme de cœur, que c'était pour Mousin, dans ce couteau, sa jeunesse et son pays... On attendait sa venue, c'était recta comme Saint-Michel et Saint-Jean : au premier mai, Livolsi arrivait. Si on dépensait quelques pièces à son passage, on était payé en retour : d'abord, à la qualité de sa marchandise, jamais de brimboriette bonne à jeter le lendemain ; et surtout, aux histoires qu'il racontait, ses traverses le menant sans décesser sur les chemins de Piémont et de France. Il restait toujours à coucher à la Colombière, et pas aux écuries ni à la grange, dans une chambre haute, s'il vous plaît, c'était dire l'estime où le vieux le tenait.

Quand même ! Mousin n'était pas encore revenu du branle de cette journée. Il s'en rappellerait sa vie durant, du 29 février 1848, lui qui ne faisait jamais cas aux dates. Il était resté un moment à la porte de l'écurie, refermée sur la crevation de Sultane, tout tremble, suant-coulant des gouttes grosses comme le pouce, à ce qu'il lui semblait. Il fallait quand même qu'il se décide à porter l'annonce du malheur. Enfin quoi, le malheur, plutôt l'abomination de la désolation : la jument de Lhoumeau, à lui en propre ! Une bête de race qui faisait sa fierté ! Crevée à même pas sept ans ! Et lui, le Limousin, qui allait y laisser sa place à la Colombière, prends ton baluchon, assassin, vite fait ! Marie, ma petite drôlesse, qui resterait derrière, abandonnée. En traversant le corridor, Mousin avait cru vivre cent ans. Ça grouillait partout dans la maison, lui, il n'avait vu que Lhoumeau.

— Patron... j'ai à vous dire... la jument... n'y est plus...

Il n'avait pas reconnu sa voix, qui sortait de sa gorge à peine et déchirement. Lhoumeau l'avait regardé.

— Ah ! pauvre bête ! Je m'en doutais...

Mousin s'était pensé un moment qu'il entendait de travers, les oreilles bouchées tout pareil que le gosier. Le vieux avait alors levé la voix.

— Landry Rebeyrolles, je t'ai en grande considération, tu le sais et tu le mérites, il ne manquait plus que toi. Écoute ce que j'ai à lire, mon ami Livolsi vient de me le porter.

« Landry Rebeyrolles » ! C'était ce qu'il avait dit, et pour le coup Mousin avait cru qu'ils étaient deux à avoir perdu la boule. Après un silence, le vieux avait lu, prenant son souffle presque à chaque mot, comme à l'étouffement de la joie. « République française. Liberté ! Égalité ! Fraternité ! Au nom du Peuple français ! Citoyens ! La Royauté est abolie ! La République est proclamée ! Le Peuple est uni ! Tous les forts environnant la capitale sont à nous. La brave garnison... de Vincennes... est une garnison de frères... » Le vieux s'était arrêté de lire, il pleurait. Les mots qu'il avait dits étaient gravés dans la tête de Mousin, jusqu'à sa mort, il en était certain. Quelle grande affaire était-ce donc, cette République, à porter aux larmes un homme comme Lhoumeau, à écarter la mort de sa jument, à lui faire appeler son valet « Landry Rebeyrolles » ? Liberté ! Égalité ! Fraternité ! Ça sonnait bien à l'oreille, et bon dieu de bon dieu ! Mousin n'avait pu s'empêcher de penser que l'annonce en tombait au bon moment.

Après, le facteur de poste était arrivé, avec les journaux de retard et une lettre de François. Adélaïde elle aussi avait jeté pleurs et cris, et lu tout haut ce qu'écrivait Rousseau-le jeune, toujours à vouloir faire ses effets et tirer l'attention. Lhoumeau l'avait arrêtée et serrée dans ses bras, en pleurant de retour, quand elle avait dit :

— La Garde Nationale a partout fraternisé avec les combattants des barricades.

A présent, c'était fini des larmes, autour de la table, on ne s'entendait pas parler d'un bout à l'autre. Ceux qui disaient qu'on ne pouvait pas du même coup paître et bêler étaient en tort ce soir : manger ne coupait parole à personne. « Il n'est que Simon Rougier à taper sa goule, rien ne l'éveille, ce couillemolle ! Et Jean, le pauvre, qui fait plus que jamais figure d'enterrement : pour lui, Louis-

Philippe n'était déjà pas vrai-véritable roi, alors pensez, la République ! Il est Vendéen, pas vrai... C'est quand même la preuve qu'il y a du bon monde des deux côtés, et pareillement du mauvais : maître Guérinière, le cul bien d'aplomb sur son magot, il doit trinquer à la République, lui aussi, dans son château du Theuil ! »

Le vieux frappa sur la table, pour faire un peu silence là-dedans, et se leva.

— Puisque nous voilà ici tous, je profite de cette occasion d'annoncer la noce d'Adélaïde, et qu'elle se fera le mercredi 27 juin, vu que François Rousseau-le jeune, son futur, sera libéré le 20. Et je profite aussi d'inviter, à grande joie et honneur, avec nous tous à cette belle cérémonie, mon ami Sergio Livolsi, ici en personne.

Ça c'était envoyé comme discours ! Ah ! ce vieux, il en avait dans la tête ! Mousin en bâillait le bec d'admiration, lui, il n'aurait pas su arranger les paroles aussi bien dites. Le colporteur se leva à son tour, fit son salut de politesse à toute la compagnie et se retourna vers Lhoumeau.

— J'accepterais, d'honneur et de joie, anché io, ami très cher. Je dois à regret dire non, perqué je retourne à la Savoie, il mio paësé, et que j'y veux demeurer et attendre le jour qu'elle revienne à la France, et à la République...

Lhoumeau secouait la tête, l'air de dire je comprends, mon ami, à ta place je ferais de même. Tous étaient émus de la réponse du Savoyard, et le silence durait. Le vieux tendit le bras vers Mousin et reprit sa voix d'ordinaire.

— Mon cadet, dès demain à la prime, il faudra que tu attelles à deux bœufs. Avec Charles, tu porteras au Theuil la carcasse de Sultane, autant que ça serve ! Ils mettent de la poison dans des chèvres crevées, pour attraper les loups. Croirais-tu ? Ils n'en ont pas encore pris un seul. Avec une jument, ils risqueront mieux [1]. Bon ! Ce n'est pas le tout de ça ! Débarrassez votre table, les femmes. Sergio, sors-nous

1. Anecdote racontée par Madame Bobin-Bordier, actuelle propriétaire du château du Theuil. Je la remercie, ainsi que sa cousine, Mademoiselle Reyé, pour la cordialité de leur accueil. Ni l'une ni l'autre ne sont des descendantes de Guérinière...

un peu ta boîte. Ce n'est quand même pas pour m'annoncer une si mince nouvelle que tu es venu ?

Cette fois, le patron riait franchement. Demain, Sultane serait rongée jusqu'à la moelle de ses os, après avoir été éventrée et bourrée à poison. Il s'en foutait, le vieux, il rigolait, il avait sa République ! Mousin se versa un fond de bouteille pour se remettre et essayer de comprendre.

Le couvert fut vivement débarrassé, même Adélaïde y mit la main, pour une fois. En un clin d'œil et comme par sorcellerie, la table était à présent garnie de tout ce qui se pouvait imaginer pour l'utilité ou l'agrément. Incroyable, ce qu'il pouvait porter dans sa boîte, le vieux Livolsi, et la résistance qu'il lui fallait à l'échine et aux quatre membres pour trimbaler le tout à centaines de lieues ! Sans compter le courage, ni brigands ni loups ne l'arrêtaient. Une fois que Mousin lui en faisait remarque, le colporteur avait tripoté son bâton, l'air de rien, et clac ! une lame longue d'un demi-bras en était sortie comme diable à ressort.

— Voyez, signor Limousin, avec la protection de la très Sainte Vierge du Pô, et aussi avec questa bella ragazza, je ne crains rien, ni personne...

Le « signor Limousin » en avait vivement sauté en arrière, et tout en parlant, le Savoyard avait lancé en l'air une pomme et l'avait coupée avant qu'elle retombe !

Tout le monde virait, à présent, autour du déballage à Sergio. Même la Néné s'était débouquée et tripotait dedans, elle finirait peut-être par lui acheter des lunettes... Dans les cris et mouvements, Mousin vit le colporteur venir à lui. Allons ! Les couteaux de Thiers, comme chaque année...

— Ami, ecco votre couteau de Nontron, voyez, plus beau encore que de coutume. Et, per favoré, acceptez : je vous donne un cadeau pour la petite Marie...

Dans sa main, le colporteur tenait une grosse noix cerclée de cuivre, ouverte à charnière comme une boîte, et remplie de couteaux aussi menus qu'une griffe : le chef-d'œuvre des couteliers de Nontron.

— Acceptez, per favoré, je sais que vous l'aimez comme vôtre, la mignonne, la poverina. Vous lui donnerez, au jour où elle aura besoin de consolation...

— Grand merci pour elle, Savoyard, mais je vous demande excuse, je ne comprends pas ce que vous voulez dire...

— Limousin, essayez qu'elle ignore le plus longtemps possible ce que j'ai appris hier, à Vasles. Venez un peu à l'écart qu'on ne nous entende pas.

Il ne parlait plus son patois d'Italie, le Savoyard, et Mousin fut inquiet à la gravité de sa figure.

— Une enfant est née, chez les Therville, à Chaussauvent...

Mousin se sentit soulagé.

— Oh ! pour elle, ça ne change pas à grand-chose.

— Si, Limousin, cela change, parce qu'ils l'ont appelée Marie.

Le grand valet fut obligé de chercher appui le long du mur. Elles étaient allées jusqu'à cette extrémité, les deux saloperies, la Gâtarde et Marie-Madeleine ! C'était après la mort d'un enfant qu'on baptisait de même nom frère ou sœur du petit disparu. A Chaussauvent une mère avait rayé morte sa drôlesse, sa première venue. « Dieu juste, même si un jour Marie pardonne, tenez ces femmes sous votre colère, et l'homme qui a laissé faire. Surtout, Seigneur, faites que Louise Gâtard n'entre jamais en votre Paradis, jamais... »

La volonté de Louise Gâtard

Louise Gâtard s'était assise dans le fauteuil au retour du cimetière, après que le vieux Gâtard eut été porté en sa dernière demeure. Droite, et pour toujours vêtue de noir sur le siège qui avait été celui de son père : même Jean Therville ne s'y était jamais assis. Ce soir-là, le devenir de la famille avait été fixé. Qui habitait encore la borderie de Chaussauvent, au mois de janvier 1807, après la mort de Jean Gâtard ?

Louise Gâtard, veuve Therville, petite femme maigre pour qui on eût pu croire la tombe proche. Si petite et menue, semblant si faible créature. Jeantet, le fils aîné, vingt-cinq ans, en sa pleine force de muscles et de corps, et sa débilité de tête. On n'en pouvait attendre que les services apportés par les bêtes, pousser, tirer, soulever... Encore venait-on d'enterrer le seul être qui eût jamais su s'en faire comprendre. Sans son grand-père, il était à penser que Jeantet demeurerait aussi inerte et immobile que les animaux de pierre, comme on les voyait aux images sculptées des églises. Louis, de deux ans plus jeune que Jeantet, dont les convulsions, de plus en plus violentes et fréquentes, détruisaient la flamme d'esprit qui avait brillé si fort, en son jeune âge, dans la misère de son corps. Aux courts répits du mal qui le martyrisait, il priait Dieu de le prendre en pitié et d'enlever aux siens cette charge. Le désordre de ses mouvements, la grande faiblesse de ses membres, l'empêchaient à tout travail. Heureux encore les jours où il pouvait se nourrir seul. Enfin Pierre, de belle intelligence et de forte constitution, de toute affection et docilité envers sa mère, mais encore si petit enfant : un long temps à passer avant que ne vienne l'âge d'homme.

La jumelle de Louis, Louisette, était venue avec son mari depuis la Juderie où ils étaient bordiers, pour mener Jean Gâtard à son éternité, ainsi qu'ils l'avaient fait l'année d'avant pour Jean Therville. Au retour du cimetière, l'époux de Louisette avait parlé en chef de famille : dès le lendemain, il allait revenir avec les charrettes, et l'on porterait à la Juderie tout le meuble de Chaussauvent, le peu de bétail, les quelques outils, ainsi que le restant de grain et de fourrage. Lui, Pierre Gâtard, acceptait de recueillir, en respect et devoir, la vieille femme que les morts rapprochées de son mari et de son père laissaient seule et démunie à l'existence, avec le poids de deux fils en maladie et impuissance, et d'un autre trop jeune pour le travail et la tenue d'une terre. Elle ne leur serait pas trop de charge, par la vente des terres de Chaussauvent. Si peu qu'il en demeurât, le produit en grandirait d'autant la Juderie ; il était un Gâtard, lui aussi, de lointain cousinage, mais elle devait en tenir compte : son père — Dieu ait son âme — n'aurait pu souhaiter mieux pour elle. Le gendre avait enfin assuré qu'à la Juderie elle serait sa vie durant traitée sans injustice et entretenue à la mesure de leurs moyens, qui étaient des plus minces, elle le devait savoir. Louise Gâtard s'était redressée un peu plus, elle avait ignoré sa fille, s'était adressée à Pierre Gâtard. Elle n'était pas si avancée en âge, malgré ce qu'elle en montrait ; elle avait quarante et un ans, elle était la mère et non l'aïeule d'un garçon encore en robes, et se sentait capable de lui garder le peu de terres que le malheur avait laissées à Chaussauvent, jusqu'à ce qu'il prenne âge et vigueur de les tenir lui-même.

— Vous n'aurez pas besoin de charrette pour emporter à la Juderie la part qui revient à Louisette : la voici. Mon père, six mois avant de mourir, a vendu au marquis du Chilleau l'étalon noir... que vous savez. Le prix en représente, plus de deux fois, la part de chacun de ses frères.

Quant à moi, je resterai avec eux à Chaussauvent, jusqu'à l'âge d'homme pour mon fils Pierre.

Louisette et son mari étaient repartis, au fond d'eux-mêmes dans le soulagement : la somme était d'importance, et ni l'un ni l'autre ne se sentaient envie d'avoir le poids et le souci d'une vieille femme, de deux infirmes et d'un enfant. Ils n'avaient aucunement montré leur joie, au contraire exprimé étonnement et colère devant une telle ingratitude, juré leurs grands dieux que dans ces conditions elle n'aurait plus rien à attendre d'eux désormais et qu'elle pourrait crever sans qu'ils fassent un pas. Louise Gâtard les avait assurés qu'ils devaient être en tranquillité de ce côté, elle non plus ne tenait pas à les revoir ; elle saurait faire face sans eux, et ne voulait pas échanger le bien qui revenait à son Pierre contre une écuellée de soupe qu'on semblait encore lui offrir en charité.

Dès le lendemain elle s'était mise au travail, si faible femme et si vite vieillie... On la tenait pour folle. La malheureuse, disait-on, ce n'était guère étonnant, après ce qu'elle avait subi : les grands tourments et misères apportés par son mariage l'avaient menée au dérangement de tête, jusqu'à refuser le toit et le pain qu'on lui proposait à la Juderie, et prétendre exploiter seule une terre, avec un innocent, un convulsionnaire et un garçon de six ans. En peu de temps, elle avait réussi à se faire comprendre de Jeantet : il lui était indispensable d'avoir usage et pouvoir de cette force. Elle avait reproduit les gestes, les paroles, les intonations de Jean Gâtard quand il ordonnait à Jeantet. Sa première victoire avait été sa première joie ; depuis si longues années il n'était venu que malheur dans sa vie, se pouvait-il que le cours s'en inverse et qu'il arrive un peu d'espoir ? « Jeantet... Jeantet... Bon garçon... » L'innocent, au lieu de japper comme une bête et de s'enfuir, ainsi qu'il le faisait depuis qu'il n'entendait plus la voix de son grand-père, s'était laissé atteler ; il avait tiré l'araire, et elle, Louise Gâtard, s'était trouvé la force de tracer le sillon, le premier et la preuve que son propos n'était pas de déraison : elle garderait pour Pierre la borderie de Chaussauvent.

Les années avaient passé. De courage et d'obstination,

Louise Gâtard avait réussi, travaillant aux champs aussi durement qu'un homme, puis à la maison comme le devaient les femmes, sans jamais un moment d'inaction ni de repos, avec ce supplément de fardeau : Louis, toujours en vie quoique la maladie lui laissât peu de répit. Elle se trouvait même heureuse d'être si lasse, portée à de si profonds sommeils que Jean Therville l'y venait moins souvent visiter dans ses rêves, avec le rire de ses yeux morts, et ce trou dans la tête qu'elle voyait encore saigner et qui l'éveillait dans la sueur et l'angoisse du plus grand des péchés. Elle élevait Pierre dans le soin de la religion et la grande crainte de Dieu que pour l'amour de son fils elle avait recommencé à prier.

A treize ans, l'enfant était dans la belle force de l'adolescence, et son travail avait consolidé ce que sa mère avait maintenu. Louise Gâtard avait pu prendre en fermage quelques terres, et les granges au fond du pâtis s'étaient rouvertes pour des récoltes que nulle folie, jamais, ne pourrait plus gaspiller ni jeter aux aventures. Lorsque Pierre atteignit l'âge d'homme, il resta dans la soumission de sa mère, qui continuait à tout mener à sa convenance : elle en avait pris le pli et n'avait nulle conscience de bousculer l'ordre de la nature et de la société. Le voisinage ne la pensait plus être folle, comme dans les débuts de ses entreprises. On la tenait pour une garce, une vieille bourrique du diable, et l'on jugeait son fils comme un homme tout de faiblesse et de lâcheté. C'était elle qui conduisait, avec réussite et il le fallait admettre, mais c'était pourtant grande honte de voir un homme dans la force de l'âge supporter que sa mère décidât de labours et de semailles, de fauches et de moissons. Un homme qui, à trente ans et plus, n'avait jamais connu de femme...

Louise Gâtard n'avait cure des jugements que l'on portait sur elle-même et sur son Pierre : elle avait le meilleur des fils. Au soir de la Saint-Michel, en 1832, elle attendait son retour. Il était allé jusqu'à Saint-Germier pour en ramener la servante qu'il avait gagée aux Rousons * : il voulait que sa mère connût un peu de repos, il la trouvait si lasse certains jours, elle avait à présent soixante-six. Aucune mère avait-elle jamais reçu tant de respect, d'amour et d'obéissance ? Il avait fallu qu'il supplie plus d'une année, qu'il demande et redemande avec obstination pour qu'elle accepte enfin de prendre une servante.

— A votre âge, mère, n'avez-vous pas droit à répit ? Songez à vous garder en santé et longue vie, que deviendrais-je sans vous ?

Le meilleur des fils ! Il allait revenir avec une servante, il l'avait choisie forte et jeune pour qu'elle soit plus docile et de meilleure ouvrage. Elle avait dix-neuf ans et s'appelait Marie-Madeleine. Tout court. On ne lui connaissait pas d'autre nom, car elle était enfant naturelle d'une fille perdue.

Le jour où mourut Aimé Lhoumeau, républicain, libre penseur

19 novembre 1849

— Encore une chance que tu n'aies pas tes argagnasses * ! Il n'aurait plus manqué que de ça ! Tu ne les as pas, au moins ?

Marie haussa les épaules : cette Madeleine ! Elles étaient dans la plus petite des caves et mettaient au saloir la viande du cochon, tué l'avant-veille. La matinée de novembre était sombre, il venait peu de clarté par le soupirail. Madeleine avait accroché une lampe d'écurie, au-dessus de la planche où la viande s'était ressuyée pendant vingt-quatre heures, posée sur des toiles. Les morceaux étaient froids et fermes, juste comme il fallait.

— Non, je ne les ai pas... Adélaïde m'a dit que c'étaient des histoires, tout ça, que ça n'y faisait rien, pour la viande, pour le beurre, des contes de bonne femme...

— Pour le beurre, je ne dis pas... Pour la viande, tu saurais mieux que moi, à l'âge que j'ai et tout ce que j'ai vu ? Ah ! la jeunesse d'à présent, ça connaît tout, ça discute sur tout... Ma pauvre Marie, ce n'est pas à moi que tu vas apprendre !

Depuis cinq années qu'elle était à la Colombière — était-elle donc si jeune à son arrivée ? oui, elle avait huit ans tout juste — Marie avait pu remarquer les changements de ton, d'attitudes et de paroles de Madeleine Chapeleau. La « petite malheureuse » du début de ses gages était devenue la « pauvre fille », et depuis le départ d'Adélaïde, c'était la « pauvre Marie ». La voix sonnait moins dur mais on ne pouvait quand même pas aller jusqu'à dire qu'elle exprimait l'indulgence et l'affection. Enfin, c'était déjà ça : Madeleine prononçait son nom, et trouvait moins souvent occasion à la bousculer et la reprendre. Il lui arrivait même de laisser échapper un compliment, il fallait faire vite pour le saisir, et comprendre sous les mots. « Ce ne serait pas mal si... » Et attrape la suite avec. Marie était habituée et s'en contentait. Hier, elle avait passé la matinée à côté de la poêloune, à faire bouillir avec des cendres les pots de grès et les pâtissières, bien rangés et séparés de guenillons, pour qu'ils ne choquent pas. Madeleine était venue mettre son nez :

— Ce ne serait pas mal, si tu tenais plus petit feu. Je te prédis que tu vas en casser, la vieille sera contente, et tu vas entendre Zélia...

L'eau frémissait à peine dans la poêloune, Marie saisissait le juste moment où remettre du bois, à quelle grosseur et quelle quantité, pour que ça ne parte pas trop fort, tout en restant à ras de bouillir. « Ce ne serait pas si mal si... » De fait, rien n'avait été brisé ni même ébréché ou fêlé. Depuis le temps que Marie était servante, elle savait y faire, il se tuait tant de cochons à la Colombière ! C'était le vieux qui prétendait de faire bouillir les pots avec des cendres, il devait l'avoir lu sur ses almanachs ou son journal : sans doute pour cette raison, tout était de bonne conservation, aux boucheries de la Colombière.

— Madeleine, à ton avis, qu'est-ce qu'il a le patron ?

Marie n'était pas encore revenue de l'étonnement qui l'avait saisie le matin. Lorsqu'elle était entrée dans la maison, pour la première fois les rideaux du lit à quenouilles n'étaient pas refermés, ils étaient entrouverts, juste un petit peu. Le bruit d'une respiration, d'un étouffement plutôt, emplissait la pièce. Zélia Rougier se tenait la tête, tapait du pied et se plaignait, sans crier, contrairement à son habitude.

— Mon pauvre père, ah ! ce n'est pas Dieu possible ! Simon, attelle vite, tâche de te remuer. Passe à Vautebis, cette fois il faut le médecin, et file jusqu'à la Mothe pour ramener Adélaïde. Son pépé... Elle ne nous pardonnerait pas. Et dire qu'on a notre boucherie en train !

Madeleine resta un moment sans répondre ; elle entassait dans le saloir les morceaux de viande que lui tendait Marie après les avoir frottés de sel.

Poser la viande au charnier était un travail délicat, un travail d'homme, nul autre que Lhoumeau n'y mettait la main habituellement. Aux gestes de Madeleine, Marie voyait cependant que la servante aussi savait tasser les morceaux pour que la pourriture ne s'y prenne pas : si on laissait des vides, c'était là qu'elle se mettait, ainsi que les vers. L'épaisseur des couches de sel, le nombre de feuilles de laurier, Madeleine faisait tout, exactement comme le patron. Marie pouvait juger : aux deux dernières boucheries, c'était elle déjà qui frottait la viande de sel, après que Lhoumeau eut demandé à sa fille si Marie Therville était en état de l'aider. Madeleine s'arrêta un instant, se redressa en se tenant les reins.

— Il a quoi, le patron, à ton avis ?

— Que veux-tu qu'il ait ? Il est vieux, voilà, il a son âge...

Marie ne s'était jamais demandé quel était l'âge du patron, il était vieux déjà à son arrivée et il n'en était pas mort, à part sa jambe il se tenait même en belle santé.

— Il n'est pourtant pas de si grand âge que ma mémé Gâtard ! Elle, oui, elle paraissait vieille comme les chemins, je m'en rappelle bien... Peut-être qu'elle est morte, à présent.

— Non pas, elle est toujours en vie, ma pauvre Marie ! Et je peux te dire son âge, vu qu'elle était née comme ma mère, en 66, ça lui fait donc quatre-vingt-trois.

Madeleine ajouta plus bas, comme se parlant à elle-même :

— C'est le diable, qui la conserve. Le diable et la chétiveté.

Marie fit semblant de ne pas entendre : depuis longtemps, la mémé Gâtard n'était plus qu'un vieux morceau de mauvais souvenirs où elle ne s'attardait pas. Le début de son existence, ce qui s'était passé avant ses huit ans, elle évitait d'y penser. Le Grand Mousin lui avait appris, avec beaucoup de mines et de détours, qu'elle avait à présent deux autres petites sœurs, l'une, Geneviève, et l'autre... Marie ! Il avait l'air dans la consternation, Mousin, ça ne lui sortait pas clair du gosier, d'annoncer qu'il y avait à présent à Chaussauvent une autre Marie Therville. Quelle importance ? A coup sûr, c'était elle, la pouponne, qui était une « pauvre Marie » ! Elle avait répondu :

— Bonne gens ! J'espère qu'elle sera moins tatussée que moi ! Que ce n'est pas le nom qui porte aux coups !

Le va-devant l'avait alors embrassée de plein cœur, un, deux, trois, de grosses bises d'affection. C'était la première fois... Il lui avait aussi donné, à ce moment, un cadeau de la part du colporteur : douze petits couteaux dans une noix, et tous pouvaient s'ouvrir et se fermer.

— Pourquoi te les a-t-il donnés à toi ? Il avait honte, devant le monde ?

Mousin, ça lui avait levé la parole un bout de temps, il en fallait pourtant un paquet pour lui charger la langue !

— Ah ! toi ! Avec tes pourquoi et tes comme, tu fatigues, tu vasses, tu crèves, tu ferais peta lou boun Diou, avec tes questions ! Livolsi, il ne te les a pas donnés, à toi tout de suite... parce qu'il te trouve gentille fille, et que d'offrir un couteau ça coupe l'amitié. Alors, tu penses : douze ! On conjure en passant par une autre main, et de même on est tranquille. Voilà pourquoi. Tu es contentée, à présent ?

— Mais pourquoi les as-tu gardés jusque... ?

Mousin avait fait semblant de la virer et de lui lancer un coup de pied, elle était partie en riant. Elle avait mis les petits couteaux de Nontron dans son coffre, elle les regardait tous les jours et ne posait plus de questions, tout en trouvant un mystère dans ce cadeau du colporteur.

Le saloir était presque empli. Le monsieur était énorme, il y aurait de quoi faire deux charniers.

— Pour le finir, tu me donnes les pieds et les oreilles.

Frotte plus fort, sur les pieds, le sel entre mal, c'est pour la raison qu'on les met dessus, à les manger en premier.

Madeleine à présent fermait le saloir, un linge plié en quatre, un tapon de bois, une grosse pierre : elle faisait tout avec exactitude comme le vieux Lhoumeau.

— Le patron, il a quel âge ?

— Soixante-seize. Arrête de causer. Commence à passer au sel ce qui reste pour le petit saloir, les côtes garnies en premier...

— Quand même, je crois qu'il va se frapper, quand il verra arriver Adélaïde. Moi, je trouve que Simon Rougier aurait mieux fait d'attendre que le patron aille mieux, plutôt que de partir tout de suite à la Mothe. Enfin, comme c'est la patronne qui commande, il a été obligé de...

— Taise ta goule, je te dis, et tiens-toi à ce que tu fais. Il sera mort avant la venue d'Adélaïde. Passe-moi ce petit bout en rond, oui, celui-là, c'est juste ce qu'il me faut pour commencer mon fond. Et taise ta goule. Je suis lassée de t'entendre. Les affaires vont changer quand il n'y sera plus, pour tout le monde, ma pauvre Marie...

« Adélaïde Rousseau... Madame François Rousseau... Bonjour, Madame Rousseau-le jeune...Vous ferez porter les achats chez moi, Grand-Rue. Qu'on ne fasse pas erreur, comme la dernière fois : deux maisons après celle de mes beaux-parents, un heurtoir en forme de main, sur la porte. Si je suis sortie, ma bonne est très bien, très capable, elle vérifiera et réglera le montant ».

Voilà qu'elle parlait toute seule, Madame François Rousseau ? Adélaïde, après plus d'un an de mariage, n'avait pas encore fait le tour de toutes les joies que lui apportait son statut de femme établie. Elle avait tout pouvoir et emprise sur un homme, il était fou d'elle, François, à sa dévotion, soumis au moindre de ses caprices : c'était déjà une grande source d'agréments. Mais surtout, quelle différence avec sa vie passée ! Fille de paysans — de bonne éducation, certes, son grand-père avait eu de l'ambition pour elle — elle était à présent dame de bourgeoisie, fréquentant des gens haut placés, reçue chez les Richard, le mari député, s'il vous plaît ! Elle poussait d'ailleurs François à la politique, ils avaient assez d'argent pour. Ils fréquentaient aussi chez le docteur Sauzé, dont la jeune femme, Françoise, se trouvait avec elle aux Ursulines, et lui avait même servi de « petite mère », étant de deux ans plus âgée. Maintenant, de par ses relations, Adélaïde savait ce qu'était un train de maison, de vraie maison, non pas comme à la Colombière ce va-et-vient de gens en sabots, tout le monde à la même table, la pauvre Néné qui mangeait debout, et le plus beau : le lit à rideaux au fond de la pièce ! Cette communauté paysanne la faisait sourire à présent. Ah ! cet hiver de 1848 avec les canets à courir dans la place ! A présent, elle s'appliquait à reproduire le mode de vie de ceux qu'elle appelait les gens « bien », Adélaïde Rousseau était une dame « bien ».

Les choses auraient été moins faciles, s'il n'y avait eu le boute-feu de son mariage. Le jeune couple se serait installé avec les parents Rousseau, François aurait couru les fermes, les marchés et les foires avec son père, et la nouvelle mariée aurait mené bataille contre sa belle-mère. Durant la nuit de ses noces, Adélaïde avait décidé de tirer parti d'une telle catastrophe, de tourner le drame à son avantage, après cela François n'aurait plus rien à lui refuser : tout le chagrin, toute l'angoisse de ces jours qui avaient précédé la cérémonie pouvaient faire poids dans les volontés de la jeune femme. Elle avait visé haut et battu le fer tant qu'il était chaud. Finalement, avec le temps, elle en arrivait même à penser que c'était une chance. Et pourtant, en avait-elle versé, des larmes ! Adélaïde aimait à évoquer ces souvenirs, le matin, durant le temps qu'elle passait dans son « cabinet de toilette », devant une glace en pied. Elle s'y regarda, avec le sourire qu'elle faisait à François lorsqu'elle voulait le mettre à ses genoux. Belle et triomphante madame Rousseau-le jeune, qui l'aurait dit, en juin 1848 ?

« Et qu'il se fera le mercredi 27 juin, vu que François Rousseau, notre brave de la garnison de Vincennes, sera libéré le 20... » Adélaïde entendait encore son grand-père, invitant le colporteur, « avec nous tous à cette belle cérémonie ». Tout avait été calculé, prévu, le mercredi était le meilleur jour pour un mariage ; dès le lundi on commençais à préparer, et les jours qui suivaient les épousailles, jusqu'au dimanche, la fête continuait. Son pépé l'avait voulue, cette grande noce, comme on la faisait chez les paysans qui avaient du bien, avec les feux de joie, les rubans à couper, les coups de fusil au passage de la mariée. Elle, elle aurait préféré un mariage de ville, plus simple et plus élégant, et non pas les cris, les histoires et les chansons de toute cette viande saoule qu'elle prévoyait comme aux noces de Violette Picot ! Elle l'avait laissé faire, pauvre vieux pépé, il voulait peut-être oublier, à ces préparatifs, le chagrin de voir partir sa petite-fille. Elle s'était seulement opposée à ce qu'on lui portât la soupe de la mariée. Quelle vulgarité, quelle indécence, cette carotte — avec deux pommes de terre — posée sur la rôtie, dans la soupe à l'oignon, que l'on servait dans un pot de chambre, pour faire bonne mesure à la rigourdaine ! Les jeunes la présentaient aux mariés, le matin de leur nuit de noces. Son grand-père lui avait assuré :

— Sois tranquille petite, j'y veillerai, m'est avis moi aussi que ce n'est guère convenable, les habitudes de l'ancien temps ne sont pas toujours à suivre, s'en manque !

Le mardi, veille du mariage, les parents Rousseau étaient arrivés à la Colombière. François ne devait venir qu'au matin du mercredi, il ne fallait surtout pas qu'il voie les apprêts de la mariée, c'eût été gage de malheur et deux promis ne pouvaient dormir sous le même toit. Rousseau-le fils était descendu de voiture sans une parole — un homme tout de cordialité à l'habitude — et sa femme, pas un mot non plus, elle avait la figure bouillie de larmes, et moitié cachée par son mouchoir. Adélaïde s'était avancée, depuis le seuil de la maison : qu'était-ce encore que cette comédie ? Tous les jeunes qui préparaient la « chapelle de la mariée * » étaient sortis de la grange. Charles Rousseau avait vivement entraîné Adélaïde, et refermé sur eux la porte du corridor.

— Il se passe une chose très grave, ma pauvre petite enfant...

Ensuite, Adélaïde avait perdu le fil. Comment lui avait-il annoncé le malheur ? Qui l'avait relevée de sa crise de nerfs et portée dans la chambre de ses parents ? Elle avait oublié, ne gardait souvenir que du désespoir. C'était à elle que cela arrivait, sur elle, Adélaïde Rougier, que l'horreur s'abattait.

François n'était pas venu le 23, comme on l'attendait. Pour être plus vite à la Mothe, il devait laisser la diligence de Bordeaux, et prendre à Poitiers une voiture de louage. Le lendemain étant un dimanche, les parents ne s'étaient pas encore trop inquiétés : il arriverait lundi, ce n'était qu'un retard dû aux événements... On était au soir du mardi, la veille du mariage, et Irma Rousseau hurlait :

— Mon garçon ! Mon garçon ! Ah ! j'en suis sûre, je le sens, il est mort, un cœur de mère ne se trompe pas ! C'est la chienlit, à Paris, la racaille, encore une révolution ! On m'a dit que les ouvriers avaient tiré les bandits des prisons, et qu'ils les payaient pour tenir aux barricades ! Ah ! vous l'avez, votre république, père Lhoumeau, et toi aussi, Rousseau-le fils ! Et moi, elle m'a tué mon garçon !

Et elle partait à son tour pour une crise. Quand Adélaïde se calmait un peu aux paroles d'espoir de son grand-père, c'était la mère Rousseau qui pâmait et qu'il fallait frotter au vinaigre, et elle reprenait ses esprits pour insulter son mari, le vieux Lhoumeau et la république...

Quel chastafrain ! A y repenser, c'était le mot de patois qui venait à Adélaïde, les cris, les pleurs, l'affolement, le vacarme, les allées-venues : le chastafrain. Elle en souriait, à présent, dans le calme et l'ordre de sa belle maison, avec son François qui venait juste de la quitter, à grand-peine, comme chaque matin ; elle avait dû le chasser, il était toujours prêt pour recommencer.

Les Rousseau étaient repartis le soir même. C'était chez eux — s'il revenait — que François se porterait d'abord, sa mère le sentait, avec « son cœur de mère ». Adélaïde s'était retirée dans sa chambre, n'en avait plus voulu bouger, ne supportant personne auprès d'elle. Elle sortait de prostration pour se rouler à terre, se sentait une soif à ne jamais s'éteindre, et repoussait Madeleine, avec ses tisanes pour faire dormir, de l'eau, elle ne voulait que de l'eau. Ce qui s'était passé à la Colombière pendant ce temps, elle n'avait pas cherché à le savoir. Le docteur était venu.

— La jeunesse prendra le dessus, il faut attendre...

Pauvre homme, il avait mal choisi ses mots, Adélaïde avait recraché les médecines qu'il prétendait lui faire avaler. Le vendredi — elle aurait dû être mariée depuis deux jours — elle avait été dans l'obligation de quitter sa chambre plusieurs fois, pour la cause d'un flux de ventre. Elle revenait à la maison, elle était en train d'ouvrir la porte du nord, celle qui donnait vers le chemin. Elle avait regardé derrière elle, comme tirée par quelque chose : un homme ouvrait la barrière. Elle avait couru sans un mot, sans cris ni larmes, et ils étaient tombés à genoux face à face, ils ne disaient rien, ils ne pouvaient plus se déprendre. Pour la première fois Adélaïde, à travers ses vêtements de nuit, avait senti contre son corps cette force qu'elle pressentait et qui la troublait avant qu'elle la connaisse en elle, celle du taureau, de l'étalon, du grand jars quand il ouvrait ses ailes et montait sur les oies en leur becquetant le cou. Inquiète de ne pas la voir revenir, sa mère était sortie et les avait trouvés ainsi. Ses cris les avaient réveillés et ramenés un peu à la réalité. Ils étaient rentrés dans la maison, elle n'entendait rien, ne voyait personne, elle passerait sa vie accrochée à lui. Tout ce qu'elle voulait, c'était le voir, le toucher, le sentir, et tout le monde devait en être si conscient qu'on l'avait laissée — chose impensable — assise sur les genoux de François, les bras rivés à son cou : qui eût voulu les séparer, à ce moment, aurait pu écraser le ciel sur la terre sans y parvenir.

Combien de temps avait passé, cinq minutes, des heures, avant que le sentiment lui revienne et qu'elle saisisse un peu de ce qui se disait ? Des bribes seulement lui en arrivaient, elle émergeait un instant puis replongeait dans la présence de François, il n'était pas mort, ses yeux n'étaient pas dévorés de mouches et de vers, comme dans la vision qui la possédait depuis trois jours.

Il n'était parti que le 24, Paris à feu et à sang... Elle passait la main sous sa chemise. Les voitures ne partaient plus, toutes les routes amenaient vers la capitale des gardes nationaux, appelés en renfort de toute la France... Elle avait la figure dans le cou de François, elle le sentait parler plus qu'elle ne l'entendait... Il comptait sur une diligence à

Chartres, il s'y était rendu à pied et s'était endormi en l'attendant : au réveil, plus d'argent, plus de montre, et les gens qui se battaient autour de la patache, dix fois plus de voyageurs qu'elle n'en pouvait contenir. Que restait-il à espérer, en ce cas, pour un homme dans l'incapacité de payer son transport ? Marcher... marcher... marcher... Près de quatre cents kilomètres. Elle s'était sentie toute molle, soudain, et s'était ressaisie de volonté : plus de crise de nerfs, Adélaïde Rougier, plus de pâmoison !

— Tes parents, François ?

— Je suis venu ici directement, j'arrive par Thouars, et Parthenay...

Le grand-père avait alors parlé, Adélaïde jusque-là ne l'avait pas entendu.

— J'envoie les prévenir, ils pourront être ici ce soir. Pauvres gens... On décidera d'une date, pour la noce.

Adélaïde s'était levée, avait serré la main de François.

— Demain. Ce sera demain. Fais prévenir le curé.

Il avait dû lire dans ses yeux, son cher vieux pépé, et tandis que sa mère piaillait que ci et que ça, comme à son habitude, il avait répondu :

— Tu as raison, petite, ce sera demain.

Il connaissait la vie, son grand-père ; arrivé en la fin de son âge, il n'avait pas oublié les forces et les élans de la jeunesse, et comprenait que « ce serait demain », avec ou sans mariage.

Ainsi Adélaïde avait épousé François, guère de cortège et peu de compagnie... La belle-mère, avec son « cœur de mère », la fusillait du regard, parce que « son garçon » était venu d'abord vers sa fiancée et que tout s'était décidé trop vite et sans elle.

La nuit de leurs noces avait été d'exception, tout comme leur mariage. Trop d'émotions avaient révolutionné le cours du sang pour Adélaïde, et l'enfant qui aurait pu être conçu dans ces moments serait né anormal ou fou. François la caressait en racontant, et s'endormait au milieu d'une phrase, d'un si profond sommeil qu'elle devait tendre l'oreille pour saisir le bruit de sa respiration : une si grande fatigue ne pouvait-elle tuer ? C'était au cours de cette nuit, seulement en ces instants, qu'elle avait eu l'idée de profiter de tels bouleversements, pour définir leur vie une fois pour toutes, plutôt que de s'user le tempérament contre sa belle-mère. François se réveillait souvent, dressé en sursaut comme s'il lui fallait repartir, et retombait près d'elle avec des soupirs de joie, en la serrant contre lui.

— Le bien que tu as en propre, de ta grand-tante Bernit, trois belles fermes, je crois ? Combien de boisselées ? Un bois en rapport, la maison de la Grand-Rue... Avec ma dot, et les espérances de ton côté, on pourra vivre en indépendance, tu t'occuperas d'administrer. Plus tard, tu prendras quelqu'un de confiance, pour l'affaire de ton père. Avec ta mère, tu as pu voir aujourd'hui cette tête qu'elle me faisait, je crois que je ne serai pas heureuse...

Oui. Oui. Oui. Il avait dit oui à tout, il mangeait dans sa main. Maintenant, après plus d'un an, la belle-mère semblait avoir digéré l'affront et clamait partout :

— Je l'ai toujours dit, les jeunes entre eux tranquilles, chacun chez soi, les vieux d'un côté, les enfants de l'autre !

Les deux maisons étant proches, elle venait souvent chez eux et trouvait toujours à redire sur quelque chose. François reconnaissait à sa femme une « patience d'ange », et c'était lui qui répondait à sa mère, c'était leur goût à eux, elle était de l'ancienne mode et n'y connaissait rien. Adélaïde se payait le luxe de défendre sa belle-mère, une victoire aussi rapide et complète valait quelques égards en compensation pour l'adversaire.

Onze heures ! La pendule de sa chambre venait de sonner, la pendule dorée sous son globe de verre, avec les quatre boules qui tournaient d'un sens, puis de l'autre : entre cette merveille et l'horloge de la Colombière, elle voyait toute la différence entre sa vie passée et celle d'à présent. Déjà onze heures, et elle n'était pas encore habillée ! Heureusement, elle avait donné ses ordres hier au soir, Émilienne préparait le repas. La bonne s'y entendait, en cuisine. Pour le service de la table, François assurait qu'elle n'y avait aucune allure : dans les dernières années de son service, il avait fréquenté des maisons bourgeoises, il pouvait juger du personnel. Il envisageait à présent d'engager une femme de chambre, leur train de maison le justifiait. Adélaïde avait pensé à faire venir Marie, François lui avait démontré qu'il ne pouvait en être question, elle n'aurait aucune autorité sur cette petite, il fallait tenir son rang, prendre une domestique au fait des bonnes manières et qui ne tutoie pas sa patronne ! Il avait raison, naturellement, Adélaïde l'avait vite reconnu.

Aujourd'hui, ils avaient à déjeuner l'intendant du comte de Lescours, pour la vente d'une importante coupe de bois. Adélaïde avait bon espoir d'être un jour reçue au château de Salles, Félicie de Lescours était une relation de Françoise Sauzé. Adélaïde Rougier, Madame Rousseau-le jeune, tu vois où tu es rendue ? Quelle robe allait-elle mettre ? Une petite pièce faisait penderie, près de son cabinet de toilette. Quand elle aurait une femme de chambre, il faudrait voir à aménager : une garde-robe, une lingerie, comme chez Françoise. Quel embarras de choisir ! Toutes ces toilettes neuves, depuis un an et demi ! La mode l'avantageait de plus en plus : la taille fine, très serrée, la poitrine en valeur, et pour la jupe des mètres et des mètres d'ampleur, bientôt les jupons ne suffiraient plus à les étaler, on commençait à parler de cerceaux pour les soutenir. Il ne fallait pas de tralala pour ce déjeuner, de l'élégance et de la simplicité, un petit décolleté. Elle choisit une robe de serge verte, si fine qu'elle prenait des reflets de soie, avec des manches ajustées et le bas de jupe garni de rubans bouillonnés en satin paille. Adélaïde tenait la robe à bout de bras, était-il possible qu'elle se cale dans une ceinture aussi serrée ? Ah ! non ! Vraiment, elle n'avait aucun regret de ne pas être en espoir de famille au bout d'un an et demi de mariage. Elle préférait supporter les réflexions de sa belle-mère plutôt que de se voir enfler du ventre comme une vache qui a mangé du trèfle vert, se déformer le corps, se cacher sous des châles ou des rotondes... « Le plus tard possible, et mieux encore si c'est jamais ! Sans compter la souffrance : un enfant à passer par cet endroit, oh là là ! Déjà François, dans les débuts... Il est de forte constitution, quand même, moins qu'une tête de poupon ! » Adélaïde mit la robe, agrafa la ceinture sans difficulté, secoua la jupe pour la gonfler. En se regardant dans la glace, elle se disait qu'il était heureux de ne pas voir les idées sortir des têtes comme la vapeur montant du pot de soupe... Madame Rousseau — une jeune femme délicieuse, ma chère, et quelle éducation ! — elle pensait au membre de François et cela lui faisait une chaleur qui la portait au regret de l'avoir chassé si vite ce matin.

Elle mit le point final à sa toilette en passant à son cou le dernier cadeau de François : un collier de perles fines à reflets rosés, une « chute de perles » ainsi qu'elle aimait à répéter, le nom seul en était élégant, raffiné... Etait-il possible qu'elle ait rêvé d'un esclavage lorsqu'elle était jeune fille ? Ce bijou de paysanne riche ! A présent elle souriait de sa naïveté et savait se parer comme il convenait à son rang. François lui avait promis un diadème pour la prochaine réception chez les Richard. Avec des diamants : Françoise Sauzé assurait qu'il n'était que le diamant, même petit, pour classer une femme.

N'avait-on pas heurté, à la porte d'entrée ? Ce ne pouvait déjà être François avec l'intendant du comte, ils ne devaient pas arriver avant midi et demi. Elle entendit une voix dans le vestibule. Quelle idée ! Elle avait cru y reconnaître l'accent de son père ! A présent, Émilienne montait l'escalier en précipitation.

— Madame, votre grand-père... Monsieur Rougier vient vous prévenir qu'il est au plus mal...

Adélaïde descendit en courant. Cet homme, elle ne l'avait jamais aimé, aujourd'hui elle le détestait de ce qu'il avait à lui dire. Son pépé... Elle n'attendit pas que son père lui parle et s'adressa à Émilienne :

— Vite, un manteau. Vous avertirez Monsieur, qu'il me rejoigne. Préparez notre bagage, il l'apportera.

Il fallait du temps pour mourir. Il s'était passé des siècles depuis qu'il était en train de mourir. Aimé Lhoumeau reprenait conscience, entre deux chutes au fond d'un trou ; il entendait d'abord un tonnerre rouler au loin, se rapprocher, repartir ; peu à peu, il percevait des mots dans le grondement qui emplissait ses oreilles, il entendait ce qui se disait autour de lui. Il parlait, lui aussi, nom de Dieu, et personne ne semblait l'entendre. Le docteur ! Il leur avait pourtant crié, en y mettant le ton qu'il fallait :

— Pas de docteur ! Qu'on me laisse à mourir vite !

Zélia continuait à trépigner et gémir au bord du lit en pleurant et suppliant :

— Réponds-moi, dis-moi quelque chose... Ah ! mon pauvre père !

Et pareillement, le docteur n'avait rien entendu, quand il lui avait dit qu'il était inutile d'écouter si longtemps à sa poitrine, tout était foutu, là-dedans, la pompe ne marchait plus... C'était un docteur âgé, il était venu l'année passée pour Adélaïde, un homme capable, de bonnes manières, il n'avait pas répondu, personne ne semblait l'entendre dans cette putain de maisonnée, c'était à Zélia qu'il s'était adressé.

— Je suis préoccupé. L'œdème... enfin, l'engorgement du poumon, est très avancé.

Zélia avait pleuré plus fort.

— Nous avons fait prévenir ma fille, Madame Rousseau-le jeune, à la Mothe...

— Vous avez bien fait. Il ne souffre pas, rassurez-vous, et n'entend rien : il est dans l'inconscience.

Cochon de salaud ! Il ne souffrait pas ! Il n'entendait rien ! Depuis le matin, Aimé Lhoumeau tombait dans un trou, remontait au bord à grand-peine, et personne ne semblait s'apercevoir qu'il revenait, qu'il les entendait et leur parlait. La quatrième fois, il avait enfin compris qu'il ne disait les paroles que dans sa tête, qu'il était sur son lit sans voix et sans mouvement, et que le grand bruit de vent et d'orage venait de sa poitrine. Foutu. Que ça vienne vite. La douleur entre ses côtes lâcha un peu, le bruit s'éloignait.

« Ma mère est venue. Pauvre femme, elle a tant pleuré quand il a fallu me mettre berger à Chaussauvent. Ce n'était pas la peine de jeter tant de larmes, je peux enfin te rassurer. Je suis bien traité, mère, il ne fallait pas que tu te laisses mourir dans le chagrin et la misère, je suis à Chaussauvent. Monsieur Jean raconte des histoires d'Amérique, je vais apprendre à lire. Tu me regardes dans l'ouverture des rideaux, tu vois, je suis considéré, à Chaussauvent, j'ai un lit à rideaux. »

Aline et Madeleine. Madeleine le soulevait, et Aline

mettait un autre oreiller sous sa tête : presque assis, il étouffait moins. Où était-il parti ? Il était Aimé Lhoumeau, le vieux Lhoumeau de la Colombière. Il n'essaya pas de parler, à présent il savait qu'il ne pouvait plus. Il était en train de mourir. Il les voyait, tous assis à la table, il devait être passé midi. Ils mangeaient dans le silence, le Grand Mousin faisait une figure à malheur : ils se possédaient d'estime, le patron et son va-devant, le bon gars le regretterait. Où était-il Simon, ce pauvre couillon de Simon ? Ah oui, il était allé chercher Adélaïde. Zélia avait demandé à Madeleine de le soulever, elle était forte, Madeleine, d'un seul coup elle l'avait redressé. A quinze ans déjà, elle était forte, plus qu'Aline...

« Aline Poussard, c'est une petite jeunesse, Léonce a eu riche idée de m'inviter à ses noces et de me la donner pour cavalière. Ça valait le coup de venir jusqu'à Azay. Elle me plaît, guère plus haute qu'un chat assis, mais si mignonne de figure et bien remplie de corsage. Elle danse avec moi, en avant-deux et traversez, elle est légère comme la plume, je reviendrai à Azay... »

Ils mangeaient la soupe de boudin, il y en aurait pour trois jours, de la soupe de boudin. Madeleine avait mis la viande au charnier, sûrement c'était fait de façon convenable. Pour les jambons, il ne s'y fiait pas, lui seul savait les piquer, et les frotter aux justes quantités d'eau-de-vie, de sel et d'herbes. Ils mangeraient du jambon pourri, du cochon crevé.

« Où étais-tu parti, Adrien ? Ce n'est pas de bonnes manières de laisser de même son père. Ta mère te croyait mort, elle m'en faisait reproche ; si, si, elle ne me disait pas, mais elle me faisait reproche. Ce n'est pas des coups à faire de s'en aller de sa maison. Tu vas pouvoir t'occuper, à la Colombière,ta sœur Zélia s'est mariée avec un pauvre con, et elle est devenue vieille. Toi, mon garçon tu vas avoir une fière noce, et vite des petits Lhoumeau, pas vrai ? »

Le va-devant n'avait pas l'air de manger de bonne descente, comme il faisait les autres jours, gloutonnant d'un coup, le nez à l'assiette et vivement torché. Non, le Grand Mousin s'arrêtait souvent, et regardait la place vide, à l'autre bout de table. Il ne s'entendrait pas avec Simon, pour l'ouvrage. Le mieux serait que l'incapable continue à taper sa goule, à veurnisser au jardin et aux abeilles, et qu'il laisse Mousin mener à sa guise. « Après le décès d'Aimé Lhoumeau, je désire que ma métairie de la Colombière reste à son gendre Simon Rougier, à l'exclusion de tout autre tenancier... » Il le savait par cœur, le testament de Joseph Guérineau.

« Te voilà de retour, mon vieux fi de garce ! Ça me fait aise, à moi tu n'as jamais joué de ces tours pendables que tu faisais aux autres ! Je peux te dire, mon pauvre Joseph, ton héritier, tu aurais mieux fait de te le fabriquer toi-même avec une fumelle, à ta ressemblance de bon filou, au lieu de le ramasser on ne sait d'où. Je te le répète, ce petit drôle n'a pas l'air franc et te fera de la misère...

« La vieille ne mange pas, toujours à venir regarder dans l'entrebâille des rideaux. Tout le temps à se plaindre, je croyais qu'elle partirait avant moi. C'est la petite Therville qui remue le brassou dans le chaudron, les grattins * seront réussis, la drôlesse est capable, ils la garderont. Les autres, à Chaussauvent, ils ne viendront pas la reprendre, ils en ont appelé une autre de même nom, comme si la première était morte ! Et ça fait des prières, ça dit des patenôtres, que si Dieu existait, il se revirerait dans son paradis à tant de chétivetés. S'il existe... Jean Therville y croyait.

« Monsieur Jean, je me suis engagé, comme vous voyez j'ai la cocarde, nous sommes cinquante à partir de Chantecorps. Je vous tiens en éternelle reconnaissance d'avoir payé pour mon instruction. Vous devez être content, j'ai à vous dire qu'on est retourné en république. La belle petite qui est venue d'Amérique avec vous, elle s'appelle Therville, elle aussi, je lui ai donné une fourche à loup. Moi, c'est une baïonnette qui m'a piqué, je croyais à la jambe, c'est à la poitrine qu'elle m'a embroché. »

Aimé Lhoumeau ouvrit les yeux. Il avait soudain entière conscience de ses délires et de sa mort prochaine. Il n'aurait pas mis trop longtemps à crever, il ne souffrait plus. Adélaïde n'était pas arrivée, il préférait ainsi, elle le verrait tout propre, avec ce visage rajeuni que prennent les morts. Aline avait été une bonne épouse, courageuse et soumise en tout. Une femme avait de l'importance, pour une maison, il avait peut-être été dur, certains moments, avec elle. Il aurait dû lui dire au moins une fois, qu'elle était une bonne femme. Il entendit sa voix, ce coup-ci il ne délirait pas, il l'avait appelée. Il se sentit tomber à nouveau, et eut le temps de penser que c'était la fin, il ne remonterait plus.

Madeleine Chapeleau avait donné à Marie une tartine de pâté, arriverait-elle au bout de cette graissée ? Elle matrouillait longtemps chaque bouchée, avant de réussir à la faire couler ; elle se serait passée de déjeuner, à respirer les vapeurs du chaudron. Personne d'ailleurs ne mangeait d'appétit, Mousin effrimait des mies de pain et les roulait, sans avoir l'air de penser à ce qu'il faisait : lui qui d'habitude ramassait les miettes dans le creux de sa main pour les manger, voilà qu'il perdait de la bonne miche, fraîche cuite d'hier ! Marie changea le brassou de main, elle commençait à fatiguer, il fallait gratter fort dans le fond pour que ça n'attache pas, surtout ne pas fricasser, juste bouillotter. Elle posa sa tartine sur la pierre du foyer et se pencha sur le chaudron. La nappe de graisse n'était pas claire encore, il fallait attendre de se voir dedans : se regarder dans le chaudron, comme dans une glace, c'était la preuve de la fin de la cuisson et la preuve de la réussite. Marie était inquiète, c'était la première fois qu'elle tenait le brassou. Il fallait que le patron soit aux extrémités, pour que Zélia Rougier la mette à cette tâche, c'était toujours elle qui se chargeait de cette préparation, depuis que la Néné n'y était plus de force. Madeleine avait sûrement raison, le vieux allait passer, et Marie se sentait une angoisse, un mal au cœur dans les fumets de gras, à la pensée de ce qui allait venir pendant qu'elle brassait à son chaudron.

Le père Jacquet était tombé dans un champ, d'un coup, au pied de la palisse qu'il taillait avec Jean. Mousin et Camille l'avaient porté dans la petite grange. La mort n'était pas entrée dans la maison. Dès le lendemain, le vieux Jacquet était dans son cercueil, les valets s'étaient relayés pour le veiller, il n'avait pas de famille. Aujourd'hui, dans son lit, dans sa demeure, un vieil homme allait s'arrêter de vivre, avec peine et tourments. Elle aussi un jour elle serait vieille, et était-ce possible ? — elle mourrait. Elle aurait voulu rencontrer le regard du Grand Mousin, il avait la tête ailleurs et ne s'occupait pas d'elle. Madeleine servait les valets, Zélia Rougier pleurait au pied du lit, et la vieille Néné se tenait assise sur le marchepied, elle se relevait souvent, toute courbassée, pour regarder aux rideaux entrouverts.

Le souffle montait moins fort, depuis que Madeleine avait soulevé le vieux pour qu'on l'appuie contre un autre oreiller. Peut-être après tout qu'il allait se remettre, il avait l'air encore en forces et ressources, la Néné semblait tellement plus âgée que lui...

— Aline !

Le cri emplit la maison. Tous les valets se levèrent, un banc tomba à terre, avec choc et fracas, comme un écho. Marie n'avait jamais entendu un tel cri, pourtant elle savait avec certitude qu'il était le dernier. La Néné était penchée sur le lit, la patronne derrière elle. La vieille femme referma les rideaux, et Zélia Rougier s'assit sur le marchepied. Elle ne criait plus. Marie la trouva changée soudain, son visage gonflé de larmes prenait comme une jeunesse, et c'étaient des mots d'enfance qu'elle disait, avec une douceur que Marie ne lui avait jamais connue.

— Papa ! Si vite... Ah ! mon pauvre papa...

Marie s'était arrêtée de tourner le brassou, Madeleine reposa dans le potager la casserole de fricot qu'elle s'apprêtait à servir aux hommes. Elle ne pleurait pas, et sa figure ronde, tout au contraire de celle de Zélia, s'était d'un coup creusée et vieillie. Un long moment ? Un très court instant ? Impossible de se rendre compte... Mousin releva le banc, doucement, la lenteur de son geste en contraste avec la brutalité de la chute : sans presque bouger, comme à ne vouloir réveiller personne. Si lents et étouffés qu'ils aient été, les mouvements de Mousin ramenèrent un bruit de vie, comme si le souffle à tous leur revenait. Jean fit le signe de croix. Zélia Rougier s'éloigna du lit.

— Je vais prendre les draps. Les brodés, de vos noces. Et toi, ma pauvre mère, tu lui cherches ses affaires propres, avec la belle chemise. Dépêche-toi, il ne faut pas tarder...

La patronne pleurait toujours, mais sa voix était revenue comme à l'accoutumée, à donner des ordres, bousculer au besoin. Le timbre en était seulement assourdi : comme Mousin, tout à l'heure, avec son banc.

— Les gars, vous allez à votre ouvrage, Camille verra avec vous. Limousin, j'aurai besoin de toi, va chercher ton rasoir et ton blaireau. Madeleine, tu ranges vivement, tu feras la vaisselle à la poêloune. Marie ! N'arrête pas de remuer, misère ! Crois-tu qu'il voudrait qu'on perde toute une chaudronnée ? Tu en as encore pour un bout de temps, méfie-toi que ça n'attache pas, pour une fois porte attention à ce que tu fais !

Bizarrement, Marie se sentit soulagée, comme si la mort s'éloignait aux gronderies de la patronne. Elle trempa son doigt dans la graisse, comme elle l'avait vu faire à la Néné, pour juger de la cuisson. La brûlure la rejeta en arrière. Madeleine à son tour se mit à grogner, à voix retenue.

— Ne t'avise pas d'y refaire, il faut habitude ! Ça se croit toujours à tout savoir, cette jeunesse ! Crache dessus, ça te soulagera.

Zélia Rougier traversa la maison, se planta devant Madeleine. Le ton monta soudain, et Marie, avant de se remettre à sa tâche, s'aperçut qu'elles étaient seules dans la pièce, la Néné, sa fille, les deux servantes. Et lui, derrière le rideau.

— Chapelère, tu n'as plus ici rien à dire, tu me comprends ! Va d'abord à la vaisselle, ensuite, tu reviendras faire ton baluchon. Dehors ! Je te paierai tes deux mois, même que rien ne m'y oblige...

Marie s'appliqua à ne regarder que son chaudron, surtout se faire oublier ! Que se passait-il dans son dos, qu'est-ce qui justifiait ce tonnerre ? Elle entendit un petit bruit de sabots, elle reconnut le pas de la Néné. Les trois femmes étaient à présent derrière elle, entre la table et la cheminée.

— Ma fille, il est encore là pour trois jours et trois nuits. Et du temps qu'il restera ici, c'est moi qui commande, c'est à moi de dire qui va ou qui reste, pas à toi. Après, tu feras ce que tu voudras.

Était-ce la Néné qui parlait ainsi, elle qui d'habitude se laissait remiser sans répondre aux « ma pauvre mère quand on n'est plus capable de... » ? C'était la vieille Aline Lhoumeau qui ordonnait et sa fille qui se taisait. Marie tournait sa graisse comme une mécanique, pour le coup la patronne avait raison, elle n'était pas à ce qu'elle faisait !

— Quand il sera dans sa tombe, tu verras à ton idée. Si Madeleine Chapeleau s'en va, moi j'irai à l'hospice de Gâtebourse. Je leur ferai donation de ce qui me reste en propre. Il se fiait mal sur Simon, ton père, il m'a toujours dit que j'avais encore à moi, chez le notaire. Dans trois jours, tu seras libre de renvoyer qui tu veux.

— Enfin, maman...

La voix menue, de nouveau : papa ! maman ! Zélia Rougier, comme une petite drôlesse.

— Tu n'y penses pas, voyons, maman !

— Si fait, que j'y pense.

Zélia se remit à geindre. Marie n'osait se retourner, elle aurait pourtant voulu voir la tête que faisait la patronne, en ce moment.

— Quand même, maman, on n'aura pas cette honte ?

— C'est de toi que ça dépendra. Tu as ton temps pour réfléchir, le temps qu'il sera là. Toi, Madeleine, tu descendras ton chapelet. Tu ne seras pas de trop, il y a gros à demander au Bon Dieu, pour lui. C'est Marie, qui va aller à la poêloune. Ce n'est pas pour une fillette, ce qu'on va faire ici. Ma pauvre Madeleine. Occupe-toi des gratins. Arrête la pendule, Zélia.

En quittant la pièce, Marie vit les larmes qui coulaient sur le visage de la servante et du coup elle aussi se mit à pleurer. Sur le seuil du corridor, elle s'arrêta, dans le saisissement et l'horreur : des hurlements montaient de la maison, de grandes longues plaintes comme en poussaient les loups, aux nuits d'hiver. La porte se rouvrit, Zélia Rougier chassait les chiennes à coups de pied. Papette disparut vers l'ouche et Florette suivit Marie en gémissant.

Mousin se releva, il but un verre de cidre — les cruches et les mogues étaient sur la table — et revint prendre sa place. La première des trois nuits de veille était commencée depuis longtemps. Les rideaux du lit étaient grand ouverts, et le vieux allongé, habillé en cérémonie, les mains sur la poitrine, à plat. Pas jointes, pas serrées sur un chapelet ou une croix. Il était entré sans secours dans son éternité, et même sa dépouille disait encore, comme Mousin l'avait si souvent entendu : « Je suis Aimé Lhoumeau, républicain et libre penseur. » En fait de pensées, savait-on ce qui lui était venu à la tête, en ses derniers moments ? On disait qu'on revoyait toute sa vie, juste avant de passer... Quand Mousin avait eu fini de le raser, il s'était senti comme une colère devant ce visage refermé : qu'est-ce que je vous ai fait, moi, patron, pour que vous ne me causiez plus, et que vous vous laissiez tourner ranger comme un incapable ? Un instant, oui, il avait eu rancune contre cette vieille tête qui allait d'un côté l'autre, qui se laissait mouver sans une protestation. Aimé Lhoumeau ! Rendu si bas ! Puis Mousin s'était traité de pauvre couillon, le vieux était mort, loin parti, parti où ? La goutte que Zélia lui avait servie, après qu'il eut fini d'apprêter le corps, lui avait barbouillé les foies. On servait toujours la goutte en ces moments, pour remonter, sans doute ; lui, il avait failli en rendre tripes et boyaux.

La Néné avait refusé qu'on lui mette la croix. Une si bonne chrétienne, la Néné, Mousin n'en était pas encore revenu ! Zélia n'avait rien dit, pas pipé mot, en remportant dans sa chambre le Christ qu'elle tenait. La Néné semblait, à la mort de son homme, avoir ramassé sur elle un peu du caractère de Lhoumeau, de son énergie, de son autorité. « Pas de croix ! » et Zélia avait filé raccrocher le Jésus sur sa cheminée. Quand même, sur la table au chevet du lit, la vieille avait posé le rameau et l'eau bénite. Demain les gens allaient venir : que faire devant un mort, si on ne peut tremper le buis, et le secouer au-dessus de la dépouille ? Personne n'aurait compris, même connaissant les idées de Lhoumeau : pas de croix, c'était son affaire à lui, qu'il s'en arrange avec le Bon Dieu, quant au rameau il était autant pour les vivants que pour le défunt. Pareillement pour le curé : Mousin était allé le prévenir que l'enterrement serait le lundi. Un moment, il avait eu peur que la Néné refuse aussi le passage à l'église, et que l'on enroche * le vieux... A l'idée de son patron mis en terre comme une charogne, Mousin s'apprêtait à mener bataille, il n'en avait pas été besoin : on dirait pour Aimé Lhoumeau toutes les prières qu'il fallait. Sûrement, ça ne suffirait pas pour qu'il entre direct au Paradis, tout de même il attendrait peut-être moins longtemps... C'était aussi la vieille qui avait décidé comment s'organiserait la veillée funèbre.

— La première moitié de la nuit, Adélaïde et François, vous veillerez avec moi, pour la famille. Madeleine, Marie, et toi, le Limousin, pour les valets. Tu réveilleras les autres entre minuit-une heure. Je me coucherai un peu, dans la chambre de Zélia. Ou peut-être que je resterai toute la nuit, je n'ai guère envie de dormir.

Mousin, une fois de plus, regarda vers l'horloge : l'habitude. Une heure moins vingt ; l'horloge était arrêtée depuis la mort du vieux, il serait une heure moins vingt à toutes les pendules de la maison, jusqu'au retour du cimetière. François Rousseau était assis auprès de Mousin, il avait dû saisir son regard, et se pencha vers lui après avoir entrouvert sa poche-gousset.

— Dix heures et demie.

Ils étaient restés d'abord sans rien dire, pendant un très long moment, on n'entendait que les femmes, disant les prières à mi-voix. A présent, il n'y avait plus que la Néné et Madeleine à égrener le chapelet, en silence, juste en bougeant les lèvres. Pour les autres, de temps en temps, la vie prenait le dessus, ils se levaient, faisaient quelques pas, buvaient du cidre — il était de fameuse qualité cette année — ou du café, que Zélia avait mis à bouillir avec l'orge, avant de se coucher, le pot restait au chaud dans la cendre. Tout le monde à la Colombière avait pris goût au café, depuis qu'Adélaïde en avait rapporté de la foire à Saint-Maixent. François Rousseau en avait servi une mogue à la jeune femme, elle but en faisant la grimace.

— Ce café bouilli ! On n'y sent guère que l'orge...

Toujours fille à manières, la belle Adélaïde ! Elle ne pleurait plus, souvent elle coulait sa tête sur l'épaule de

François, comme si elle ne pouvait pas supporter la vue de son pépé, étendu mort dans la mince lumière des chandelles de cire. Ils parlaient tout bas, quand ils s'éloignaient du lit, on ne lève pas la voix devant un mort, enfin eux ils étaient vivants, ils parlaient, même à n'avoir plus grand-chose à se dire : le bon temps d'autrefois était fini, Adélaïde était Madame Rousseau-le jeune, Mousin ne lui raconterait plus jamais les « piaos, jeunas, lou pialous » qui l'avaient tant fait rire, et Marie ne la ferait plus couiner en prétendant avoir entendu des loups « pas loin, on dirait ».

— Écoute, Mousin, à toi je peux le confier...

Ils étaient à la table tous les trois, Marie semblait assoupie, elle essayait à grand-peine de tenir les yeux ouverts et dodelinait la tête. Adélaïde baissa encore la voix pour continuer :

— François et moi, nous nous faisons du souci, pour la Colombière. Pépé y tenait tellement, bien qu'elle ne soit pas à lui : depuis le temps, c'était tout comme. Pour la suite... Tu es bien le dernier à qui on puisse cacher : comment vois-tu les affaires, avec mon père ?

— Que veux-tu que je te dise ? Ce que je vois... Si on a nos aises pour faire, surtout que Camille est de grande capacité, on fera ! Jean est chez nous depuis longtemps, il connaît son ouvrage. Charles a pris de l'âge, vingt-quatre ans, il est moins benêt qu'à vingt, et pour la force, un bœuf ! Albert, tu ne l'as pas connu, c'est autre chose que ce feignant de René. Les mêmes journaliers depuis quatre ans, ça compte. C'est une bonne coterie que j'ai. Si on me laisse faire, je ne dis pas que ce sera comme avant, cette tête qu'il avait le... ton grand-père ! Un homme superbe admirable, quelle perte !

François Rousseau prit la parole, Adélaïde, à l'évocation de son grand-père, s'était remise à pleurer.

— Enfin, Limousin, ça ne suffit pas pour mener la Colombière. On n'aurait jamais vu, excusez-moi je vous sais capable, enfin on n'aurait jamais vu. Il faut quelqu'un à la tête d'une exploitation.

— Eh non, on n'aurait jamais vu. Seulement, pour commander, il faut savoir travailler, et avoir la tête pour. Sûr que ça irait mieux si votre quelqu'un ne s'en mêlait pas. La patronne... enfin, votre belle-mère, c'est malheureux à dire, elle en serait plus capable. Rien de bon, si vous voulez savoir, rien de bon que je prévois.

Adélaïde était allée vers le buffet, elle ouvrit un tiroir et revint vers la table en portant le registre du vieux.

— Et pour les comptes, veux-tu me dire ? Il sait tout juste lire, à peine écrire. Vois, François, comme pépé tenait son livre...

Elle feuilletait les pages en reniflant ses larmes.

— Tu vois, ici, c'est mon écriture. Après mon départ, il a repris tout seul, regarde comme tout était clair, disposé en ordre !

Elle s'arrêta soudain, le livre ouvert sur la page inachevée : un double trait la barrait, et, en dessous, Mousin vit une grosse écriture, avec des ratures, des tremblements, et l'encre qui avait éclissé de la plume, jusqu'en bas de la page. Adélaïde lut à voix basse, la rage passait quand même dans le ton de la jeune femme. « Vendredi 19 novembre 1849. Simon Rougier, la Colombière, à Joseph Guérinière, du Theuil ». Rien à ajouter ! C'était donc à ça qu'il brassicotait, le rat-fouin, quand il était resté debout devant le buffet, un grand moment, après son retour de la Mothe ! Adélaïde jeta un regard d'impuissance à Mousin, et remit le registre dans le tiroir. Elle revint vers la table.

— Joseph Guérinière...

Elle eut sans doute conscience d'avoir levé la voix, et reprit plus bas :

— Maître Guérinière, il va en connaître la perte, lui aussi. Et tu sais ce que j'ai appris, Mousin ?

Tout à coup, c'était l'autre Adélaïde que Mousin avait devant lui, la petite qu'il avait vue grandir et qui lui portait affection. « Tu ne sais pas, Mousin ? Oh écoute, tu ne vas pas me croire... » Le bon temps d'autrefois. Il ne la ferait plus jamais bisquer en l'appelant Adélaïde Rougier.

— Non, je ne sais pas, mais tu vas me dire.

Il aimait la tutoyer devant François, à chaque coup le gars tiquait, comme de boire un verre de vinaigre. Rousseau-le jeune, il ne tarderait pas à oublier que son père avait eu de la paille dans ses sabots.

— Oh ! écoute, Mousin, c'est à peine croyable : Guérinière aurait demandé, je dis bien « aurait », n'en parle à personne, la main de Pauline de Lostange de Saint-Alvère. Ah ? Qu'est-ce que tu penses de ça ? Il a presque trois fois son âge !

Mousin n'eut pas le temps de répondre, d'ailleurs qu'aurait-il dit, il s'en foutait en long en large et en travers, des amours de Guérinière avec Mademoiselle de ci, de ça, et du trou de mon cul, pendant qu'on y était ! François prit le bras d'Adélaïde, la tira vers lui en possession.

— Tu vois, ce que je disais ? C'est un vieux cochon, ce bonhomme, un vicieux, heureusement qu'il sera cocu ! Tu ne m'avais pas raconté, à moi, ce projet de mariage ? Où as-tu appris ?

Un jaloux, aussi, Rousseau-le jeune. La Néné releva la tête, il avait parlé fort. Ils revinrent s'asseoir tous les trois, en silence, comme pris en faute sous l'œil de la vieille femme.

Finalement, elle irait se coucher, oh, sans dormir, quand Zélia et Simon prendraient leur tour à la veille. Aline Lhoumeau n'avait pas envie de se trouver avec eux, devant le lit. Surtout pas avec Simon : il avait touché au livre, il avait écrit sur le livre. Pas une parole, comme à son habitude, et rien à paraître sur sa figure. Plus chéti insignifiant que lui ne vaudrait guère d'argent. Elle ne voulait pas se trouver aux côtés de Simon Rougier, assis à veiller son beau-père, avec tout ce qui devait lui tourner dans sa tête de sournois, il avait trop à gagner à cette mort.

Il n'y avait plus qu'elle, et Madeleine Chapeleau, à dire les prières. La petite Therville, pauvre drôlesse, avait l'air en grande envie de dormir, et les jeunes ne se tenaient pas trop d'assis, ils allaient souvent à la table causer avec le Grand Mousin.

C'était le cri, qu'elle entendait toujours. Il l'avait appelée, avant de mourir, par son petit nom. Depuis combien de temps, à se compter en dix et dix années, depuis quelle éternité n'était-elle plus Aline, pour personne ? La Néné...

la vieille... ma pauvre mère... Et lui, qui ne l'appelait de rien, pas de nom, c'était au son de sa voix qu'elle se reconnaissait une existence, il n'avait pas le même ton selon qu'il s'adressait à elle ou à d'autre monde. Et juste avant de mourir : Aline ! Il avait voulu quoi lui dire, elle ne saurait jamais. Peut-être que le Bon Dieu ferait quand même qu'ils se retrouvent là-haut. Elle n'aurait pas long à attendre, elle se sentait si lasse, elle aurait toujours cru de partir avant lui. Il était beau jeune homme, Aimé Lhoumeau, quand Aline Poussard l'avait eu pour cavalier aux noces d'Estelle Brunet. La danse s'était menée jusqu'au grand pré, devant l'église, qui était à eux depuis si long de temps qu'on l'appelait le pré Poussard. Toutes les noces d'Azay y passaient. Vendu, à présent, le pré Poussard. Portait-il encore le nom ? Des idées qui remontent à si loin, devant un mort...

Aimé était revenu un mois plus tard, pour la demander à ses parents. Son père l'avait estimé comme un garçon fort de courage et d'instruction, sans biens en propre, mais va-devant chez un homme important qui le laissait libre de tout. Il s'était renseigné avant de donner le consentement, naturellement. Il n'avait pas demandé à Aline ce qu'elle en pensait, le choix ne dépendait pas d'elle, pas comme maintenant que tout se perdait, et que les filles décidaient presque. Aline Poussard était contente, il lui plaisait. « Celui-là ou un autre, va... » lui avait dit sa mère. Elle avait vécu avec lui comme vivaient ses parents, le travail ne laissait guère place aux affections. La nuit, quand même — si vieille on se rappelle encore à ça — il lui arrivait, à Lhoumeau, d'embrasser sa femme de tendresse, avant de faire. Enfin, dans ces jeunes temps, il était plutôt de bon bouinage, il lui disait : Aline.

Le garçon était né ; la fille, trois ans après. En 1808, oui, cette année-là, ils avaient eu la Colombière. La vie tournait en bien, pour eux. De belles terres, on devait reconnaître, il savait mettre en rapport, Aimé Lhoumeau. L'argent rentrait, quand tout ailleurs en Gâtine misérait et se plaignait. C'était la mort d'Adrien qui l'avait d'un coup changé. Elle aurait dû comprendre : un homme, perdre son fils unique, il n'y avait pas de plus grand malheur. Elle, elle avait son chagrin de mère, ce n'était pas à comparer. Elle s'en rendait compte seulement aujourd'hui, en le veillant. Ça l'avait rendu fou, la mort d'Adrien, fou perdu de désespoir. C'était à ce moment qu'il avait commencé, avec Madeleine.

C'étaient des histoires qu'on voyait à toutes les portes, le patron avec la servante, dans toutes les maisons ça se passait, et lui, avant, il disait que c'étaient des hontes venues du temps des seigneurs et de toutes les hypocrisies de curés. Il avait fait pareil, après la mort d'Adrien. Même que c'était dans les habitudes, elle en avait été en rancune et jalousie sur Madeleine, son armoire, son coffre et son lit à rideaux. Ce n'était pas à la grange ou dans les palisses que ça se passait, c'était chez elle, sous son toit de femme mariée ! Si jeune, la petite Chapeleau, elle avait pleuré des jours et des jours... A présent, il était mort. « Ma pauvre Madeleine ! » Ça lui était venu tout naturel à la bouche, et avait tiré des larmes à la servante. Non, elle ne voulait pas voir partir Madeleine Chapeleau, c'était d'elle qu'elle se sentait proche. Elles pleuraient le même homme, elles lui avaient obéi, l'avaient servi. Qu'avait-elle eu de plus, Madeleine, sinon le gros ventre, et ses tisanes du diable ?

Même quand sa « pauvre mère » n'y serait plus, Zélia ne renverrait pas Madeleine Chapeleau. Elle ferait sa comédie, un moment, ensuite elle verrait vite où était son avantage. Marie Therville, aussi, resterait. C'était une drôlesse en avance sur son âge, pour le travail et le raisonnement ; un peu trop mouvementée et bavassouse, ça lui passerait peut-être, quoique venu du sang de son grand-père, ce Monsieur Jean qui emplissait la maison de ses discours et de ses pantomimes, quand il venait à la Rinchardière voir son « cher petit Aimé ». Aline Lhoumeau n'avait jamais su la vraie vérité sur ce qui s'était passé à Chaussauvent. Elle savait seulement qu'il y avait là-bas deux garces de fumelles, la Gâtarde et Marie-Madeleine, et que ça ne risquait pas de venir un jour réclamer Marie.

L'enfant de la grange

Pierre Therville fanait, avec la servante, Marie-Madeleine. C'était un beau mois de juin, en cette année de 1836, l'herbe avait poussé dru, juste la pluie au bon moment. Le soleil était venu tout à point, lui aussi, et séchait à présent les andains en leur tirant cette odeur de miel qui promettait un hiver à l'abri du souci : les vaches auraient à manger leur saoul, du temps qu'elles resteraient à l'écurie. Un beau mois de juin, Pierre Therville aurait dû se réjouir, dans la bonne sente de l'herbe coupée... Il regardait Marie-Madeleine, à l'autre bout du pré, qui se redressait en se tenant les reins, et il se sentait dans l'accablement au poids de son péché. Marie-Madeleine commençait à s'essouffler et se fatiguer, elle s'effrayait de ce qu'elle sentait en elle, qui vivait déjà, et bougeait. Sa mère, Jeanne Béguier, était morte un an avant sa venue à Chaussauvent. Fille sans père, Marie-Madeleine savait ce que signifiait la mise au monde d'un enfant, en dehors du mariage.

Louise Gâtard ne s'était jusqu'ici aperçue de rien. Marie-Madeleine était de forte charpente, les hanches larges encore alourdies par les gros plis des jupons. La pauvre fille, au bout de l'andain qu'elle venait de retourner pour que le soleil y pénètre de toute part, pensait qu'elle n'en avait plus pour longtemps, à Chaussauvent : dès qu'elle se rendrait compte de l'état de sa servante, la vieille la chasserait, comme il était arrivé à Jeanne Béguier, dès que ses patrons l'avaient reconnue grosse. Une bête malfaisante bougeait dans le ventre de Marie-Madeleine ; elle se força à repartir et travailler plus vite, sous le soleil : on disait que, parfois, une trop grande fatigue amenait les femmes à perdre leur fruit avant son terme.

Ils se croisèrent au milieu du pré, sans se regarder. Pierre Therville pensait à Dieu, qui de là-haut jugeait tout, et tenait pour capital le péché de la chair ; Marie-Madeleine, pour elle, avait trop à imaginer sur la vie qui l'attendait, elle ne pensait ni à Dieu ni à la faute, seulement à cette présence en elle, pour la maudire. Ils se rejoignirent, sans un mot, et repartirent à l'inverse l'un de l'autre.

Pierre Therville avait senti l'odeur de femme, plus forte que celle de l'herbe coupée, et vu les bras piquetés de soleil, la chemise lâche sur le jupon. Il s'était senti l'envie, et la honte, de la coucher sur le foin encore vert, de la posséder tout de suite, de perdre sa semence en elle. Elle était de chair humide et profonde, et c'était le diable entre ses cuisses, la toison frisée était le feu sombre de l'enfer ; l'odeur qui en venait, lorsqu'elle marchait, le rendait fou et le jetterait aux flammes, pour l'éternité. Il avait vécu si longtemps, sans tourments et sans péchés, dans le respect et l'obéissance envers sa mère ! Il était allé chercher Marie-Madeleine, Dieu avait donc oublié que c'était pour l'amour de sa mère qu'il avait voulu cette servante ? Elle n'était pas même belle, seulement elle était femme : c'était pour une femme qu'Adam avait été chassé du Paradis terrestre. Pendant trois ans, Pierre avait résisté au serpent, au désir, à la sève qui montait et s'épandait seule, dans ses rêves où il se voyait étendu de son long sur Marie-Madeleine.

Il ne l'avait pas brutalisée, il ne s'était pas jeté sur elle en maître : il se tenait debout, tremblant, elle s'était approchée, et ils étaient tombés sur la paille de la grange, au fond du pâtis, comme si Jean Therville et Circé avaient mis pour toujours en ces lieux la luxure et la joie des corps. Dans la grange de Chaussauvent, son fils Pierre avait connu, à trente-quatre ans, sa première et sa seule femme. Après la violence du plaisir, il avait senti tout le poids de la faute et de l'égarement. Il ne pourrait plus jamais revenir à la chasteté où si longtemps il s'était tenu, près de sa mère.

Il n'aimait pas Marie-Madeleine, il avait besoin d'elle.

Louise Gâtard s'aperçut que la servante était pleine, à la fin des moissons, en juillet.

— Il faut la renvoyer de toute hâte, mon fils, elle est prête à mettre bas, la saloperie, la catin !

Pierre Therville, pour la première fois de sa vie, osa tenir tête.

— Elle ne s'en ira pas, mère, c'est de moi qu'elle porte.

Louise Gâtard fut un moment à reprendre esprit. Elle le pensait bien, parbleu, que c'était son Pierre, où était la différence ? Une servante, on ne la gardait pas avec son bâtard, va-t'en, fille perdue, fille maudite !

— Elle restera, mère, je vous en demande pardon, elle ne partira pas.

Il n'avait pas crié, avait-il jamais levé la voix devant sa mère ? Il avait dit doucement qu'elle resterait, il en avait demandé pardon, il voulait Marie-Madeleine avec lui. Louise Gâtard avait pris son bâton le soir même : un grand coup dans les reins avait jeté à terre Marie-Madeleine, un autre l'avait relevée.

— Garce, putain ! Je te le ferai venir, moi !

Le bâton, les coups de sabots... Une petite vieille usée et une grande forte femme dans le plein de sa jeunesse. Madeleine ne criait ni ne pleurait. L'enfant bougeait en elle, c'était à cause de lui qu'arrivaient les coups et la douleur. Si la vieille pouvait le tuer...

— Mère, je vous en prie...

Louise Gâtard arrêtait de frapper, attendait que Pierre fût éloigné à son ouvrage.

L'enfant naquit dans la grange, une fille, le 27 septembre 1836.

— Je l'appellerai Marie, à la protection de la Sainte-Vierge. Je lui donnerai mon nom : Marie Therville. Je vis déjà dans le péché, mère, ne m'obligez pas à une plus grande faute.

Pierre Therville ne trouva nul voisin, à Chaussauvent, qui consentît à témoigner de la naissance de son enfant. Reconnaître le bâtard d'une servante ! Jean Therville, à coup sûr, avait laissé dans son fils un peu de ses folies.

Pierre emmena Jeantet, il avait appris à lui parler. « Jeantet... Jeantet... Bon garçon. »

Marie-Madeleine resta deux mois avec l'enfant, dans la grange, au fond du pâtis. Elle lui donnait le sein sans jamais l'embrasser, elle avait trop souffert à la porter, elle n'aurait jamais rien d'autre à lui donner, que son lait, encore était-ce pour le soulagement qu'elle en ressentait. Si elle avait pu dessécher et tarir, ainsi qu'il arrivait à certaines femmes... En décembre, Pierre Therville les ramena toutes les deux à la maison. Il la trouvait si belle, sa petite Marie, il l'aimait tant déjà, il n'allait pas la laisser l'hiver entier dans la paille comme autrefois Jésus dans la crèche !

— Mère, je vous en supplie, pour l'amour de moi, et le salut de mon âme, acceptez que je me marie avec la mère de mon enfant. Voyez comme elle est belle et forte, regardez ses yeux : en avez-vous jamais vu d'aussi bleus ?

Oui, Louise Gâtard les avait vus, ces yeux que la mort n'avait pas fermés, et depuis trente ans ils habitaient ses cauchemars. Jean Therville s'était lassé à l'attendre, il était revenu, et c'était lui qui riait dans le regard de la nourrissonne que Pierre tendait à sa mère. Il la poursuivrait toujours. Elle donna son consentement.

16 décembre 1836
Mariage de Pierre Therville et de Marie-Madeleine

Pierre Therville, né à Vasles le 20 Messidor an X de la République, fils majeur et légitime de Jean Therville, décédé en ladite commune le 13 février 1806, et de Louise Gâtard, ici présente et consentante, d'une part.
Et Marie-Madeleine, domestique, née en la commune de Saint-Germier le 23 janvier 1813, fille naturelle de feue Jeanne Béguier, décédée en ladite commune le 11 octobre 1831, d'autre part.
Lesquels se reconnaissent père et mère d'un enfant du sexe féminin, ayant le prénom de Marie, née le 27 septembre 1836.

Le jour où Madeleine leva la fourche à loup

10 août 1850

Vingt dieux de vingt dieux ! Pour sûr que ce serait une année d'exception : depuis dix ans, il n'y avait pas eu à la Colombière autant de grain ! Les dernières semailles du temps du vieux : elles avaient monté en force et abondance, comme un merci de la terre à celui qui l'avait connue et soignée. Tout était en réussite. Le seigle : il en voulait encore, Lhoumeau, oh, un petit, aux endroits où rien d'autre ne serait venu ; c'était une affaire guère exigeante, une culture de pauvre terre et de pauvre monde, qui ne tenait pas grand-place à la Colombière. L'avoine et l'orge, pour les bêtes : jamais on n'en avait tant vu, une bénédiction, de quoi tenir deux ans pour les picotins, les barbotages, et pour jeter aux volailles, pitit ! pitit ! pitit ! deux fois le jour. Et surtout le froment : des épis si lourds de grains, si droit montés sur la tige, Mousin n'avait jamais vu. Ah ! si le vieux pouvait regarder cette métive * ! Il n'était pas comme les autres, lui, à toujours dire que ceci aurait été mieux si la verse ne s'y était pas mise, que cela aurait fait un peu plus si on n'avait pas miséré d'eau en avril ! Quand il avait bon grain et belle paille, Lhoumeau disait : bon grain, belle paille. Quel homme il avait été !

Mousin se surprit à parler tout seul, à haute voix, et se traita de vieille bourrique. Il ne s'y ferait jamais, d'avoir perdu son patron. Heureusement, il était, comme de juste, en tête des huit gars qui s'avançaient dans le travers du champ, personne n'avait pu l'entendre ni le voir en train de causer tout seul comme un innocent.

Ils étaient à couper le froment à Font de Pré, la plus grande pièce de terre de la Colombière. Le froment, c'était le plus dur des métives, il fallait, pas vrai, gagner son pain à la sueur de son front, comme disait le curé, sauf que lui n'y suait guère. C'était double travail : d'abord couper les épis à la faucille, en laissant juste assez de paille pour mettre en gerbes, pas trop, afin de ne pas amortir les fléaux, aux batteries. Ensuite, une fois les gerbes rentrées, il fallait encore abattre au dail les chaumes restants. On n'aurait pas fini de sitôt, par bonheur le temps restait fixé au beau. Mousin se redressa : on n'avait pas avantage d'être un grand saute-aux-prunes pour cette ouvrage. Putain ! Ce mal de reins qu'il avait, malgré la ceinture de flanelle ! Et aussi, quarante-trois ans depuis le 20 juin, mon pauvre gars ! Il prit tout son temps pour repasser le fil de sa faucille, avec sa pierre à aiguiser. A force de servir, elle était venue mince et pointue comme un couteau, elle ballait dans la corne emplie d'herbe mouillée : elle en avait tant aiguisé, pointusé, des dails et des faucilles, des serpes et des croissants ! Il s'y était habitué, il reculait d'en prendre une neuve.

Du temps que Mousin s'était redressé — un peu long peut-être, mais ça lui reposait l'échine — Charles Roullet était arrivé à sa hauteur, et s'avisait de le dépasser ! S'ils avaient été à biner, le gars aurait reçu un coup de piarde sur les sabots : dépasser le va-devant, il fallait être aussi godet que Charles pour se le permettre ! Mousin fit sonner la pierre sur sa faucille, le valet s'arrêta avec un air de gros penaud, et se mit à repasser sa lame, lui aussi. Mousin repartit, prit de nouveau la tête. Ce n'était pas seulement du fait que Charles soit benêt, s'il avait surpassé son va-devant, c'était surtout pour cause qu'il était plus jeune...

A présent que Lhoumeau n'était plus de ce monde, il n'était que Marie pour retenir Mousin à la Colombière.

Sans sa présence, il aurait pris ses sous dans le mur, ses effets dans son coffre, et bonjour la compagnie, sans regrets ! Un petit commerce de mules, il y pensait toujours. Dans le coin, pas loin de Céline. Elle, la merveille, les années passaient sur elle sans y toucher, un peu forcie peut-être, ce que Mousin appréciait : c'était sans doute du fait que lui soit si maigre, il n'en avait jamais trop dans les mains, de sa Céline ! Elle, elle s'en désolait, et se serrait à crever dans des corselettes baleinées qui lui marquaient la chair. Toujours en belle et fraîche jeunesse, à trente-huit ans, avait-on idée ? Elle se soignait de sa personne, ça, on pouvait le dire ! Elle voyait des réclames sur le journal, des pommades pour blanchir la peau, des eaux pour empêcher les rides, des savons pour doucir les mains, elle avait envie de tout, faisait venir de Parthenay, de Niort, de Paris, même, une fois : une affaire à teindre les cheveux gris ! Il avait cru une bouteille d'encre, sur sa table de toilette, où il aimait sentir et tripoter, retrouver les odeurs de Céline dans les pots et les flacons.

— Oh ! je suis d'une colère ! Le journal disait, les cheveux gris sont teints en moins d'une heure par l'eau Chantal. Que veux-tu que je fasse de cette suie ?

Il avait ri un bon coup, l'avait traitée de follasse, elle n'avait pas de cheveux gris ! Il n'avait pas arrangé l'affaire en ajoutant que si ça arrivait un jour, l'eau Chantal existait peut-être aussi en rouge

— Je suis blonde, Limousin, enfin ! Pas rouquine ! C'est de ce fait que ça se voit moins, parce que je suis blonde, tout de même, ce matin, j'ai arraché trois cheveux blancs.

Encore une idée de femme : pas rouquine, elle ne voulait pas. Et pourtant ! Les cheveux, peut-être, on pouvait encore les dire blonds, mais les frisettes cachées de son petit couni, elles étaient rousses rousses, et Mousin ne connaissait pas de plus belle couleur, sur le blanc de la peau. Au penser de Céline, il en avait oublié son mal de reins. Ils arrivaient en bout de champ, toute l'équipe allait repartir de l'autre sens. Vu la hauteur du soleil, ils n'auraient pas le temps d'atteindre la palisse d'en face, avant que les femmes arrivent avec leurs pornias * et leurs paniers couverts de torchons blancs. Il y aurait un bon moment, pour se reposer à belle ombre. Pendant les métives, Mousin ne tapait pas trop vite son couteau, et laissait à tous le temps de se remettre en forces. Une petite mérienne * par-dessus, et on repartirait jusqu'au soir.

Il serait presque nuit tombée, quand ils regagneraient la Colombière. Pour quoi trouver ? Une maison qui ne se remettrait jamais de la perte du vieux, qui allait venir en décadence, qui roulait encore sur l'élan, c'était dans un an ou deux qu'on en verrait le résultat. Juste le lendemain qu'on ait porté Lhoumeau au cimetière, Simon Rougier s'était imaginé de commander, tout de suite sur la grosse dent. D'être assis à la place du patron, il avait dû penser qu'il en prenait les capacités et connaissances. « Mon valet...» Mousin avait sursauté : Simon Rougier ! l'appelant mon valet ! Le couillon s'était arrêté un moment, comme surpris lui-même.

— Tâche de te grouiller et de remuer les gars, il faut quand même terminer d'épandre le fumier, à la Greux des Francs. Ensuite...

Zélia ne l'avait pas laissé finir, tout de suite mouché.

— La Greux des Francs ? Que déparles-tu, ils ont fini depuis un couple de semaines. Mousin, à ton avis, qu'est-ce qui presse ? Défoncer pour la baillarge ? Ou attaquer d'abattre les noyers crevés l'an passé ? A ton avis ?

Cloué du bec, Simon Rougier, dès le premier matin. Mousin avait été soulagé, finalement : il serait désormais gouverné par une femme, au moins elle y prenait des précautions et demandait : à ton avis ? De temps en temps, ça reprenait Simon, ses envies de commandement. Il tapait sur la table. « Qui c'est le patron, ici ? C'est moi ! » Des colères blanches, il ne se connaissait plus, même Zélia n'osait pas lever le ton, et on suivait un coup les ordres du foutu patron. Comme il n'entendait rien de rien au gros de l'ouvrage, ses entreprises venaient à rien de rien.

— Pas de drôles à chasser les oiseaux, dans la chènevière. C'est des idées de dans le temps, tout ça, de l'argent perdu. Enterrez plus profond, comme les fèves, les oiseaux n'iront pas le chercher.

Ils avaient fait comme le « patron » avait commandé, en

rigolant d'avance au résultat. On n'avait pas eu à payer des drôles — une si petite pièce —, les oiseaux n'avaient pas mangé le chènevis, pour sûr, mais la graine n'avait pas non plus germé, enfouie si bas avec la herse. Tout le monde savait, sauf Simon Rougier, le chènevis doit voir le soleil et les sabots du paysan, une fois en terre. Pas de chanvre, donc, cette année ; heureusement, il y avait encore un saccage de filasse, pendue au grenier, Lhoumeau voulait toujours voir venir, comme il disait. Depuis le coup de la chènevière, Simon semblait s'être calmé, et ne se mêlait plus des façons de culture, sauf à faire son important au passage de Guérinière ou de l'intendant Dieulengard. Tous les deux, le maître et son larbin, ils avaient l'air de chier dans leurs chausses, à l'idée de la Colombière aux mains de Simon Rougier. Lui, à présent, il laissait faire Zélia et le va-devant, ça l'arrangeait, dans le fond, vu qu'il était vanne comme un coucou, il préférait mieux ramer ses pois, et demander aux abeilles qui était le patron. Ah ! si un jour on avait prédit à Landry Rebeyrolles qu'il serait mené par une femme ! Enfin, elle n'était pas trop bête, Zélia, et elle mettait des formes pour ne pas le vexer.

Le vieux, même en ses dernières années, quand il traînait si fort la jambe, misère ! il ne passait jamais un jour de fenaison ou de métives sans qu'il vienne voir son équipe, et s'il avait quelque chose à dire, c'était toujours de juste raison. Simon, lui, depuis une semaine, il préparait l'aire pour la batterie, bouchait les trous — il n'y en avait guère — à la bouse de vache, ce serait bien fait, pas de doute, Madeleine et Marie auraient mis une-deux journées pour la même ouvrage.

On disait qu'un bon paysan valait mieux qu'un chéti monsieur. D'accord ! Du temps d'Aimé Lhoumeau, on avait connu ça, à la Colombière. A présent, avec Simon Rougier et Joseph Guérinière, on avait un chéti paysan et un chéti monsieur, les deux faisaient la paire.

— Presse-toi donc, ma pauvre Marie ! Dès que j'aurai ôté mon pain, le four sera prêt pour les galettes et les tartes.

Elle en avait de bonnes, Madeleine Chapeleau ! Se presser, se mouver, se grouiller, courir là ou ici, Marie ne faisait rien d'autre depuis que les métives étaient commencées. Encore heureux, à la Colombière, la réputation de la métairie voulait que les femmes n'aillent pas dans les champs. Le Grand Mousin, les valets, les journaliers et les métiviers * gagés tout exprès pour ce temps, neuf hommes en tout, tenaient à honneur de se suffire, chacun faisait sa riorte * et liait sa gerbe, pas comme dans les petits endroits de misère, où les femmes et les drôles devaient suivre les moissonneurs. A la Colombière, les métives étaient une affaire d'hommes.

— Presse-toi, allons, va, vite...

L'affaire des femmes, c'était de nourrir tout ce monde, en plus du travail accoutumé. Elles n'étaient plus que trois, à présent : la Néné avait décliné si vite, après la mort de son homme. Elle restait assise à longueur de jour sur sa chaise basse, ses lèvres remuaient de temps en temps, comme si elle se parlait toute seule, ou disait des prières. Elle ne faisait plus les repas, ne s'occupait plus des fromages.

— Une chance, disait la patronne, elle ne donne pas de peine, c'est sa tête qui n'y est plus.

Non, elle ne donnait pas de peine : c'est-à-dire qu'elle se levait toute seule, s'habillait, faisait son lit, mangeait son assiettée de soupe, et trois fois rien de fricot qu'on lui mettait sur son pain. Encore lui fallait-il longtemps pour en venir à bout. Elle restait assise sur sa chaise, devant la fenêtre : au foyer, elle aurait gêné. Elle brochait un peu, pour s'occuper les mains, et de temps en temps, sans rien dire, elle tendait la chausse à Marie, pour qu'elle rattrape les mailles, la pauvre vieille n'y voyait sensément plus.

Madeleine s'occupait des fromages, en plus de la laiterie. La patronne en faisait, des airs, à la fin des repas. Elle avait une façon d'en piquer des bouts minuscules, à sa pointe de couteau, et de regarder un grand moment, tournant et retournant la goulée, avant de la mettre à sa bouche, ce qui vexait Madeleine plus que des reproches. Tout le monde s'en rendait compte, et la grande servante la première, ses fromages restaient loin de qualité derrière ceux de la Néné, il fallait toute une vie d'expérience pour en faire d'aussi bons... La vieille Aline Lhoumeau ne montrait rien quand elle mangeait le fromage de Madeleine, c'était même l'affaire qui lui passait encore le mieux.

Marie, quant à elle, avait presque uniquement la charge de cuisiner. La patronne décidait qu'elle fasse ci ou ça et la laissait ensuite se débrouiller. Heureusement, dès qu'elle avait été servante et non plus bergère, elle avait souvent aidé la Néné au fricot, elle avait goût à ce travail. A présent, c'était une autre affaire de s'y colleter seule. Comment faisait-elle, encore moins d'un an auparavant, cette petite vieille femme, devant ces poêles grandes comme des roues de brouettes, ces pots à soupe si lourds qu'il fallait prendre souffle pour les soulever ? Marie se rappelait les réflexions d'Adélaïde, quand il avait fallu garer les pommes à la cave.

— Heureusement que tu es forte, ma pauvre !

La Néné aussi avait été forte, Marie n'aurait pu le croire avant. Comme pour les fromages de Madeleine, elle constatait la différence entre sa cuisine et celle de la vieille femme. La soupe, le salé, les légumes, il suffisait de tout mettre au pot, de laisser cuire le temps voulu, eh bien non, ce n'était pas de même effet, il manquait quoi au juste ? Marie se le demandait. Pour les ragoûts et les sauces, elle comprenait mieux, il y avait un coup à prendre : si on attendait trop, quand le beurre friolait dans la poêle, le fricot prenait un relent d'âcreté ; si on n'attendait pas assez, il était sans goût ni gouasse et sentait l'oignon bouilli. Depuis quelque temps, elle commençait à trouver le juste moment : ses ragoûts n'avaient pas encore la saveur de ceux de la Néné, ils s'amélioraient cependant, la patronne disait que ce n'était pas trop mal. Pour les tartes, les tourteaux, les galettes, elle avait plus vite saisi la façon, ne pas trop échauffer-écraser la pâte, la laisser un peu mataillouse, ainsi elle était moins farineuse, plus croquante à la dent. Elle avait fait aujourd'hui huit tartes aux prunes, aux belles prunes Damour : elle finissait de ranger les fruits sur la pâte, en faisant au plus vite. Madeleine était au fourniou, à tirer son pain, il semblait pourtant à Marie qu'elle l'entendait : « Vite, presse-toi, plus vite... »

Elles avaient juste pris le temps de manger un mijet au lait, un bout de lard froid et du fromage, en revenant de porter leur repas aux hommes, pas question de mérienne ensuite ! Eux, dans les pornias, c'était du mijet au vin qu'ils avaient eu, ça leur refaisait les forces, ce vin sucré bien frais et le pain coupé menu dedans. C'était encore du vin acheté par le vieux Lhoumeau qui avait servi cette année aux mijets de métives. Quand Mousin avait vu arriver Madeleine et Marie à Font de Pré, il les avait accueillies de grand contentement.

— Avec cette chaleur, qu'on en est tout ébaffé, votre mijet, mes belles demoiselles, c'est le Bon Dieu en culotte de velours !

Madeleine avait haussé les épaules, elle s'agaçait toujours d'entendre Mousin plaisanter sur tout. Il avait ajouté :

— L'année prochaine, fiez-vous à ce que je dis, ce sera de la piquette. Alors pour moi, ma bonne Madeleine, tu m'apporteras, pas vrai, mon mijet au lait. Comme un veau, que tu me dis toujours. Un petit mijet au lait pour le petit Mousin !

Madeleine avait presque souri, l'air d'accord avec le grand valet au sujet de la piquette. Elle lui avait même répondu :

— Et tu sais de quoi ? Il prétendait faire glaner. Comme si nous autres, de la Colombière, on n'avait pas toujours laissé la glane aux pauvres gens ! Il y a encore eu une belle chicane avec Zélia, ce matin, sur ce sujet !

Madeleine avait paru regretter le temps perdu — à si peu causer — et elle était alors repartie à ses dépêche-toi vite. Elles étaient revenues vers la maison sans attendre que les pornias soient vides, le plus jeune des valets rapportait tout le soir. Non, les jours n'étaient pas assez longs pour venir à bout du travail. Marie avait le sentiment de courir d'une ouvrage l'autre, sans souffler de reste entre les deux. Elle se levait à nuit noire, dès qu'elle entendait tousser le Grand Mousin : son allumette au soufre, pour sa lampe... Il n'était pas encore jour lorsque le va-devant cornait le luma * pour appeler les journaliers, qui se rendaient ainsi directement à l'ouvrage, sans passer par la maison. Depuis trois jours, on n'entendait plus sonner que la Colombière, c'était fini à Montchevrier, à la Rinchardière, à la Vignauderie. La Colombière était la plus grande métairie du Theuil, Mousin en avait encore pour des jours et des jours à corner. Le soir, il rentrait sans dire mot, avec l'air de ne pouvoir mettre un pied devant l'autre, par la fatigue ; quatre-cinq heures à dormir, pas plus, et le matin il buffait dans sa coquille, d'une force à réveiller les morts pour le Jugement Dernier. On assurait que sonner le luma pour les métiviers, c'était signe de richesse, et que ça ne se pratiquait guère en Gâtine, plutôt vers le bas-pays, plus loin encore que Saint-Maixent : le bout du monde, pour Marie. Il lui semblait, au grand son que Mousin tirait du coquillage, qu'un peu de la richesse de la métairie venait sur elle, elle en était fière. Tout comme Madeleine Chapeleau : « Nous autres, de la Colombière. »

Les tartes attendaient sur la maie, avec leur gros bourlot de pâte qui recouvrait la dernière rangée de prunes, et faisait tout autour de la tôle comme une belle roue. Quand la tarte était cuite, les prunes cachées sous le bourlot avaient un goût différent, on croyait manger deux sortes de dessert. Mousin n'en prenait jamais, pourtant il disait toujours en riant :

— Enfin ! La saison des prunes Damour ! Il n'y a rien de meilleur que les prunes Damour !

Marie finit de quadriller les galettes, elle en avait fait douze ; la galette se gardait bien : quand on aurait mangé les tartes, elle permettrait d'attendre le prochain fourneyage. Les gars en étaient friands, le matin, à la fin du casse-croûte. Elle rangea le rouleau, la planche ronde usée d'avoir tant servi, vérifia s'il ne restait pas la moindre trace de désordre dans la maison. La patronne était intraitable là-dessus, un peu de farine sur le pavé faisait un drame. Zélia Rougier suivait des yeux les rangements, levant la tête de son ouvrage de temps à autre : elle était assise près de la fenêtre du nord, et rapetassait les sacs de chanvre pour le grain. Il avait fallu en chercher des quantités en supplément, heureusement on ne jetait jamais rien, et la patronne apiéçait des âcreries de sacs, en s'énervant qu'elle n'aurait jamais fini à temps. La Néné, aussi, suivait

Marie du regard. A quoi pensait-elle, pauvre femme ? Peut-être à toutes les galettes et les tartes qu'elle avait pétries dans sa vie, maintenant c'était fini pour elle, elle regardait de ses yeux moitié morts la drôlesse qui avait pris sa place. Ne plus servir à rien... Marie secoua la tête, comme pour en chasser la tristesse qui lui venait à la vue de la vieille femme.

— Tes cheveux ! Encore tout défaits ! Crois-tu que ce soit propre ? A quatorze ans, tu devrais quand même savoir faire un chignon, mettre un serre-tête ! Regarde-moi cette tignasse !

Marie repoussa vivement les mèches sous son bonnet, bourrant ci, bourrant là ; Zélia Rougier la harcelait toujours sur ses cheveux. Le matin, elle les tirait pourtant, à telle force qu'il lui semblait ne plus pouvoir fermer les yeux, elle faisait un chignon, plantait les épingles, serrait le bonnet. Rien à faire : au bout d'un moment ça s'échappait de partout. Albert, le plus jeune des valets, lui avait dit une fois qu'elle avait de beaux cheveux. Mousin — le cas était rare — l'avait disputée. Comme la patronne, il lui avait fait remarquer qu'une drôlesse de son âge devrait savoir se peigner.

Madeleine allait grogner, elle, pour avoir trop attendu les tartes et les galettes. Marie prit deux grandes tôles et sortit, il lui faudrait en faire, des tours, avant que tout soit rendu au fournil ! Dans la cour, le soleil plombait à toute la force de l'été. Les gars devaient avoir fini leur mérienne, à Font de Pré, sur eux le soleil tapait plus fort encore, Mousin était devenu noir comme un cul de pot... Simon Rougier, lui, préparait soi-disant l'aire de la batterie : pour le moment, il était accoté au mur de la grande écurie, bien à l'ombre, les mains croisées sur son manche de pelle. Le feignant, le lézinard ! Il ne regarda même pas Marie, quand elle passa devant lui avec ses tartes, il dormait debout, sans doute, sous le bord de son chapeau qui lui cachait les yeux. Elle sentit ses cheveux qui s'échappaient à nouveau du bonnet, au moins elle n'aurait pas de réflexions de la part de Simon Rougier, il ne lui avait jamais adressé la parole.

La chaleur suffoqua Marie, quand elle entra dans le

fournil... Madeleine avait défourné et brossait les pains brûlants. Elle jeta un regard et grommela tout en continuant :

— Presse-toi donc, enfin ! Le four est juste bon pour la pâtisserie, dégourdis-toi, apporte le restant, et vite !

L'odeur de pain frais, qui l'appétissait d'habitude, écœura Marie. Elle crevait de chaud, la sueur coulait dans son dos, sur son ventre ; elle était pourtant vêtue à la légère, comme Madeleine, juste la chemise, et le jupon de toile par-dessus. Malgré, tout ça lui collait au corps, comme trempé à la lessive.

— Allez vite ! Prends deux paniers, de même tu pourras porter quatre tôles à chaque tour, ces jeunes, il faut tout leur dire !

Vite, plus vite, toujours le même refrain ! Marie sortit du fournil, l'air du dehors lui parut presque froid, malgré le soleil, à travers ses vêtements mouillés ; elle desserra le lien de sa chemise, pour mieux sentir le frais sur elle, et courut vers la maison. Simon Rougier s'était remis à sa pelle et son balai. Quand toute la pâtisserie eut été ramenée de la maison, Madeleine ouvrit la porte du four. Sa large figure devait avoir cuit, comme les pains, elle recevait les bouffées brûlantes sans paraître en souffrir, Marie les sentait jusqu'au pétrin où elle se tenait.

— C'est bon, c'est juste bien, pas trop tard. Je vais finir toute seule. Va changer de chemise, ma pauvre petite, te voilà en eau. Ce n'est guère bon, c'est comme ça qu'on attrape les plus mauvaises pulmonies. Les chauds et froids d'été, ça ne pardonne pas, surtout dans la jeunesse.

— Mais toi aussi tu sues, Madeleine !

— Oh ! moi, j'ai la peau dure, les vieilles bêtes sont mieux de résistance que les jeunes. Et puis ça n'est pas beau, pas convenable, ta chemise te colle aux tétés qu'on te croirait nue. Va changer, je te dis, je ferai le reste. Mets une corselette, aussi, à ton âge on ne se promène pas la poitrine à baller.

— Tu n'en mets pas, toi, quand il fait si grand chaud !

— Ça suffit de même, va, et ne me réplique pas. Bouchonne-toi bien, tu verras, ça soulage de fatigue. Va vite, Marie, je ferai toute seule.

Marie ! Du coup, elle sortit sans plus rien dire, avec comme une émotion. Madeleine s'inquiétait d'elle, lui disait : Marie. Elle courut vers son écurie, de l'autre côté des bâtiments neufs. Pour une fois, elle croisa le regard de Simon Rougier. La mauvaise vilaine figure qu'il avait, Mousin l'appelait le rat-fouin. En tournant le coin des bâtiments, elle vit qu'il s'était arrêté, sans doute allait-il se mettre à l'ombre, encore un coup. Il faisait sombre, et presque frais, dans l'écurie, elle donnait vers le nord. Marie frissonna, tira de son coffre une chemise, un torchon à toilette et une corselette. Cette Madeleine ! Tout en se frottant, Marie se disait que ça ne ballait pas, non, mais qu'en fait elle avait à présent la poitrine d'une femme. Quand elle était petite, elle enviait celle d'Adélaïde, à présent c'était venu, elle avait un beau jabot. Finalement, Madeleine avait raison, pour la corselette : les vieilles femmes, les petites drôlesses pouvaient ne pas en mettre, les jeunes filles, elles, devaient en...

Elle n'avait rien entendu, rien vu, elle se tenait devant son lit, le dos tourné à la porte. Des mains lui agrippaient la poitrine, la retournaient avec brutalité. De surprise, elle ne cria même pas. Simon Rougier la fit tomber sur son lit d'une poussée violente, et les mains de nouveau s'abattirent sur elle. Il la tenait couchée, tordant, pinçant les chairs, la douleur montait, elle n'avait pas peur, trop étonnée et trop honteuse pour avoir peur.

— Voyez-moi ça, cette petite garce, si c'est beau si c'est mignon, les grosses tétètes de cette garce...

Avec la voix de Simon Rougier la peur arriva, une bête inconnue s'était jetée sur elle, elle se défendit enfin, toujours en silence, pouvait-on crier de l'inconcevable ?

— Laisse-toi faire, petite saloperie, tu vas aimer ça, tu as des yeux que tu vas aimer ça, arrête, bougresse !

Il la crochait d'une seule main à présent, tordait plus fort pour la maintenir, et de l'autre il se déculottait. Elle savait. Elle ne pouvait pas crier, tellement elle savait, même à l'insupportable douleur de sa poitrine. Il déchira le jupon, tomba sur elle. Il ne se passait rien dans la tête de Marie, seulement l'idée de se débattre, de griffer, de mordre, d'échapper à ce qu'elle sentait entre ses cuisses, tu y passeras petite salope disait la bête, très loin, très loin...

Elle ne reconnut d'abord ni le visage, ni la voix : une face d'horreur et de haine paraissait au-dessus de Simon Rougier. Le cri sortait d'une bouche ouverte, d'une gorge ouverte, d'une grande ombre à la bouche ouverte sur un hurlement, une ombre qui levait sur l'homme la fourche à loup de Marie.

— Je vais te tuer, maudit ! Chien gâté, relève-toi, ou je te tue...

Simon Rougier se dressa d'un seul coup, le ton disait de certitude : je vais tuer. Alors, seulement, Marie reconnut Madeleine, elle se mit à pleurer et gémir à petits cris qui lui semblaient venir d'une autre... Elle croisa les bras sur sa poitrine, une telle honte était-elle possible, Simon Rougier était là, entre elles deux, la culotte tombée sur les jambes, la chemise déchirée, et ça, au bas de son ventre.

— Dehors, la Chapeleau, qu'as-tu à dire ici ? Que faisais-tu, toi, avec Lhoumeau ?

Madeleine baissa la fourche, elle ne criait plus, sa voix était blanche et sans timbre.

— Si tu ne sors pas tout de suite, verrat du diable, c'est cet endroit que j'embroche...

Il partit en se reculottant et jetant des menaces, il était le patron, on verrait qu'il était le patron.

— Est-ce qu'il a fait, Marie, est-ce qu'il t'a... ?

Marie fit non de la tête, elle ne pouvait plus s'arrêter de pleurer. Madeleine s'assit près d'elle, sur le lit, lui passa une chemise et un jupon propres, après l'avoir frottée doucement, et quand elle eut noué le lien de la corselette, elle prit Marie contre elle et l'embrassa en pleurant, Madeleine pleurait, elle aussi...

— Ma petiote, ma jolie, si tu savais... Ma petite Marie !

Marie entendait et ne s'étonnait pas, elle retrouvait la douceur des gestes de Madeleine en train de la soigner, les paroles n'ajoutaient rien à la certitude d'amour, peut-être qu'elle avait toujours su. Elle était bercée par une tendre mère, les bras d'une mère l'entouraient et la protégeaient.

Elle n'entendait qu'à moitié les paroles de Madeleine, son visage roulait sur une épaule profonde et douce.

— Elle aurait eu ton âge, oui, tout juste... Elle était morte avant de naître... Elle aurait ton âge, elle était belle... Il l'a dit, le maudit chien, c'était son droit de patron, à Lhoumeau... Mais pas toi, mon trésor, pas toi... Je l'aurais tué... Je l'aurais châtré...

Zélia Rougier les tira de leur embrassement, les cris de Zélia, entrée comme une furie.

— C'en est du propre, oui, que Simon est mordu graffigné sur toute la figure, ça va faire le tour du pays ! Je le voyais, son manège, à la sacrée petite fumelle, toujours à attigner les hommes en leur remuant ses cheveux à la figure, en tortillant des cotillons ! Petite catin ! Tu ne resteras pas un jour de plus, je le connais, moi, Simon, il a fallu que tu le jettes à bout, avec ces façons que tu as de te brasser le cul et les nichons ! Oh mais ça ne va pas se passer de même, avant que tu partes je te dresserai les côtes ! Tu en redemandais, hein, saloperie ? Ça ne te suffisait pas , le Grand Mousin ?

Madeleine se leva, elle avait l'air d'être lasse, tout d'un coup, lasse et vieille, et Marie pensa : elle va tomber. Alors, à pleine force, d'un élan à jeter un veau à terre, la servante frappa Zélia Rougier au visage. Le sang coula tout de suite du nez, et la patronne se sauva en criant. Madeleine ramassa la fourche, prit la main de Marie.

— Viens, ma petite, on va chercher le Limousin.

Ils auraient fini ce soir, à Font de Pré. Mousin avait un peu écourté la mérienne, ainsi demain, sans perte de temps, ils commenceraient à l'Essarterie. Les gars en avaient sans doute plein leurs sabots, comme lui-même, personne cependant n'avait protesté, c'était une bonne équipe qu'il avait. Le soleil jetait des flammes ; ce qui était bon pour le grain accablait et tourmentait les hommes, l'ordre de la nature voulait du feu pour mûrir les épis, et du même coup les paysans fricassaient là-dessous comme des damnés. Des fois, le Bon Dieu maltraitait trop ses créatures. Mousin se demandait où son corps pouvait trouver tant d'eau à lui dégouliner de partout, alors qu'il se sentait desséché du dedans, comme ces rats qu'on trouve, vieux-morts depuis longtemps, et qui gardent quand même formance de rat. Un rat sec qui aurait sué, voilà ce qu'il était. L'idée le fit sourire, malgré la fatigue, pauvre con, tu déparles dans ta tête, par le chaud et le soleil. Il se releva pour s'essuyer la figure avec la manche de chemise, dans les yeux la sueur brûlait, aussi fort que lorsqu'on se pissait sur une entaille, pour la préserver de pourriture.

Il allait de nouveau recommencer, toujours les mêmes gestes, quand il aperçut au loin Madeleine et Marie, qui marchaient vers Font de Pré. C'en était encore d'une autre : que venaient-elles faire ici, à cette heure ? Elles auraient dû être au fournil, c'était le jour. Marie, passait encore : ce couillon de Simon Rougier devait être en embarras de quelque affaire, il avait besoin d'un valet, et trop de feignantise pour se déplacer lui-même. C'était la présence de Madeleine, qui étonnait Mousin.

Elles approchaient la charre, en bas du champ ; il s'aperçut que Madeleine tenait la fourche à loup que le vieux, dans le temps, avait donnée à Marie, en honneur et considération. Qu'avait-elle, cette folle de Chapeleau, à venir avec la fourche à loup, croyait-elle trouver des bêtes grises au milieu des métives ? Depuis la charre, Madeleine cria :

— Limousin, arrive vite, j'ai des affaires à te dire !

Il eut un instant idée de répondre qu'elle n'avait qu'à venir elle-même. C'en était des manières, de dire à un homme : arrive vite ! Leur attitude l'inquiéta soudain, Madeleine tenait Marie aux épaules et la serrait contre elle. Il posa sa faucille.

— Prends le devant, Camille, je me demande ce qui se passe, avec la Chapeleau et Marie. La Néné, peut-être, je ne vois que de ça...

Il le disait sans y croire, pourquoi toutes les deux ici et cette fourche ? Il courut vers la charre. Madeleine, d'abord, resta silencieuse ; Marie se mit à pleurer et se cacha la figure, comme saisie de honte. Il avait peur, il cria :

— Me diras-tu, à la fin ?

— C'est Simon. Il a voulu...avec Marie.

— Que me parles-tu, je n'y comprends rien, à vos simagrées. Il a voulu quoi, avec Marie ? Nom de dieu ! Ce n'est pas... ça, que tu veux me dire ?

— Si, Limousin. Oh ! ma petite drôlesse, si je n'étais pas arrivée...

Mousin sentit que ses jambes tremblaient sous lui, quelque chose ronflait dans sa tête, jamais il n'avait entendu ainsi le bruit que pouvaient faire la colère et la haine. En même temps, la tendresse pour Marie, et la pitié, pauvre petite, qui pleurait toujours... Il lui écarta les mains du visage.

— C'est fini. Madeleine me dira. Marie, tu ne resteras pas un jour de plus à la Colombière, ni moi non plus, je fais courtaud *. Je vais le démolir, Simon Rougier. Ne pleure plus. Venez, toutes les deux. La fourche, c'était ça ?

Madeleine fit oui de la tête. Ils marchèrent un moment en silence, et de nouveau Marie se serrait contre la servante, qui la tenait par le cou. Il ne s'étonna pas, il ne ressentait que la violence et la fureur, je vais lui écraser la figure à coups de sabots... Marie s'était arrêtée de pleurer, courageuse drôlesse, toujours à se redresser sous les brutalités de la vie... Il lui mit la main sur l'épaule. Elle leva les yeux vers lui, il avait craint de ne plus rencontrer ce regard de confiance, par l'horreur que la petite aurait pu ressentir des hommes, de tous les hommes. Les beaux yeux de Marie Therville se posaient sur lui en amitié.

— Madeleine non plus ne peut pas rester. Elle a envoyé un coup à la patronne, si fort que le sang lui a pissé du nez.

— Un coup à Zélia ? Je perds la boule, moi ! Madeleine, pourquoi as-tu frappé Zélia ?

Il s'arrêta : quelque chose sur le visage de Madeleine, une pâleur, une crispation, le pire n'était pas venu. Il cria plus fort :

— Vas-tu parler, à la fin ?

Madeleine prit Marie contre elle, lui cacha la figure contre son épaule.

— Elle a dit à Marie... elle lui a dit... tu en redemandais, ça ne te suffisait pas, le Grand Mousin...

Il ne répondit rien, les mâchoires si contractées qu'il lui

semblait ne plus pouvoir parler, jamais. Il entendait le grincement de ses dents, il partit en courant, les laissant loin derrière lui.

Il n'y avait personne dans la cour, une fumée noire sortait de la cheminée du four, une odeur de brûlé suffoquait, il desserra enfin les mâchoires et hurla :

— Ouvrez-moi, salauds, ouvrez !

La porte du corridor était barrée du dedans, tous les volets fermés, une maison barricadée sur deux ordures qui chiaient la peur et se cachaient. Il s'assit sur le seuil, s'obligea à respirer profond. Marie et Madeleine l'avaient rejoint. La servante le prit à l'épaule, le fit relever.

— Ils ne t'ouvriront pas. Il faut partir. Je n'ai que mes hardes, et mes quatre sous là-haut. Mes remèdes, j'en referai, ça ne porte pas grand-peine à laisser. Ils t'enverraient les gendarmes... Il faut partir tout de suite.

— Tu as raison, on va partir.

Il s'écarta de la porte, enfla sa voix, jamais il ne s'était entendu crier de telle force.

— On s'en va, Simon Rougier ! Je vais chercher mes affaires, dans mon grenier. J'ai ma lampe, pour y voir clair, et mes allumettes, pour la lampe. Une chance, que j'aie des allumettes, pour trouver mes affaires. De ce temps sec, elles éprennent bien, les allumettes !

C'était toujours le silence, dans la maison. Un petit bruit finit par arriver quand même, des sabots sur les dalles, le verrou qu'on tirait à difficulté, la clé qui tournait dans la serrure. La Néné se tenait dans l'entrebâille de la porte, et les regardait tous les trois.

— Ne fais pas de bêtises, mon pauvre gars, ça te retomberait dessus, et ces deux malheureuses, à présent, elles n'ont plus que sur toi à compter. Je te comprends, mais ne fais pas de bêtises. Va chercher tes affaires, Madeleine. Limousin, je ne te laisse pas entrer, tu ne bousculerais pas une vieille femme ? Sois rassuré, ils se le feront payer l'un l'autre toute leur vie.

Avant que Madeleine n'entre, Mousin lui tendit la fourche, qu'elle avait posée près de la porte.

— N'hésite pas, au cas...

La Néné referma derrière Madeleine, on entendit

qu'elle tirait le verrou. La vieille Aline Lhoumeau, dont la salope de fille disait que sa tête n'y était plus ! Elle connaissait Mousin de sang vif, elle savait l'amitié qu'il portait à Marie. Elle avait raison, il aurait cogné sans s'arrêter, jusqu'à faire de Simon Rougier un tas de merde et de sang, il aurait foutu le feu aux écuries, aux granges, dévasté la Colombière. Il attendrait le temps qu'il faudrait, il le choperait un jour, et de telle façon qu'il n'aille s'en vanter à personne, surtout pas aux gendarmes. Il s'assit sur le seuil, le sentiment lui revenait, il recommençait à mettre ses idées les unes en bout des autres, le grondement dans ses oreilles s'éloignait. Madeleine Chapeleau était la plus à plaindre : à cinquante ans, d'avoir sauvé Marie, la pauvre femme se trouvait sans ouvrage et sans toit. Mousin se gratta la tête, elle avait dit juste, la Néné, Madeleine et Marie ne pouvaient compter que sur lui. Il entendit la porte se rouvrir, elle avait eu vite fait, la malheureuse, elle sortait avec deux baluchons. Aline Lhoumeau, de nouveau, se tenait à la porte entrouverte.

— Prends la jument Pomponne, et la petite charrette, tu trouveras quelqu'un pour les renvoyer. Petite, emporte ta fourche. Il t'avait fallu grand mérite, pour qu'il te la donne. Garde ta fourche à loup, Marie Therville. Pour nous deux, Madeleine, ça n'a pas été grand-chose de bon, la vie. Moi, je n'en ai plus pour longtemps, je n'aurai pas regret à partir. Limousin, pour toi, je n'ai pas de souci...Adieu tous. Ma pauvre Madeleine...

Madeleine Chapeleau parut hésiter, vouloir répondre quelque chose, ne pas oser. Finalement, avant que la vieille femme referme la porte, elle se décida.

— Au revoir... patronne. Prenez garde à vous, tout de même.

Chiennerie d'existence ! Mousin sentit qu'il fallait vite remuer, parler, brasser l'air, faire quelque chose pour refouler la violence de ce départ, le drame qui l'avait provoqué, pour tourner le dos aux volets de cette maison, refermés comme des yeux morts. Le déclin de la Colombière avait commencé lorsque le vieux l'avait quittée. Eux trois, ils s'en allaient aujourd'hui, dans la colère et le déchirement. Jamais plus la grande ferme, il en avait la certitude, ne vivrait comme autrefois. Un jour, quelqu'un passerait sur le chemin et se dirait : « Ça a dû être une forte exploitation : voyez-moi ces bâtiments, la taille de cette maison, tout ça bâti pour des siècles... » Et rien ne bougerait, vides les granges, les remises, les écuries et les toits. Morte, la Colombière, les yeux fermés.

A ce moment, Mousin saisit le regard de Marie, elle aussi se retournait sur cette maison où jamais plus ils n'entreraient.

— Où va-t-on aller, Mousin ? Qu'est-ce qu'on va faire ?

Il fallait lui parler, vite lui ramener la chaleur de vie ; il s'y força, quoique n'y ayant dans le moment guère de goût.

— D'abord, atteler la vieille Pomponne. Et puis ce soir, on va s'installer comme des bourgeois, comme des gros richards, à Vautebis, au Cheval-Blanc. La patronne, vois-tu, je la connais un peu...

Il cligna de l'œil, et retrouva avec bonheur le sourire de Marie.

— Je la connais, un peu ! Elle nous recevra, rien que sur ma bonne mine. Vois-tu si je suis beau, dans mes affaires de tous les jours, juste les plus vieilles et les plus petassées, que je mets pour les métives ? Enfin, on n'a pas le temps que je fasse toilette, on ira de même. Ouste ! va chercher ta baluche !

— Et demain, Mousin, qu'est-ce qu'on fera ?

Il vit sur son visage ce qu'elle pensait, ce qu'elle craignait par-dessus tout.

— J'irai tout seul, à Chaussauvent. Il faut quand même les prévenir. Ton père est en puissance de toi, malgré tout. Va, la Saint-Michel n'est pas loin, tu n'auras guère de temps à attendre une autre place, capable comme tu l'es. Moi, je monterai peut-être une affaire de bêtes, oh ! du petit, pour commencer, et quand je serai riche comme Rousseau-le fils, je me marierai avec une grosse vilaine bonne femme comme Irma Rousseau.

Marie souriait, de nouveau. Jamais Mousin n'avait eu autant de mal à sortir des rigourdaines, d'habitude ça lui coulait tout seul, aujourd'hui il fallait qu'il y peine et force !

Ils étaient tous deux dans la remise, il attelait Pomponne. Madeleine était allée au fournil, il n'avait pu l'en empêcher : elle tenait pour déshonneur de laisser dans le four toute cette pâte cramée, « et le jus des prunes, ça en aura fait du propre, ça doit emboucaner jusqu'à Vautebis ! » Il n'avait pas insisté, il comprenait, les femmes s'accrochaient à la vie, dans le drame et le fracas. Marie, dans le temps, elle avait pensé à son bout de sucre dans le pochon, après s'être battue avec la louve de Champ-Cornu...

— Et Madeleine ? Je voudrais rester avec elle, ou pas loin, en tout cas.

— Je le vois bien, petiote, et crois que ça me fait joie, pour toutes les deux. On essaiera. J'ai comme une petite idée, des affaires que Céline m'a racontées : pour l'organisation, tu peux compter sur elle. Et que si ça marche, on pourra même se voir de temps en temps. Vas-tu te presser, feignasse ? Cherche tes affaires, on va partir.

Marie s'éloigna en courant. Mousin se sentit tout à coup en épuisement, las à tomber. Il n'était sûr de rien, pour Marie, où irait-elle, le ventre lui tordait à l'idée de la perdre. Tant de misère et de douleurs, à cause de deux femmes, là-bas, à Chaussauvent ! Et s'il venait idée à Pierre Therville de garder Marie ? Il était le père, il en avait tous les droits, et Mousin savait qu'il ne pourrait aller contre.

Le Grand Mousin à Chaussauvent

La journée de travail était finie, à Chaussauvent, ils soupaient. Il faisait encore clair, jamais un mois d'août n'avait été aussi beau de soleil qu'en cette année 1850. Pierre Therville était las et triste, comme il lui semblait l'avoir été toute sa vie, malgré son enfance et sa jeunesse heureuses et calmes, auprès de sa mère. Lorsqu'il avait connu Marie-Madeleine, les tourments étaient venus, il avait donné à sa mère tant de déceptions et de douleurs qu'elles avaient assombri jusqu'à son existence passée. Pauvre femme qui lui avait sacrifié sa vie ! A trente-trois ans, le fils ingrat lui avait porté ce coup de tomber dans l'emprise et le besoin d'une femme. Pierre Therville, en regardant sa famille, sa mère, sa femme, ses trois filles, Louise, Geneviève et Marie, se demandait comment un homme pouvait, sans fléchir, porter le poids de tant de péchés et de remords. Marie-Madeleine les servait à la table, silencieuse et les yeux baissés. Elle était restée la servante, pour Louise Gâtard, la domestique traitée plus mal que la dernière des dernières, et Pierre Therville, jamais, n'osait se dresser contre sa mère. L'attitude en avait été prise dans sa jeunesse, et la mort de la vieille femme n'y changerait rien, il était pour toujours l'enfant soumis que Louise Gâtard embrassait de tant d'amour, dans son petit âge. Il l'avait si fort outragée en prenant femme — une servante, une bâtarde ! — il ne lui restait que l'espoir de racheter une telle faute, en ne la contrariant jamais.

Il n'y avait plus qu'une pièce, dans la maison de Chaussauvent, le toit de la chambre était écroulé depuis longtemps. Une seule pièce et trois lits. Quand Pierre, la nuit, s'approchait de Marie-Madeleine, si silencieuse que soit leur étreinte, Louise Gâtard entendait, et tapait du bâton sur le pied de son lit.

— T'arrêteras-tu, à la fin, maudite garce ?

Ainsi Pierre Therville, peu à peu, en était venu à la chasteté des nuits, auprès de Marie-Madeleine. C'était la journée qu'il la prenait, dans la grange, ou même dans les champs, tant l'envie qu'il avait d'elle restait grande. On les avait surpris parfois, les gens en riaient.

— Avez-vous vu ces beaux amoureux ? La Gâtarde couche entre eux deux, sans doute !

De ce fait, l'état de mariage n'avait pas apaisé les remords de Pierre : il forniquait à grand jour comme les bêtes, et Dieu, jamais, ne saurait pardonner.

Depuis le début des moissons, il n'avait pas touché à Marie-Madeleine. Jeantet était mort l'année passée, on ne disposait plus de sa force, et Louise avait suivi aux métives son père et sa mère. Elle avait douze ans, il n'y avait pas plus vif qu'elle pour tordre les riortes et lier les gerbes. Guère de gerbes, mauvaise récolte — le fumier manquait — on ne mangerait pas tous les jours à sa faim, dans la borderie des Gâtard. Pierre Therville disait toujours « les Gâtard », en parlant de sa famille, le nom seul de Therville mettait sa mère dans des rages et des transports qui auraient raccourci sa vie. Heureusement, il n'avait eu que des filles, et ce nom mourrait avec lui, il l'espérait. Elles étaient brunes, toutes les trois, les yeux noirs et vifs, la petite dernière, surtout : Marie. Louise Gâtard la prenait sur ses genoux, lui disait des chansons qui lui revenaient de son enfance, la petite fontaine où les oiseaux vont boire, et le compère Guilleri... « Marie est tout votre portrait, mère », disait souvent Pierre, et la vieille hochait la tête, oui, c'était une belle petite, une vraie Gâtard. Elle avait oublié la première Marie, cette grande drôlesse de huit ans qui était partie un jour de Chaussauvent, cette force de nature que rien n'abattait, comme l'autre, si loin dans le temps, dont les yeux bleus riaient sous le front fracassé.

Louise Gâtard arrivait au terme de sa vie, en ayant perdu le souvenir des tempêtes qui l'avaient brisée. Elle était une si vieille femme : quatre-vingt-quatre ans. Elle ne savait plus d'où lui venaient ces cauchemars qui la faisaient hurler, la nuit. Elle s'éveillait quand son fils lui prenait la main en disant :

— Calmez-vous, mère, je suis là, nous allons dire une prière.

Pierre Therville, lui, n'avait pas oublié sa première-née, l'enfant de la grange, celle qui ressemblait à Jean Therville, celle qui avait fait le malheur de Marie-Madeleine, l'innocente qui rappelait à deux femmes le drame de leur vie et les avait portées — Louise Gâtard surtout — à tant de violences. Il en avait eu de rares nouvelles, ils vivaient dans un tel isolement ! C'était par Louise qu'il en savait parfois un peu, la petite se rappelait, elle aussi, cette grande sœur qui l'avait quittée, un matin de septembre, en 1844. Louise allait à Saint-Martin-du-Fouilloux, pour vendre deux fois rien, des œufs, des fromages de chèvre, elle achetait du sel, à cette occasion. On lui parlait quelquefois de Marie, elle ne le répétait qu'à son père, elle avait compris... « L'an passé, elle s'est battue avec un loup... La jeune fille de la maison lui porte beaucoup d'amitié... Un Limousin, aussi, qu'ils ont comme grand valet... Le vieux Lhoumeau est mort, à l'entrée de l'hiver... »

Aimé Lhoumeau était mort... Il avait promis que la petite-fille de Jean Therville serait traitée à la Colombière avec justice, qu'elle y vivrait à l'abri du besoin. Il avait ajouté qu'elle y serait aussi épargnée des coups et de la haine, Pierre Therville n'avait pas oublié son regard de mépris. Chaque jour ajoutait à son chagrin, à ses remords, il en portait seul le poids et ne parlait jamais à Marie-Madeleine de l'enfant née dans la grange. Il n'avait pas protesté, quand la dernière fille était venue au monde et que Louise Gâtard avait décidé :

— Elle s'appellera Marie. C'est un beau nom, Marie.

Marie-Madeleine non plus n'avait rien dit. Elle était toujours silencieuse depuis que l'autre, la première, était partie...

Ils avaient presque fini leur repas, de la soupe, un morceau de fromage. Marie-Madeleine et la petite Louise avaient travaillé tout le jour aux métives, elles n'avaient pu préparer rien d'autre. Le pain noir avait bouilli dans l'eau avec un oignon et du sel, un peu de lait de chèvre : il n'y avait plus de vaches à Chaussauvent, à la mort de Jeantet il avait fallu laisser les terres affermées, qu'on ne pouvait plus travailler. Pierre Therville était assis à contre-jour, sa mère se tenait en face de lui. Il vit le regard de la vieille femme et se retourna : une grande silhouette se découpait à l'embrasure, dans le restant de clarté. Depuis tant d'années, il ne venait personne chez les Gâtard, à Chaussauvent...

— Salut à tous. Je suis le... J'étais grand valet à la Colombière, et je viens vous parler, Pierre Therville, au sujet de Marie, pauvre enfant...

Louise Gâtard se dressa, porta sur l'arrivant des yeux égarés.

— Que veut-il celui-là ? Que dit-il ? Elle est ici, Marie.

Pierre Therville aussi s'était levé ; il fit le tour de la table, posa sa main sur l'épaule de sa mère, la fit rasseoir doucement.

— Calmez-vous, mère, il ne veut rien, il passait.

Il sortit dans la cour, s'éloigna de la maison et s'appuya contre le mur de l'étable. Il n'osait pas regarder en face le Limousin de la Colombière, il ressentait trop de honte et de chagrin : Marie était morte, sans doute, puisque son père en avait laissé baptiser une autre du même nom. Quand il se décida à relever la tête, il vit du mépris dans le regard de l'homme qui se taisait toujours — comme jadis avec le vieux Lhoumeau. Il crut aussi y déceler de la pitié, de la colère, tout un bouillonnement qui basculait déjà le silence et le rendait aussi lourd que le glas pour une enfant perdue...

— Je suis venu vous dire que Marie a quitté...

— Je le savais, Seigneur... Vous n'aurez donc jamais miséricorde ! Une innocente, mon Dieu, accueillez-la dans votre Paradis...

— Arrêtez un peu les oremus, Pierre Therville, m'est

avis que le Bon Dieu a les oreilles racassées de vos patenôtres ! Marie est bien vivante, la mignonne, et c'est moi qui l'ai tirée de la Colombière à cause que... Simon Rougier... le salaud... Eh merde ! Comprenez-vous pas ?

Pierre Therville se redressa : Marie n'était pas morte, que lui voulait cet homme dont le visage soudain se ravageait de violence ?

— Que cherchez-vous me dire ? Que s'est-il passé là-bas ?

— Il s'est passé qu'elle est belle et grandette, Marie ! Il s'est passé que Simon s'est jeté sur elle comme un bouc ! Il s'est passé que sans Madeleine Chapeleau, brave femme, Marie avait le déshonneur et le malheur pour toujours.

— Mon Dieu ! Comment avez-vous permis une telle...

— Ah ! ne repartez pas dans vos litanies, parce que je vous en assure, moi qui suis pauvre homme et pécheur, le Bon Dieu pense comme moi : un père qui se démet de sa drôlesse depuis six ans, il n'a droit qu'à se taire et non pas brailler Jésus et Sainte-Vierge ! Je vous dis tout franc pourquoi je suis venu : Marie, je m'en occuperai comme si elle était mienne, et vaudra mieux pour tout le monde que vous en tombiez d'accord. On est en vue d'un bon gage pour elle, chez de braves gens. Alors vous décidez de quoi, vous, le père ? Répondez vite, à cause que moi je préfère virer les talons dare-dare, je dirais trop loin ce que je pense !

— Je vous remercie, Limousin, je vous ai grande reconnaissance. Marie, je n'ai cessé d'y penser, pas une seule minute de mon existence, depuis six ans. Je sais que vous ferez au mieux pour elle. Elle ne peut revenir ici, ce serait un coup fatal pour ma mère : elle est si vieille et si faible de tête, à présent. Surtout, dites à Marie...

— Rien du tout. Je ne lui dirai rien. Je sais que vous êtes un malheureux, Pierre Therville, mais de voir un homme tombé si bas, moi ça me porte envie de lui pisser dessus. Et ça me tournait à l'idée de vous le faire savoir, depuis longtemps...

Pierre Therville resta un long moment à trembler

d'humiliation et de détresse, puis il revint dans la maison. Il prit la main de Louise Gâtard, qui berçait sur ses genoux la petite dernière à demi ensommeillée.

— Il se fait tard, mère. Il faut vous reposer à présent. Va-t'en, Marie...

Le jour où Marie Therville commença une autre vie

18 août 1850

— Tu te reconnais, ma bellotte, tu te rappelles ?

Ils arrivaient en vue de Saint-Maixent, le Grand Mousin s'était retourné et clignait de l'œil vers Marie.

— Oui, je me rappelle tout.

C'était à la fin du mois d'octobre, en 1845, qu'ils étaient venus à la grande foire de Saint-Maixent, avec Adélaïde, dans le cabriolet tiré par Sultane. Cinq ans avaient passé, Marie n'avait rien oublié. Mousin avait alors son costume noir, comme aujourd'hui — sauf que la puanteur de camphre n'en montait plus ! Adélaïde, ce jour-là, avait promis à Marie de lui offrir une Malvina, quand elle serait plus grande, c'était la coiffe qu'elle portait ce matin. Madeleine avait mis longtemps pour la poser d'aplomb, fixée solide sur le serre-tête de velours noir.

— On te dirait dix-huit ans, avec ce coiffi !

Madeleine aussi avait mis sa plus belle coiffe, il fallait qu'elles fassent bon effet, en ce jour, toutes les deux. Céline Paget était assise à côté de Mousin, à l'avant de la charrette anglaise, et rappelait à Marie un autre souvenir de la foire à Saint-Maixent : l'esclavage d'or aux pierres rouges et vertes — montées à griffes — que le Grand Mousin avait acheté chez Leroy l'horloger, sur la place du Marché. Le collier s'étalait sur la guimpe de Céline, elle y portait souvent la main.

Marie se serra contre Madeleine et ferma les yeux. Elle ne savait pas ce qui prenait le dessus en elle, le bonheur d'avoir trouvé comme une mère, la joie de partir avec elle, ou le chagrin de quitter Mousin. « Nous irons souvent te voir, à Sainte-Néomaye. » Les paroles de Mousin réveillaient d'autres échos... Oui, sûrement, Marie, nous reviendrons... Une image effacée prenait corps, je reviendrai, Marie... Quand même, il fallait qu'elle se secoue, elle n'allait pas lamenter comme une vieille ! Elle devait au contraire se persuader qu'elle avait de la chance, Mousin et Céline le lui avaient assez répété. Elle allait vivre dans un beau pays, elle serait tout près de Madeleine, elle travaillerait chez des gens de cœur, dans une auberge « autrement importante que le Cheval-Blanc, tu verras, ma petite », au Chêne-Vert, à Sainte-Néomaye, un gros village du bord de Sèvre, chez la propre sœur de Céline. Marie appuya sa tête sur l'épaule de Madeleine : le bonheur de pouvoir faire un tel geste, tant de retard à combler en baisers, en caresses !

— Ta coiffe, petite malheureuse !

Madeleine souriait, elle aussi voulait donner courage et confiance à sa « petite malheureuse » des temps passés, Marie n'allait pas la décevoir par des regrets. Ce jour de métives, à la Colombière, avait marqué un tournant d'existence. Elle se sentait de force à s'y engager. Elle n'était plus la petite fille que son père avait abandonnée, la laissant dans le chagrin et l'incompréhension. Elle avait à présent une vision claire de la vie, elle ne subissait plus, elle acceptait et se tenait prête à d'autres chemins.

Quand ils avaient quitté la Colombière — une semaine, déjà ! — Marie s'était sentie molle et sans forces, elle avait cru qu'elle allait s'effondrer au fond de la charrette, sur les baluchons et les vêtements jetés à la valdrague. Elle s'était ressaisie, elle tournait le dos à l'horreur. Ils avaient pris la route de Vautebis, elle longeait un moment le jardin de la Colombière. Le Grand Mousin avait arrêté la charrette, sans un mot il était descendu, et avait sauté comme un diable par-dessus la haie du jardin qui s'étendait un peu en contrebas, avec ses planches de légumes tirées au cordeau, ses arbres fruitiers, et tout au fond les bournais, les ruches de paille de Simon Rougier.

— Que fais-tu, Limousin, es-tu devenu fou ?

Aux cris de Madeleine, Marie avait compris, d'ailleurs Mousin était déjà aux ruches, les jetait par terre à coups de pied, s'acharnait sur la dernière, la plus grande, avec des cris et des jurons qui arrivaient jusqu'à la route.

— Reste tranquille, Marie ! avait soufflé Madeleine.

Elle était descendue de la charrette après avoir jeté sa cape sur Pomponne, et elle tenait la jument au mors. Elles l'avaient vu revenir, courant gesticulant dans un nuage d'abeilles. Au milieu du jardin, il s'était roulé dans un carré de terre, les abeilles ronflaient autour de la charrette avant qu'il y soit remonté. Madeleine avait crié :

— Pas un mouvement ! Restez comme morts, elles partiront.

Une éternité avait passé, dans les bourdonnements, des abeilles partout, sur les mains, sur la figure, et les yeux fixes de Madeleine qui disaient toujours : pas un mouvement ! Une éternité, enfin les abeilles étaient parties.

— Va, maintenant...

Quand ils avaient dépassé le jardin, Madeleine avait grondé :

— Tu te crois toujours plus fort que tout ! Tu vas voir demain, l'état que tu seras ! Des fois, on en voit qui crèvent, par les abeilles.

Mousin s'était retourné, un œil déjà moitié fermé.

— Toi, tu tapes ta goule, pas besoin de ton avis, la Chapeleau ! Des ruches, j'en aurais éberné dix de plus, s'il y avait eu. Ça m'a soulagé autant que de le démolir. Il n'aime rien qu'à ça, ses abeilles. Alors tu fous la paix, avec tes rapiamus...

Marie avait senti une exagération dans la colère de Mousin, comme s'il voulait, en ayant avec « la Chapeleau » une de ces prises de bec dont ils avaient l'habitude, ramener pour elle l'ordinaire des jours, la tirer du drame et de la peur. Madeleine, aussi, avait dû comprendre, elle avait levé la voix et ils s'étaient insultés jusqu'à Vautebis... Il serait toujours un grand échalas de Limousin, pas plus de raison qu'un enfant au maillot et que serait-il arrivé si elle n'avait pas garroché sa cape sur la jument ?... Elle serait jusqu'à la fin des jours une garce de fumelle, tout le temps de travers, à crier sur le monde... Il ne devait pas compter qu'elle le soigne, il enflerait comme une charogne et crèverait d'étouffement... Elle pouvait se les mettre au cul, ses remèdes, ça la dégagerait de chétiveté, vu qu'elle causait comme les autres pètent...

Ils s'étaient calmés en arrivant à Vautebis, leurs cris et leurs injures avaient soulagé Marie, elle en avait ri de bon cœur : ils s'étaient arrêtés, finie leur comédie, jamais elle ne leur porterait assez d'amour et de reconnaissance.

— De l'oignon cru d'abord, avait dit Madeleine, quand ils étaient arrivés sur la place de l'Eglise. Ça te calmera d'enflure, tu dois souffrir martyre ! Et après, des tisanes à faire pisser, j'ai ce qu'il faut, pour que tu débarrasses toute cette poison. Mon pauvre gars ! On ne te reconnaît plus de figure, ta bonne amie va avoir peur.

Il n'y avait personne à l'auberge, en cette fin d'après-midi. Céline Paget était sortie au bruit, elle tenait à la main un ouvrage de broderie qu'elle avait laissé tomber, en jetant les hauts cris, ainsi que l'avait prévu Madeleine. Mousin, à présent, était méconnaissable, un œil fermé, gros comme un œuf, la figure bouffie tordue de travers, et la bouche qui lui faisait un groin par l'enflure, une horreur à n'y pas croire, la face de Mousin ! Le lendemain, il avait dit à Marie :

— Tu vois, ma bellotte, ça n'a pas fait que de me soulager, de lui détrevirer ses ruches, à ce maudit ! Ça a aussi aidé à nos affaires, en ménageant le temps de s'expliquer.

Céline les avait fait entrer par la cour, ils s'étaient retrouvés dans la cuisine de l'auberge, avec tout leur attirail, elle qui pleurait à voir l'état de son Limousin, et lui qui rajoutait — Marie le connaissait assez pour saisir — en jurant des nom de dieu que je souffre ! Madeleine avait pris tout le temps de le soigner, frotté des oignons crus sur les bouffioles, et commandé de faire chauffer de l'eau — « de l'eau de puits surtout ! » — pour les tisanes.

— Je suis grandement soulagé déjà. Pour les tisanes, ça n'est peut-être pas la peine...

Si ! Si ! Céline tapait du pied, elle avait vu dire qu'une femme de la Brunetière était morte, l'an passé, de piqûres d'abeilles, enflée de tout le corps pour n'avoir pu jeter de l'eau. Il devait boire, encore et encore ! Elles avaient quasiment entonné au Grand Mousin les tisanes de queues de cerises, de bardane — ça te lavera les rognons, bois ! De douce-amère, de fumeterre — ça te fera couler la bile, bois ! Tout ça bouillant, il n'en pouvait plus, disait entre deux bolées qu'il en avait jusqu'au ras des dents, à coup sûr c'était par ces pisses de chat qu'elles allaient le faire crever... Il avait fallu longtemps pour que Céline cesse enfin de pleurer. L'œil fermé de Mousin commençait à s'ouvrir, il continuait de se plaindre, sûrement pour retarder les explications. Madeleine lui avait dit que ça suffisait, il réchapperait, les bêtes de rien étant les plus vivaces. Demain ce serait déjà passé de moitié, encore un jour de tisanes, il n'y paraîtrait plus.

Céline Paget avait alors demandé, en mouchant ses larmes, si on allait enfin lui dire le comme et le quoi de ce chastafrain, et de la peur qu'on lui avait faite. Elle s'était assise sur les genoux de Mousin.

— Je n'ai plus de jambes, oh ! Limousin, quand je t'ai vu rangé de même !

Elle frottait sa belle figure fraîche, si blanche de peau, et sa coiffe, et sa robe, contre le jus d'oignon, la sueur, les hardes pleines de terre de son bon ami. Marie avait compris la force d'amour qui la jetait sur cet homme, et s'était dit qu'ils allaient être heureux.

— Ecoute, Céline, j'ai besoin de tranquillité pour te dire, c'est à ne pas croire, je comprends ton étonnement de nous voir tous les trois ici. Il faut que je te raconte, au calme. Un grand malheur...

Il lui avait parlé un moment à l'oreille. Ils étaient sortis tous les deux, par une porte basse au fond de la cuisine, après que Céline fut allée chercher ses deux servantes. Elle leur avait donné ordre d'aider Madeleine et Marie à s'installer dans la petite chambre au-dessus de la souillarde, et aussi de prévenir l'homme de journée, qu'il arrête son travail à la cave pour ramener la jument et la charrette à la Colombière. Marie avait senti en Céline Paget une femme de tête et de raison, c'était la même pourtant qui se coulait sur l'épaule de Mousin en pleurant comme une fillette. Elle s'était trouvée en sympathie, avec Céline ; la jeune femme lui avait souri en quittant la pièce, l'air de dire : sois tranquille, petite, je saurai quelle pièce y coudre.

Madeleine et Marie étaient restées longtemps dans la « petite chambre ». En fait, c'était une belle grande pièce au parquet ciré, avec deux lits bateaux à courtepointes rouges, les édredons couverts d'un carré de dentelle. Madeleine avait sorti ses pots d'onguents et de pommades.

— Il faut que je m'occupe de toi, tu dois souffrir, toi aussi, lève ta chemise.

Dans le bouleversement de leur arrivée, Marie avait oublié la douleur. A présent, elle avait grand mal, les meurtrissures de sa poitrine commençaient à devenir bleues, le sein gauche était marqué des ongles qui s'y étaient enfoncés.

— Ma pauvre petite ! Est-ce que c'est possible, des horreurs pareilles ? Ça va te brûler, où la peau est entamée. Après, tu seras vite soulagée : l'herbe à la femme battue *, c'est bon pour ça.

Les mains de Madeleine frottaient avec douceur et légèreté, le passé rejoignait le présent. « Petite malheureuse, crois-tu pouvoir suivre les moutons, si je ne te soigne pas les gerces... Toujours trop vite, ma pauvre fille, et ça se coupe, et ça se brûle... » Les gestes, l'amour de Madeleine. Au bout d'un moment, la douleur s'était assourdie. Le soir tombait ; elles ne savaient que faire, toutes les deux. Devaient-elles descendre, viendrait-on les chercher ? L'inaction ramenait pour Marie le souvenir de cette journée, l'horreur et la honte, dans l'écurie. Madeleine aussi semblait désemparée ; elles avaient fini par s'asseoir devant la fenêtre, en se tenant la main, pour se rassurer l'une l'autre, dans l'incertitude où elles étaient de l'avenir. La plus vieille des servantes, Odette, était venue les chercher, à nuit presque noire.

— Pauvres malheureuses, vous n'y voyez plus, allez,

c'est le moment de manger, ils vous attendent, en bas. Du même coup, je vous souhaite une bonne nuit, parce qu'avec Jeanne on va se coucher, les jours sont longs de ce temps pour nos jambes, on n'est plus de prime jeunesse...

Ils s'étaient retrouvés à la table de la cuisine. Mousin s'était changé propre, Céline avait enlevé sa coiffe, elle en paraissait encore rajeunie, les cheveux un peu décoiffés frisottaient dans son cou.

— Ça va mieux, le Limousin ? avait demandé Madeleine.

Il n'avait pas répondu, après avoir hésité un instant. Ils avaient du mijet au vin, c'était ce qu'il leur fallait, avait assuré Céline, « du vin vieux bien sucré, ça nous remettra le cœur ». Marie n'avait jamais touché au vin et ne se sentait guère d'appétit ; ma foi, elle avait trouvé bon, ça lui avait amené une chaleur, comme un tournement de tête, et les idées à l'espérance. Mousin n'avait pas voulu de mijet — lui qui en était gourmand — prétendant que si on le secouait on n'entendrait que des gargouillades, Madeleine lui avait noyé les foies avec ses tisanes, il voulait du pain, du fromage dur, et un gros bout de galette pour assécher tout son dedans. Céline l'avait servi avec des gestes de tendresse et des attentions : n'aimerait-il pas mieux de la tourtière aux pommes, ou du tourteau fromagé, elle avait des caillebottes, aussi, s'il voulait... Mousin se laissait faire, tout juste comme Florette quand on lui grattait entre les oreilles, avec la même mine de contentement. Marie ne le reconnaissait pas, regardait un autre homme, avec étonnement et indulgence.

— Bon, ce n'est pas le tout, on a à causer maintenant.

Céline avait débarrassé la table, en refusant l'aide de Madeleine et de Marie, laissez, laissez. Elle était revenue s'asseoir.

— Il m'a raconté tout, Marie, ça m'a encore tiré des larmes, j'en aurai versé, aujourd'hui ! Ce que vous avez fait, Madeleine, je ne peux pas vous expliquer ce que je sens, j'ai quelque chose qui me tourne dans la tête, que vous avez porté revanche à toutes les filles forcées, en défendant cette petite. Je ne sais pas comment vous dire, j'ai grande admiration de vous. On dit toujours aux femmes qu'il faut supporter, supporter... Marie saura que non, à cause de vous.

Des larmes à nouveau, dans les yeux de Céline... Mousin lui avait pris la main, sans en avoir honte, devant Marie et Madeleine.

— Voilà ce que nous avons décidé, avec... avec Landry.

Marie se sentait émue, au bord de pleurer par tant de belles paroles. Ce n'était plus le grand valet de la Colombière qui tenait la main de Céline, c'était Landry Rebeyrolles. Céline Paget avait parlé longtemps, Mousin hochait la tête en approbation, il avait l'air fier et heureux, il jetait des regards vers Marie, puis vers Madeleine, comme voulant dire : « Hein, croyez-vous, quelle femme ! » Dès qu'il serait désenflé, « mon pauvre, grand godet ! risquer la mort... », dès qu'il serait en état de figure humaine, ce serait peut-être affaire de deux jours, Mousin irait prévenir ceux de Chaussauvent. Que Marie n'ait pas d'inquiétude, surtout, Céline était certaine qu'ils ne trouveraient rien à redire, il fallait simplement prévenir Pierre Therville, c'était quand même son père.

— Ne te fais pas de souci, va, du fait qu'ils ont appelé leur dernière comme toi, c'est qu'ils te considèrent morte...

Marie avait pensé aux petits couteaux du colporteur, le cadeau de Livolsi, c'était donc pour ça ? Elle avait cherché les yeux du Grand Mousin, il regardait ailleurs. Dès demain, Céline écrirait à sa sœur, à Sainte-Néomaye. Mousin n'avait pu tenir, il l'avait interrompue :

— Parce qu'elle a de l'instruction, elle sait lire et écrire.

Tiens donc, voyez-vous ça, et lui qui prêchait sur les femmes, pas besoin de lire pour tenir un ménage ! Madeleine avait regardé Marie, une lueur dans les yeux qui disait : L'entends-tu, ce vire-au-vent ? Céline avait continué, après un sourire à Mousin.

— On était deux filles Thibaudeau. Ma sœur a huit ans de plus que moi. Imagine, Marie, on nous a mariées toutes deux à des aubergistes. Notre père, c'était la joie de sa vie, de voir ses filles bien “ casées ”, comme il disait. Sauf que le malheureux, avant de mourir, il a eu le temps de s'apercevoir que l'une était mal attelée, c'était moi, mes pauvres, avec Dinand Paget. Enfin n'en parlons plus. Blanche, elle, est tombée sur un bon gars, un Lebrault, Nicolas Lebrault, de l'auberge du Chêne-Vert. C'est gros, Sainte-Néomaye, animé, avec ces grandes foires aux mules, on y vient d'Espagne, d'Italie, enfin... de loin.

Mousin approuvait, regardait Céline comme on voit le Bon Dieu.

— Ils ont grand besoin d'une servante de plus, celle qu'ils avaient gagée aux Rousons s'est dédite, et je les sais dans l'embarras. Le pays est plus riche que la Gâtine, on n'y trouve pas si facilement des jeunes filles à se placer. Tu y seras bien. Ici, tu vois, je me suffis grandement avec Jeanne et Odette, je ne peux te garder : Vautebis, ça tombe, depuis vingt ans, je prévois que ça viendra à rien...

Mousin secouait toujours la tête, d'accord sur tout, avec un sourire que Marie ne lui avait jamais vu ; elle s'était dit que l'adoration de Céline lui mettait sur la figure un air de mouton, un grand mouton noir et maigre, la face enflée par la maladie. Elle s'en était fait reproche, c'était elle, plutôt, qui avait la tête tourneboulée par le mijet au vin !

Madeleine était assise en face de Céline, elle ne disait rien. Marie n'avait pu se retenir :

— Et Madeleine ?

Céline avait souri, elle y pensait naturellement, oui oui, faisait le grand mouton noir.

— Pour elle aussi, une chance ! Le comte de Talaru, du château de Sainte-Néomaye — parce qu'il y a aussi un château — vient juste de mourir, sans femme ni enfants, et les héritiers au diable vert, des princes de je ne sais quoi, tu penses s'ils vont venir à Sainte-Néomaye ! De ce fait, le château est à vendre, et les fermiers du comte doivent l'entretenir et le garder, en plus de leur ouvrage — des centaines de boisselées ! Ils manquent de personnel,

Blanche me l'écrivait pas plus tard que la semaine dernière. Les Gâtinelles sont réputées de courage et de force, Madeleine Chapeleau sera bien accueillie, croyez...

Céline Paget, dès le lendemain, avait donné corps à ses projets. Quelle vivacité dans cette femme, elle menait tout de rang *, toujours avec le sourire et sans lever la voix. Elle avait écrit à sa sœur, lu tout haut la lettre. Marie était dans l'admiration, et une fois de plus elle avait regretté de ne pouvoir jamais écrire des belles phrases, comme autrefois celles qu'Adélaïde lui lisait... « Ma très chère sœur, la présente est pour te faire savoir que je me trouve en obligation d'avoir recours à toi... »

— La réponse ne tardera pas, quatre-cinq jours peut-être. En attendant, vous vous rongeriez de ne rien faire. Je ne veux pas vexer Odette et Jeanne, elles verraient offense de ma part, si vous preniez de leur ouvrage.

Ainsi Marie s'était retrouvée à brocher, comme du temps qu'elle était bergère, elle n'avait pas perdu la main ; Madeleine filait du lin. Toutes deux restaient dans la chambre, Céline ne tenait pas qu'on les voie trop, les gens étaient si méchantes langues. Le surlendemain de leur arrivée, Mousin était redevenu dans une figure à peu près normale, seuls ses yeux et sa bouche portaient encore trace d'enflure, les remèdes de Madeleine avaient fait bon effet. Dans l'après-midi, il était parti pour Chaussauvent, il voulait être sûr de les trouver à la maison, rentrés de leur ouvrage. L'attente avait été longue et pénible pour Marie, ni elle ni Madeleine n'avaient pu manger le soir. Seule, Céline avait pris un morceau, en allant et venant avec un énervement qu'elle essayait de cacher en parlant de choses et d'autres.

Mousin était revenu très tard, il s'était assis en disant : « Ça va ! » rien de plus. Il avait refusé de manger, il voulait seulement boire, il se prétendait le cœur barbouillé d'avoir marché trop vite. Marie n'avait pas osé le questionner ; Céline, heureusement, lui avait tiré quelques paroles, il répondait sans la regarder, elle avait dû lui arracher les mots de la bouche. Marie pouvait rester. Pierre Therville leur avait reconnaissance à tous... La vieille Gâtard ? elle n'avait plus sa tête. Il n'était pas entré, non. Au bout d'un temps il s'était levé, c'était le Grand Mousin des mauvais jours, avec un regard de colère.

— Qu'on ne m'en parle plus, voulez-vous ? C'est un... pauvre homme, voilà ce que c'est. Marie n'a plus à y penser.

Céline n'avait pas insisté ; elle avait répondu, en forçant sa voix à la gaieté :

— Qu'est-ce que je vous avais dit ? Ma petite, tout est bien de même.

Tout était bien... Marie, jamais, n'aurait voulu revenir à Chaussauvent. Mousin avait raison, elle n'avait plus à y penser. Pourtant, l'abandon de son père lui laissait un poids dans le cœur, elle savait qu'il serait là toujours ; je reviendrai, Marie...

La voix du Grand Mousin tira Marie de ses pensées. A ruminer ainsi, dans la charrette anglaise qui les emmenait à Sainte-Néomaye, elle ne s'était pas aperçue qu'ils étaient arrivés à la porte Châlon.

— Où je vais, moi, maintenant ? C'est que je n'ai jamais passé Saint-Maixent ! Ta merveille de pays, Céline, on prend la porte de ville, pour y aller ?

— Oui, tu files la rue Châlon, jusqu'au bout, tu prendras à main droite, la rue de la Croix et la Rue-Haute, ensuite à gauche le Chemin-Vert, je te dirai le moment de tourner.

Ils roulèrent un moment après avoir quitté la ville ; un village parut au loin, quelques maisons au bord du chemin.

— C'est Sainte-Néomaye, qu'on voit ?

— Enfin, Marie ! Je t'ai dit un gros bourg, réfléchis un peu ! C'est Jaunay, qu'on va traverser. Après, quand on atteindra la Sèvre, tu verras, quelle belle route !

La belle route, en effet ! Sur la droite, des coteaux et des grands bois ; à gauche, une rivière, trois fois large comme la Vonne, verdie du reflet des saules et des peupliers, une fraîcheur d'eau qui coulait dans la chaleur du jour, et reposait rien qu'à la regarder.

— Prends à gauche, le Pont-Neuf, sur la Sèvre. Voilà Sainte-Néomaye. Sétremoi, comme on dit, nous autres...

— Sétremoi ? Ah ! ma belle, ça ressemble, oui ! Comment avez-vous boutiqué ce nom ? Enfin, vous appelez bien Pont-Neuf un pont vieux comme le temps ! Sétremoi ! Mesdames, on arrive à Sétremoi !

Céline riait, elle aussi, c'était drôle, elle n'avait jamais pensé... La côte était dure pour arriver au bourg, en haut d'un coteau. Ils atteignirent les premières maisons, Céline était fière et leur montrait au passage :

— Voilà la ferme Thebault, voyez si c'est mieux prime qu'en Gâtine, on entend les fléaux, ils sont déjà à battre. Voilà l'église, et tout de suite après, le château, c'est tout fermé, je vous l'avais dit. Voilà la boulangerie. Cette belle maison, c'est celle de Frappier, le maire. Voilà le café Biget. Ici, c'est l'auberge de la Croix-Blanche...

Céline Paget leur faisait les honneurs de son village, elle se redressait, auriez-vous cru si beau ? Au vrai, tout paraissait plus gai, plus riche qu'à Vautebis ; Marie et Madeleine dirent en même temps :

— C'est un beau pays !

Céline se retourna, ses yeux brillaient de plaisir.

— Vous n'avez encore rien vu, on arrive au champ de foire. Arrête un peu, Landry !

Devant la grande place ombragée de noyers, Mousin poussa un sifflement d'admiration, cligna de l'œil vers Céline.

— Je m'y vois déjà, avec mes mules ! Parce qu'on ne vous a pas raconté encore, par cette bousculade : dans un mois, je commence les foires, on s'est tombés d'accord, avec Céline. Je serai là le 13 janvier, pour la plus grande foire de l'année. Une autre nouvelle aussi, autant vous le dire tout de suite : on va se marier.

Madeleine haussa les épaules. Allons ! Il fallait qu'ils se gringuenacent encore une fois avant de se quitter !

— Crois-tu qu'on ne savait pas ? Mon pauvre gars, tu as gros comme un pois de cervelle, en haut de ta grande carcasse ! Enfin ! Le plus chéti fagot finit par trouver sa riorte, c'est ce qu'on dit, pas vrai ? Madame Céline, je vous plains de tout cœur, croyez...

— Une garce pareille, je l'ai endurée vingt-cinq ans,

pourrait-on croire à ça ? Ah ! le débarras que j'aurai de cette fumelle !

Céline riait, elle fit semblant de croire à la dispute.

— Allez, vous n'avez plus longtemps à vous supporter. Prends à gauche, on est rendus.

L'auberge tournait le dos au champ de foire, juste à l'entrée d'une petite rue. L'enseigne surmontait la grille, un arbre : le Chêne-Vert. Une femme sortit au bruit de la charrette, ressemblant à Céline non pas comme une sœur, mais comme une mère : Céline paraissait si jeune et fraîche, auprès ! Les deux sœurs s'embrassaient, avec le même sourire.

— Voilà Landry Rebeyrolles, je suis contente que tu le voies enfin, Blanche. Je t'en ai assez parlé, hein, de mon Limousin ?

— Parlé ? Tu veux dire rebattu les oreilles ! Bonjour, Monsieur Rebeyrolles... Mais c'est que tu m'amènes une vraie belle jeune fille, comme servante ! Et voilà Madeleine Chapeleau, vous restez avec nous tout le jour, si, si, ils vous attendent seulement ce soir à la ferme, c'est tout près, de l'autre côté du champ de foire. Ah ! mes enfants ! Je suis contente de vous voir ! Seulement, vous allez tomber dans le bouleversement : j'ai les frères Mainard depuis hier, un mois que je les attendais ! Ils sont tant demandés, pas vrai, il n'y a pas meilleurs menuisiers, rappelle-toi déjà leur père, quand il venait chez nous ! Tiens, on les entend d'ici, ce bruit qu'ils mènent ! Ils sont à gosser dans la grande écurie aux mules. Heureusement, on n'a pas de foire avant un mois, j'en serais devenue chèvre, de ces quatre gars à longueur de temps dans la maison. Nicolas est avec eux, allons lui dire que vous êtes rendus. Ah ! ma petite Céline...

Ils suivirent les deux sœurs ; dans leur joie de se retrouver, elles ne s'occupaient plus d'eux. Mousin avait l'air tout empoté, Marie prit la main de Madeleine. Ils entrèrent dans un bâtiment haut comme une église, et restèrent près de la porte. Un homme aux cheveux gris leur tournait le dos, il regardait quatre jeunes gens qui tapaient, sciaient, rabotaient ; l'odeur du bois venait jusqu'à l'entrée.

— Nicolas ! la compagnie est arrivée !

L'homme âgé se dirigea vers eux, Blanche Lebrault continuait à parler.

— Ils me font un vaisselier, plus important que l'autre, et deux cabinets. Les trois grands, c'est Pierre, Benjamin et Jean-Baptiste. Des va-de-la-goule, pénibles à des moments, tu verras à déjeuner ! Le plus petit, c'est Louis. Il ne porte pas dérangement, Louis Mainard, le contraire de ses frères. C'est lui qui fait les sculptures, de toute beauté, et pourtant il n'a que vingt-trois ans...

Ils revinrent vers la maison. Nicolas Lebrault et le Grand Mousin faisaient déjà conversation. Avant de passer le seuil, Marie pensa à la Colombière. Une tristesse dut en venir sur son visage, Madeleine lui posa la main sur l'épaule.

— C'est Sainte-Néomaye, à présent, Marie. Tu y as la vie devant toi.

GLOSSAIRE

ACCUEILLAGE : foire où se louaient les valets et les servantes.
ACHETIS (d') : que l'on a acheté et non fait de ses mains.
ÂCRERIE : chose usée, sans valeur, bonne à jeter.
AFFENER : nourrir les bêtes et par moquerie les humains.
AFFIQUET : pièce de bois creuse où la tricoteuse calait son aiguille.
AGEASSE : pie, symbole de bavardage.
ARGAGNASSES : saletés, ordures, et par extension les règles.
ARMOISE : plante abortive.
ATTIGNER : provoquer, taquiner.

BOISSELÉE : mesure agraire variable selon les régions, environ 15 ares.
BOUQUER : bouder.
BOURGNE : jarre à couvercle, en vannerie de paille et d'écorce de ronce.
BRENASSOU : qui commence tout sans rien finir.
BUFFER : souffler.

CHARAIL : petite lampe à huile en cuivre, munie d'un bec et d'un crochet.
COIFFI FIN : coiffe de cérémonie.
COUASSE : se dit d'une poule qui veut couver et glousse d'une façon particulière.
COUÈRE : loquet rudimentaire.
COURGE : pièce de bois emboîtant les épaules, pour porter deux seaux.
COURLANDIN : vagabond, bohémien.
COUSSOTTE : récipient à manche creux pour puiser l'eau dans le seau.
CRÉCHOISE : coiffe des régions de la Crèche et Saint-Maixent.
CRENINS : cases pour les animaux, les chèvres surtout.

DAIL : grande faux.

DORNE : espace entre les jambes d'une femme assise, et par extension contenu du tablier relevé.

DRÔLE, DRÔLESSE : garçon, fille, sans notation péjorative.

ÉCHALIER : petite échelle à barreaux mobiles fermant un passage dans une haie.

ELLIPER(s') : se fâcher en élevant progressivement la voix.

ENGOUER(s') : s'étrangler en avalant de travers.

ENROCHER : enterrer un animal. Se dit par dérision des enterrements civils.

ÉRAUDER : moduler certains cris pour diriger les bœufs.

FAISSELLE : moule percé pour égoutter les fromages.

FRÊNETTE : boisson légèrement fermentée où entrent des feuilles de frêne.

FUIE : pigeonnier en forme de tour, privilège des maisons nobles avant la Révolution.

GALOPIN(e) : bohémien, bohémienne.

GOSSER : la gosserie, le travail du bois.

GRAND'COIFFE : cape à capuchon.

GRATTINS : sorte de rillettes.

GRENOTTE : petite corbeille en paille et écorce de ronce.

GROLLE (chapeau à la) : la grolle : le corbeau — chapeau à bords relevés.

JAU : coq.

LIMOUSINE : cape à pèlerine, si solide qu'elle faisait plusieurs générations.

LOUAIRE : appels modulés que se lançaient les bergers.

LUMA : escargot. Ici, grand coquillage marin qui servait de trompe.

MÉRIENNE : la méridienne, la sieste.

MÉTIVE : moisson.

MÉTIVIER : ouvrier saisonnier engagé pour la moisson.

MOGUE : récipient à boire, en faïence ou verre.

MONSIEUR : le cochon, spécialement celui qu'on engraissait pour le tuer.

MUE : charrette à claires-voies pour le transport des animaux.

MURAIL : le tas de pommes mises à mûrir.

MUSSER : passer par un trou dans une haie, une clôture.

OUCHE : terrain herbeux, généralement planté d'arbres, autour des bâtiments.

PALISSE : haie vive.

PALISSON : grande corbeille de vannerie, en paille et écorce de ronce.

PÂTIS : petite « pâture », terrain herbeux près des bâtiments.

PIÉTIN : maladie du mouton, pourrissement des pieds, à odeur fétide.

POÊLOUNE : grande chaudière, posée à demeure dans un petit bâtiment.

PORNIA : porte-à-dîner, récipient à anse et couvercle pour porter le repas dans les champs.

POTAGER : sorte de placard creusé dans le mur près de la cheminée. Des trous recevaient les braises pour le mijotage des plats.

QUIÉRA : étagère suspendue et percée de trous pour recevoir les couverts.

RANGER : préparer un mets, l'apprêter.

RIORTE : lien de paille ou de chanvre pour attacher les gerbes.

ROBERTE : la mercuriale, toxique pour les lapins.

ROUSONS : les Rogations, jour où se gageaient valets et servantes.

RUE : plante abortive.

SABARON : sorte de chausson en basane.

SAUTERIOT : qui saute, qui est vif.

SOUPIÈRE FLEURIE : motif sculpté traditionnel de Poitou-Saintonge.

TAPER : fermer. Taper sa goule : se taire.

TIMBRE : abreuvoir en pierre.

TROUILLER : actionner un treuil.

VA-DEVANT : le valet qui dirige les autres. On l'appelle aussi le grand valet, et pour les femmes, la grande servante.

VEUZE : sorte de cornemuse.

VISE-EN-BAS : sournois, sournoise.

VIVATURE : les provisions, tout ce que l'on consomme.

AVOIR LA PIRE EN TORSE : avoir l'estomac noué par l'émotion, la colère, etc. (Pire : tube digestif.)

N'AVOIR NI GOÛT NI GOUASSE : se dit des choses fades.

BUTER DES YEUX : regarder fixement.

CHAPELLE DE LA MARIÉE : grange ou remise où se tenaient les repas de noce et les réjouissances qui suivaient.

EMPORTER LE COURAIL DE LA PORTE : se dit des valets qui se donnent trop d'importance. (Courail : verrou.)

ÊTRE BELLE FEMME : être forte, sinon grosse.

ÊTRE D'UNE GRANDE MAIN : travailler vite et bien.

ÊTRE D'UNE GRANDE VIE : manger beaucoup.

DOUBLER SA PIÈCE : les domestique étaient payés deux fois par an. On leur donnait une « pièce » en les engageant. S'il partaient avant la fin de leur gage, non seulement ils n'étaient pas payés, mais ils devaient rendre au patron le double de la « pièce ».

FAIRE COURTAUD : ou « monter sur la jument Courtaude », partir avant la fin de ses gages.

FILLE AUX YEUX JAUNES : riche héritière, allusion aux écus d'or.

GÉNIE-PISSE-TOUT-DRET : surnom donné aux femmes autoritaires.

HERBE A LA FEMME BATTUE : tanus vulgaire, soignait les ecchymoses.

JEAN-COTILLONS : surnom donné aux hommes qui se mêlaient de travaux ménagers.

MAÇONNER A PIERRES SÈCHES : manger sans boire.

(SE) MARIER EN APPORTANT SON COUTEAU : se disait d'un homme sans biens qui épousait une fille riche.

MENER A LA GOULE : faire danser en chantant ou sifflant.

MENER DE RANG : faire plusieurs choses en même temps et les faire bien.

(SE) METTRE EN FANTAISIE : se fâcher, surtout en parlant des femmes.

MONTER SUR LE POMMIER AIGRE : se dire des choses désagréables.

(NI) PEU NI ASSEZ : en grande quantité.

(LA) PELLE ET LES PINCETTES : danse d'exploit, réservée aux hommes. Le danseur devait sauter au-dessus de pelles et de pincettes entrechoquées au rythme de la musique.

TIRER A LA LONGE : lutter de vitesse.

TABLE

normandie roto impression s.a.

61250 Lonrai

Reproduit et achevé d'imprimer en mars 2000
N° d'édition 00034 / N° d'impression 000187
Dépôt légal avril 2000
Imprimé en France

ISBN 2-7382-1301-4
33-6301-7